VALABLE POUR TOUT OU PARTIE DU DOCUMENT REPRODUIT

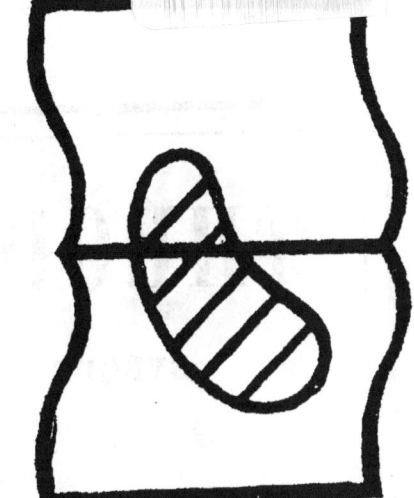

Illisibilité partielle

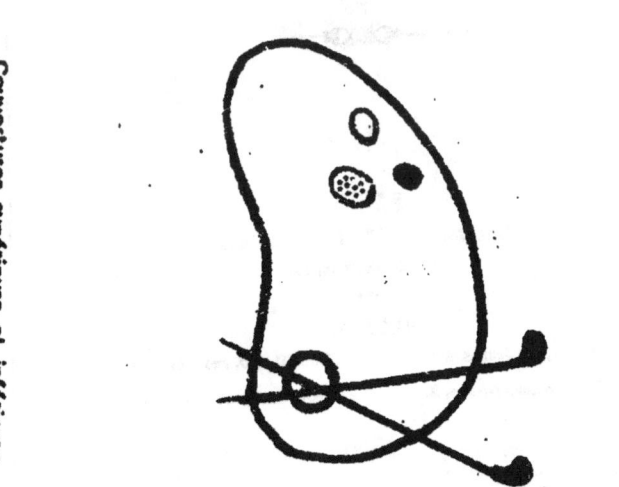

Couvertures supérieure et inférieure en couleur

Hommage de vieille amitié
Baunard

THÉODULFE,

ÉVÊQUE D'ORLÉANS

ET

ABBÉ DE FLEURY-SUR-LOIRE,

Par M. l'Abbé BAUNARD,

CHANOINE HONORAIRE, DOCTEUR ÈS-LETTRES ET PROFESSEUR
AU PETIT SÉMINAIRE D'ORLÉANS.

PARIS,
Charles DOUNIOL, LIBRAIRE,
Rue de Tournon, 29.

ORLÉANS,

| GATINEAU, rue Jeanne-d'Arc. | BLANCHARD, rue d'Escures, 11. |
| ANDRÉ, rue Sainte-Anne, 2. | GODEFROY, rue Royale, 50. |

1860

ORLÉANS,
IMPRIMERIE DE GEORGES JACOB,
Rue Bourgogne, 220.

THÉODULFE.

THÉODULFE,

ÉVÊQUE D'ORLÉANS

ET

ABBÉ DE FLEURY-SUR-LOIRE,

Par M. l'Abbé BAUNARD,

PROFESSEUR AU PETIT SÉMINAIRE D'ORLÉANS,

DOCTEUR ÈS-LETTRES.

PARIS,
CHARLES DOUNIOL, LIBRAIRE,
Rue de Tournon, 29.

ORLÉANS,
GATINEAU, rue Jeanne-d'Arc. | BLANCHARD, rue d'Escures, 11.
ANDRÉ, rue Sainte-Anne, 2. | GODEFROY, rue Royale, 56.

1860

A SA GRANDEUR

MONSEIGNEUR DUPANLOUP,

ÉVÊQUE D'ORLÉANS,

DE L'ACADÉMIE FRANÇAISE,

HOMMAGE

DE PROFOND RESPECT ET DE RECONNAISSANCE.

INTRODUCTION.

I.

Il y a quelques années, une grande fête religieuse était célébrée à Saint-Benoît-sur-Loire. Une foule de pèlerins y était accourue de toute la contrée, pour prier dans l'ancienne église abbatiale, illustrée autrefois sous le nom de Fleury. On voulut ressusciter ce passé plein de gloire. Les reliques du patriarche des moines d'Occident, portées dans leur châsse d'or, parcoururent, au milieu de l'encens et des fleurs, les campagnes solitaires où s'élevaient jadis les cloîtres de ses fils et les écoles de leurs cinq mille disciples. Autour de ces restes d'une puissante époque, prêtres, écoliers, paysans, se pressant ensemble, mêlaient, comme dans les jours anciens, leur enthousiasme et leur foi. Il y eut des récits pour rappeler ces souvenirs, il y eut de saintes poésies pour les chanter. L'évêque d'Orléans parla éloquemment des grandeurs de ce lieu dans la chaire de Mummole, de Théodulfe et d'Abbon. Des voix mâles répétèrent les hymnes religieuses que nos pères avaient redites tant de fois sous ces voûtes; et réveillé dans sa tombe par ces chants de sa jeunesse, l'antique Fleury sembla renaître pour un jour.

Puis, quand le soir fut venu, et que la foule eut salué pour la dernière fois la nef délaissée, la crypte silencieuse et la grande tour romane déjà enveloppée d'ombre, une petite troupe se dirigea vers le village historique de Germigny-des-Prés. C'est là que Théodulfe avait beaucoup vécu. Ils visitèrent l'église qu'il avait fait bâtir dans cette solitude. Ils y cherchèrent ses traces; ils y lurent son nom dans l'inscription en vers où l'évêque implore une prière de ceux qui viendront adorer dans ce sanctuaire. Ils s'agenouillèrent alors, et bénirent ensemble le Dieu de Charlemagne qui nous avait donné ces abbés, ces pontifes, ces poëtes, ces savants, pour être, non seulement les apôtres de notre foi, mais nos maîtres dans la science et l'art, les pères d'une grande église, les civilisateurs d'un grand peuple.

Ce fut dans ce jour et à cette heure que je conçus la pensée des pages que l'on va lire. Le sentiment profond que m'ont inspiré ces hommes, qui sont nos pères, m'a-t-il fait illusion? Peut-être. Mais j'ai pensé qu'il serait utile et bon de raconter leur histoire. J'ai essayé de le faire, et c'est à Théodulfe que s'est adressé d'abord mon modeste, mais sincère hommage. Je n'ai pas prétendu écrire un grand ouvrage; j'ai voulu étudier sa vie dans ses œuvres, éclairer ses œuvres par sa vie, redonner un sens à ce nom qui n'est pas sans gloire, jeter une simple fleur sur la tombe d'un homme qui fut bon et grand, et aussi quelques grains d'encens sur l'autel de Celui qui le fit bon et grand pour ses desseins. Puissé-je y avoir réussi en quelque chose!

II.

Le siècle au sein duquel se place cette noble existence est de ceux qui se sont conquis un grand nom dans l'histoire. Il ranima les lettres, il réforma l'Église, il corrigea les lois; et notre tâche sera de montrer quelle part accepta, dans ce magnifique ouvrage, l'évêque d'Orléans.

Sans doute, nul ne saurait se le dissimuler : la renaissance dont je parle n'a pas été marquée dans l'histoire de l'esprit humain par de vastes conceptions. Malgré de vaillants efforts, son mérite principal n'est pas dans ce qu'elle invente, mais dans ce qu'elle imite et dans ce qu'elle conserve ; il est dans ce labeur constant, infatigable, qui nous a gardé et transmis le trésor de l'antiquité, à travers des jours mauvais et pleins d'orages. Demeurée impuissante à ranimer dans sa force la littérature d'Athènes et de Rome, cette époque studieuse lui fit dans ses écoles et dans ses monastères un sépulcre glorieux; puis, le flambeau à la main, elle se mit à veiller religieusement auprès, attendant le jour lointain de la résurrection, qu'elle avait du moins préparée par son zèle, provoquée par ses œuvres, devancée par ses vœux.

Ce n'est là toutefois qu'une partie de sa gloire. Elle fit plus encore, et si l'on veut convenir que la suprême perfection des lettres et des arts consiste dans l'alliance de la pensée chrétienne et de la forme antique transfigurée par elle, il sera vrai de dire que si d'autres siècles l'ont mieux réalisée, le siècle de Charlemagne n'a pas été sans la désirer et la comprendre. Sa langue n'est pas barbare comme celle du moyen âge; elle n'est pas païenne non plus, comme celle du XVIᵉ siècle. Sauvant de l'antiquité tout ce qui est compatible avec la foi nouvelle, elle ne veut pas qu'elle meure, mais qu'elle se convertisse et qu'elle vive; et loin de rejeter le moule de l'ancienne forme classique, elle y coule l'or pur de la pensée chrétienne. Fusion féconde, magnifique idéal dont ce siècle eut l'instinct, et dont il fit l'essai dans la mesure de ses forces et dans l'inexpérience de son enfance. Mouvement généreux que ne purent arrêter trois siècles de barbarie, d'invasion et de guerre, mais qui, se transmettant lentement de flots en flots, d'une renaissance à l'autre, de Charlemagne à saint Louis, de saint Louis à Léon X, de Léon X à Louis XIV, nous amena enfin une littérature qui est la troisième littérature universelle du monde.

III.

Dans cette œuvre de restauration, Théodulfe revendique une très-large part.

Deux races principales se partageaient alors le royaume gallo-franc, et apportaient chacune un élément distinct à la civilisation rajeunie. L'élément tudesque et celtique se retrouve encore, dans une certaine mesure, chez le Saxon Alcuin, homme du Nord, poli par les lettres latines, mais chez lequel, toutefois, il a été facile de retrouver des vestiges de l'ancienne poésie des Scaldes (1). Théodulfe, au contraire, né ou du moins nourri dans la province romaine, passant toute sa vie dans la Gaule centrale

---

(1) V M. AMPÈRE, *Hist. litt. de la France avant le XII° siècle*, t. III, ch. IV, p. 78.

et méridionale, me paraît représenter la part prépondérante de l'influence latine dans l'œuvre de Charlemagne.

Ajoutons à cela que l'évêque d'Orléans se trouvait merveilleusement placé pour propager partout la renaissance littéraire dont il fut un des ouvriers les plus actifs. Orléans, l'ancien siége du premier concile national de la France, la capitale du royaume de Gontran, prince ami des lettres, le boulevard constant du Nord contre le Midi, du catholicisme contre l'arianisme, était le point central du colossal empire sur lequel Théodulfe pouvait facilement rayonner de toutes parts. En jetant, non loin de là, les fondements de l'école de Fleury-sur-Loire, il créa une des grandes métropoles littéraires de la chrétienté. Pendant tout le moyen âge, Fleury n'a cessé de peupler de ses disciples et de ses fondations l'Angleterre, l'Allemagne aussi bien que la France. C'est là, sur le tombeau du saint anachorète de Subiaco, que ses fils viendront s'inspirer de son esprit, rajeunir leur courage, apprendre ses vertus. C'est là, sur son autel, et comme au foyer même où il fut allumé par un rayon du ciel, que les colonies de la grande famille bénédictine viendront tour à tour prendre le feu sacré pour aller le porter à travers les mers, sur de lointains rivages.

Et qui n'admirerait ici la Providence qui dispose les temps selon les besoins des hommes et la sagesse de ses conseils ? Au moment où les bandes conquérantes des Barbares se précipitent sur l'Europe, entraînant avec elles les mœurs, les lois, les arts, Dieu appelle saint Benoît au fond de la solitude pour lui parler au cœur. Il lui révèle qu'il sera le père d'une grande famille, le législateur d'un grand peuple. Il lui dicte une règle qui deviendra le code du monde renouvelé. Le saint obéit et croit. Il rassemble ses fils, comme au temps du déluge, au faîte d'une montagne, pendant que sur la surface entière de l'Occident les hordes envahissantes inondent les campagnes, emportant avec elles les monuments de vingt siècles d'efforts et de génie. Mais Dieu y a pourvu : le torrent de la barbarie peut déborder maintenant : le grand homme a fait passer dans l'arche du salut les lettres et les sciences, les trésors des grands siècles, tout ce qui honore, illustre et embellit l'humanité. Il les y gardera, comme un religieux dépôt, jusqu'à ce que le sol plus ferme puisse porter ses pieds. Puis, quand ce temps sera venu, il fera sortir de la retraite ses milliers d'enfants qui couvriront la terre, non plus pour l'inonder, mais pour la féconder, pour la sanctifier, pour relever ses ruines, cultiver ses champs dévastés, enseigner les arts oubliés, peupler ses déserts et conquérir ses conquérants.

IV.

Ce fut la seconde œuvre de Théodulfe, œuvre de sanctification et d'apostolat; et je n'aurais pas fait connaître ce que fut son épiscopat, si, à côté du conservateur et du propagateur des lettres, je ne montrais en lui le réformateur de son Église et le civilisateur de ses peuples.

Je raconterai bientôt ce qu'il fit et ce qu'il écrivit pour l'accomplissement de ce dessein. Je ne remarquerai ici qu'une seule chose : l'évêque chez lui est plus grand que le poète, et ses capitulaires ont une toute autre portée que ses vers.

Le premier de ses actes fut la réformation des peuples par l'instruction qui éclaire l'intelligence, et par l'éducation qui épure les mœurs. Mais l'exemple, pour cela, devait descendre de haut, et la réforme des peuples devait être provoquée par celle du clergé. Elle le fut, en effet, et on ne peut s'empêcher de reconnaître ce qu'elle eut d'éminemment social, quand on vient à considérer quels hommes avaient alors envahi les dignités de l'Église.

Comme l'a remarqué un écrivain de notre temps, « c'étaient non seulement les Germains et les « Francs, mais ce qu'il y avait parmi les Francs et « les Germains de plus antipathique au sacerdoce « chrétien. C'étaient les leudes de Charles-Martel « retrempés, à son service, dans la rudesse pri- « mitive des mœurs barbares. C'étaient des guer- « riers aventureux appelés par un autre Clovis à « une seconde conquête de la Gaule, et menaçant « d'y effacer jusqu'aux derniers vestiges de l'an- « cienne condition et de l'ancienne culture. Le « temps qu'ils ne passaient point à la guerre, ils le « passaient, en vrais chefs germains, dans les « forêts, avec chiens et faucons, à la poursuite des « bêtes fauves. Et même hors des forêts, même « dans leurs cloîtres, dans leurs églises, personne « ne les eût pris pour des évêques, pour des abbés, « pour des prêtres, sous leurs baudriers étincelants

« d'or et de pierreries, à leurs pieds armés de
« l'éperon.

« On devine bien que ces mœurs étaient rapide-
« ment descendues dans tous les rangs du clergé.
« Le savoir, l'amour de l'ordre, l'esprit de paix, le
« sentiment religieux des choses du monde et de
« la vie n'y furent plus que des accidents, que des
« réminiscences d'un temps heureux qui n'était
« plus. Le sacerdoce avait trop perdu en de telles
« mains, en piété, en dignité, en capacité, pour in-
« tervenir comme conciliateur désintéressé dans les
« querelles qui naissaient et se prolongeaient de
« toutes parts entre les diverses fractions d'une so-
« ciété bouleversée (1). »

Malgré ce qu'il y a çà et là dans ce tableau de traits exagérés, malgré aussi les améliorations que Pépin avait déjà apportées à cet état de choses, il n'en reste pas moins vrai qu'au temps de Charlemagne, le travail de réformation devait être considérable. Il allait à exclure des dignités ecclésiastiques les hommes de guerre, les hommes de plaisir, tout ceux qu'y avait portés le goût des choses mondaines. Il allait

---

(1) M. FAURIEL, *Histoire de la Gaule méridionale sous la domi-nation des conquérants germains*, t. III, passim.

à refaire un clergé nouveau qui pût approcher de Dieu sans remords et des hommes sans honte, un clergé impartial et indépendant qui pût être médiateur entre les conquérants et les conquis. La régénération fut lente et difficile; elle s'accomplit cependant; et quand la barbarie menaça de nouveau de déborder sur l'Europe, la digue était assise, l'œuvre était achevée, et personne n'y avait apporté une main plus ferme, un courage plus intelligent que l'évêque d'Orléans.

V.

Bossuet a parlé quelque part de ce temps de rénovation religieuse, littéraire et politique : « Dieu « s'en mêla, dit-il, et Charlemagne régna pour le « bien de l'Église... Vaillant, savant, modéré, guer-« rier, sans ambition, et exemplaire dans sa vie, ses « conquêtes prodigieuses furent la dilatation du « royaume de Dieu, et il se montra très-chrétien « dans toutes ses œuvres (1). » Il se montra parti-

---

(1) BOSSUET, *Sermon sur l'unité de l'Église*, 2º point.

culièrement très-chrétien dans ses lois. L'esprit des conciles, dont il s'inspirait, y revit tout entier dans la mitigation miséricordieuse des peines, dans la bonté condescendante pour les petits, dans la préoccupation des intérêts religieux, dans l'amour pour l'Église, dans cette marque distinctive du vrai christianisme qui est la charité, et aussi dans ce mélange d'exhortation morale et de commandement souverain qui est la forme même de ses capitulaires, laquelle n'atténue pas la force du précepte, mais le motive, l'élève, le sanctionne et l'adoucit.

L'Église fut pour beaucoup dans cette législation, et l'évêque d'Orléans n'y fut pas étranger. Envoyé par le roi dans le midi de la Gaule pour y réformer la justice, Théodulfe y donna le spectacle nouveau d'une clémence discrète, d'une intégrité incorruptible, d'une indéfectible équité, d'une sagesse supérieure dominant également l'égoïsme stoïque de l'ancien droit romain, la dureté brutale et la partialité du nouveau droit barbare, pour faire prévaloir sur l'un et sur l'autre le droit saint, juste et bon de l'Évangile. Conseiller et ami de l'empereur d'Occident, il assigna à sa politique le but et la mission à laquelle la France n'a jamais failli : protéger le Saint-Siége et étendre les frontières du royaume de Dieu. Puis, quand, descendant de ces régions supérieures, il a dit sa pensée sur le gouvernement des affaires humaines, il ne s'est pas trompé : il a protesté contre le démembrement de l'empire, il n'a pas craint de s'élever contre ce morcellement, faux dans son principe, puisqu'il assimile une nation d'hommes libres à un héritage qu'on se partage en famille, désastreux dans ses résultats, parce qu'il affaiblit et ruine en divisant. Enfin, évêque en tout, dans sa politique comme dans sa poésie, il s'est représenté la souveraineté comme on représente la couronne impériale sur le front de Charlemagne, riche, grande, indivisible, et la croix au sommet!

Tel fut l'homme que nous allons étudier maintenant dans cette triple mission — d'évêque, d'apôtre et de civilisateur de ses peuples, — de restaurateur des lettres, d'écrivain et de poète, — de ministre enfin et de conseiller des princes dont il devait finir par être la victime. Cet ordre sera celui que nous observerons dans ce livre, autant que la suite des faits pourra nous le permettre. Si notre travail n'est pas trop au-dessous du sujet, nous aurons eu la consolation de faire connaître un grand esprit et un grand cœur. C'est notre plus grand désir ; ce sera aussi notre plus douce récompense.

La Chapelle-Saint-Mesmin, le 11 juillet 1859, en la fête de la Translation des reliques de saint Benoît.

ERRATA.

Introduction, page XIII, ligne 10, au lieu de : le boulevard constant du *Nord contre le Midi*, lisez : *du Midi contre le Nord.*

Chapitre premier, p. 4, note (3), au lieu de : *Rerum francarum*, lisez : *francicarum* ; — p. 6, note (1), au lieu de : *les moines de Saint-Martin*, lisez : *les frères Sainte-Marthe.*

Chap. II, p. 14, lig. 13, au lieu de : *Floriacencis*, lisez : *Floriacensis* ; — p. 15, note (2), au lieu de : *émine*, lisez : *hémine.*

Chap. III, p. 31, 1re lig., au lieu de : *et une à une*, lisez : *et dis-lui une à une* ; — p. 32, 1re lig., retranchez : *dis-lui* ; — p. 35, lig. 19, au lieu de : *des siècles*, lisez : *pendant bien des siècles.*

Chap. VI, p 96, lig. 10, au lieu de : *de représenter*, lisez : *de se représenter.*

Chap. VII, p. 104, note (1), lig. 4, au lieu de : *hostium*, lisez : *ostium.*

Chap. IX, p. 130, note (1), lig. 3, au lieu de : *foveas*, lisez : *faveas* ; — p. 140, note (1), 1re lig., au lieu de : *Mabillonis*, lisez : *Mabillonio.*

Chap. XIV, p. 224, note (1), au lieu de : *femme*, lisez : *fille.*

Chap. XV, p. 248, lig. 9, au lieu de : *catéchisants*, lisez : *catéchistes* ; — p. 249, lig. 4, au lieu de : *chant*, lisez : *champ.*

Chap. XVIII, p. 326, lig. 5, au lieu de : *locando*, lisez : *locanda.*

THÉODULFE,

ÉVÊQUE D'ORLÉANS

ET

ABBÉ DE FLEURY-SUR-LOIRE.

~~~~~~~~~~~~~~~~~~~~~~~~~~~~

CHAPITRE PREMIER.

COMMENCEMENTS DE THÉODULFE.

I. Nation et pays de Théodulfe. — Conjectures sur ses premières années. — Conjectures sur ses relations avec les rhéteurs de l'école d'Aquitaine. — Leur influence sur ses écrits.

II. Conjectures sur son séjour au monastère de saint Benoît d'Aniane. — Son épître aux moines de cette abbaye. — Amitié qu'il leur garde.

I.

Dans l'année 786 de Jésus-Christ, Charlemagne visita Rome et l'Italie. Il fut frappé de voir à quel point les études et le génie influent sur la prospérité des États. Préoccupé dès lors, comme tous les grands chefs barbares, du désir de succéder aux empereurs romains, il comprit que l'empire des armes ne serait rien sans celui des arts, et en mettant sur sa tête la couronne d'Auguste, il aspira à son héritage de sagesse administrative et de gloire littéraire.

Ce fut dans cette pensée, et vers cette époque, qu'il appela près de lui Théodulfe ou Theudulfe, pour être une colonne de l'édifice social qu'il voulait restaurer (1).

Théodulfe n'était pas d'origine gauloise ni de la race des Francs. Il descendait de ces Goths conquérants qui, après avoir servi dans les armées romaines, avaient fini par supplanter leurs maîtres, et qui, naguère encore, en Italie et en Espagne, avaient jeté un si grand éclat dans les lettres aussi bien que dans la guerre. C'était la politique de Charlemagne d'attirer dans la Gaule franque les hommes distingués de tous les pays, pour y seconder le développement intellectuel qui devait faire l'honneur de son règne. L'histoire a raconté que lorsque Romulus jeta les fondements de Rome, il voulut que chacun des nouveaux citoyens y portât une poignée de la terre de sa patrie (2). C'est ainsi que Charlemagne, dans la restauration qu'il avait entreprise, voulut que toutes les nations fussent

---

(1) Dom RIVET, *Hist. litt. de la France*, t. IV, p. 8 et 459, note. — Avant l'année 794, nous voyons le nom de Théodulfe apparaître dans les querelles de l'adoptianisme. Dom Mabillon place à cette époque sa promotion à l'abbaye de Fleury-sur-Loire. Il paraît cependant qu'il assista à la translation des reliques de saint Nazaire, à Lorishaïm, que les *Annales* d'Éginhard placent en l'année 774.

(2) PLUTARQUE, *Vie de Romulus*, ch. VI, traduct. d'Amyot, t. I, p. 44. « Si firent tout premièrement une fosse ronde au lieu qui maintenant s'appelle Comition, dedans laquelle ils jetèrent un peu de terre dont chacun d'eux estoit venu, et meslèrent le tout ensemble. Cette fosse, en leurs cérémonies, s'appelle le monde. »

représentées, et qu'il y eût une place pour chacun des éléments constitutifs de son immense empire.

Théodulfe, en effet, devait lui sembler propre à cette grande œuvre. Quoique issu vraisemblablement d'une famille arienne, il avait puisé dans le catholicisme une foi puissante et pure, un zèle ardent et sage, et une charité tendre qui en fit le protecteur des pauvres et des petits. Son esprit cultivé embrassait toutes les connaissances de son temps. Nourri de bonne heure de la lecture des Pères, il n'avait pas dédaigné les études plus riantes de la littérature profane, et nous verrons comment la science théologique et le génie des affaires n'excluaient pas chez lui le goût des arts et les inspirations de la poésie. Enfin, il eut l'honneur de jouir pendant sa vie de l'amitié d'un grand prince, mais il fut avant tout un serviteur de Dieu. Les anciennes chroniques prétendent que des miracles glorifièrent sa sainteté (1); et Dieu ne refusa pas à ses dernières années cette gloire suprême qui vient de la persécution, en lui accordant, comme dirait Bossuet, « ce quelque chose d'achevé que le malheur « ajoute à la vertu. »

On a disputé sur le pays qui donna naissance à Théodulfe. La seule chose que lui-même nous en apprend dans la relation de sa mission judiciaire en Narbonnaise, c'est que « les Goths de ce pays et les peuples du Midi furent « heureux de trouver en lui un magistrat issu de leur

---

(1) *Chron. gén. de l'ordre de Saint-Benoît*, t. IV, p. 88. « Enfin, plein de jours et de mérites, et mesme signalé en miracles, il trespassa en Nostre-Seigneur, presque en mesme tems que les deux Strabon et Aymoin. » — Il est mis au nombre des bienheureux dans le martyrologe manuscrit de Florus. — V. BOLLAND, au 10 mai.

« famille (1). » Son épitaphe constate aussi, dans les mêmes termes, que ce fut l'Hespérie, c'est-à-dire le Midi, qui fut son berceau (2). Mais quelle est cette patrie si vaguement indiquée? Les uns nomment l'Italie, et les autres l'Espagne (3). Ne serait-il pas plus sage de s'en tenir littéralement au texte même du poëte, et de reconnaître dans Théodulfe un des fils de cette Gaule méridionale, où les Visigoths s'étaient établis depuis longtemps, et où lui-même confesse qu'il retrouvait des hommes de son sang?

Il nous est permis au moins de conjecturer qu'il y vécut de bonne heure, qu'il y revint souvent, et qu'il y puisa à l'école d'Aquitaine les traditions classiques dont l'influence est sensible dans ses vers. Nulle autre contrée n'était plus en état de lui donner cette culture des lettres et des arts. Conquises les premières à la puissance des Césars, soumises les dernières à la domination des Francs, ces provinces toutes romaines avaient conservé plus longtemps que les autres le trésor littéraire de la mère-patrie. Toulouse passa longtemps pour la reine des Gaules; les écoles des rhéteurs y étaient florissantes, et elles

---

(1) Théod., carm., lib. I, *Parænesis ad judices*, v. 139, apud Sirmund., t. II.
> Reliquiæ Getici populi, simul Hespera turba
> Me consanguineo fit duce læta suo.

(2) Id., ibid.
> Protulit hunc Speria, Gallia sed nutriit.

(3) Fabricius, *Biblioth. mediæ et infimæ latinitatis*, t. VI, p. 231. « Patria Theodulfi incerta est. Vulgo Italum statuunt, quia in veteri chronico, apud Quercetanum (Duchesne, t. I, p. 56), Carolus-Magnus illum ex Italia in Gallias adduxisse legitur. Quæ sententia satis infirma est. Non melior est altera qua Mabillonius, Nicol. Antonius et Eccardus (*Rerum Francarum*, XXXVIII, 169), ipsum Hispanum faciunt, etc. »

rayonnaient sur toute l'Aquitaine, la Narbonnaise et la Septimanie. C'est là que, selon le témoignage d'Abbon de Fleury (1), vivait au VII° ou VIII° siècle le grammairien Virgile. On y voyait aussi un Homère, un Caton, un Térence, un Varron, un Cicéron et un Horace. C'étaient les noms pompeux dont se paraient alors les maîtres de grammaire, et que même ils étalaient avec ostentation sur le voile de pourpre suspendu comme enseigne à la porte de leurs écoles (2). De graves professeurs, divisés en deux camps acharnés et rivaux, y passaient quelquefois des nuits sans sommeil à discuter vivement sur la forme d'un verbe, sur la valeur d'une syllabe, ou encore sur le rôle des huit parties du discours (3). Ce fut là que se prépara, dans l'ombre et le travail, la renaissance des lettres qui devait se produire au siècle de Charlemagne. Remarquable développement des esprits dans la société franque : elle suit les mêmes phases dans son éducation que l'individu lui-même. Elle commence humblement par des leçons de grammaire à l'école de Toulouse. Elle fait sa rhétorique et ses humanités dans la littérature ingénieuse, mais vide, de l'école d'Alcuin, jusqu'à ce que, deux siècles après, la philosophie,

(1) ABBO Floriacensis, *Quæstiones grammaticales*, apud Angelo Mai, classic. auct. è Vaticanis codicibus edit., t. V, p. 349.
(2) OZANAM, *La civilisation chrétienne chez les Francs*, ch. x, p. 426. Je suis très-redevable, dans tout ce travail, aux recherches historiques de cet écrivain distingué, que la religion et les lettres ont trop tôt perdu.
(3) VIRGILII, *Epistolæ, de octo partibus orationis*, apud Ang. Mai, auctor. classic. edit., t. V, p. 45. « De his formis verborum inter Regulum Cappadocem et Sedulium romanum non minima quæstio habita est, quæ usque ad gladiorum penè conflictum pervenit. Quindecim namque diebus totidemque noctibus insomnes et indapes permansère. »

sous le froc de Lanfranc et de saint Anselme, transforme cette jeunesse en une virilité puissante.

Si nous ne pouvons affirmer que Théodulfe ait été nourri directement des doctes leçons des maîtres aquitains, il est du moins incontestable qu'il se rattache à leur école par son esprit, et qu'il fut initié à tous les secrets de leur doctrine (1). Elle passa dans ses œuvres; elle y revit dans ce gout des raffinements, des contrefaçons de l'antiquité, lequel s'empare des littératures dans leur décrépitude ou dans leur enfance. Aussi bien, quand, plus tard, nous retrouverons chez lui ces recherches de style, ces substilités de pensée, ces fictions ingénieuses, et jusqu'à cette manie des pseudonymes savants qui caractérisent le siècle de Charlemagne, il ne sera pas difficile d'en surprendre l'origine et de remonter à la source.

(1) Un ancien manuscrit, dont l'autorité n'est pas incontestable, fait de Théodulfe le disciple de Maragde ou Smaragde, sans doute celui qui fut plus tard abbé de Saint-Michel, près de Verdun. On lit dans la *Gallia christiana*, t. II, p. 984 : « Referunt Sammartani (les moines de Saint-Martin), hanc doctorum seriem ex codice quodam descriptam : Beda docuit Simplicium, et Simplicius Rabanum qui Alcuinum docuit, Alcuinus Maragdum, Maragdus Theodulfum Aurelianensem episcopum, Theodulfus Eliam Scotigenam Engolismensem episcopum. »

Ce Smaragde était un savant homme qui avait commenté Donat et composé une grammaire qui passait pour un livre merveilleux. Il avait écrit aussi un poème de la *Voie royale* adressé au roi. (*Histoire littéraire de la France*, t. IV, p. 445. — M. GUIZOT, *Histoire de la civilisation en France*, leç. XXIII.)

Il y avait aussi dans le même temps saint Ardon Smaragde, disciple et biographe de saint Benoît d'Aniane. Ce que nous dirons bientôt des relations de Théodulfe avec le monastère d'Aniane pourrait faire présumer que ce Smaragde y fut son maître.

Mais une autre école tout autrement sérieuse devait faire de Théodulfe le réformateur de la discipline et l'apôtre des âmes.

II.

Dans les mêmes contrées et vers le même temps (780), non loin de la ville de Maguelonne, sur le bord d'un ruisseau nommé l'Aniane, s'élevait un monastère d'une belle architecture, justement célèbre dans toute la province. Celui qui le gouvernait était, comme Théodulfe, un Goth de ce pays, et comme lui il était d'une grande naissance. Son père, comte de Maguelonne, l'avait envoyé de bonne heure à la cour. Il avait été page sous le roi Pépin; il avait combattu aux côtés de Charlemagne dans les guerres de Lombardie, et il était singulièrement aimé de ce grand prince pour son esprit et sa valeur, quand il lui prit ce dégoût du monde dont on trouve tant d'exemples à la cour de Louis XIV, et qui vient plus souvent aux grandes âmes et dans les grands siècles. Le jeune paladin s'appelait Witiza; mais épris dès lors d'un amour passionné pour le saint solitaire de Subiaco, il embrassa sa règle, il adopta son nom, et ne s'appela désormais que Benoît d'Aniane. C'était en effet sur le bord de l'Aniane qu'il s'était bâti un pauvre ermitage dans un site à la fois sauvage et pittoresque, afin qu'il fût propre à la contemplation comme à la pénitence. Bientôt quelques disciples se joignirent à lui, et tout nous porte à croire que Théodulfe fut du nombre (1).

(1) Voyez l'épître de Théodulfe citée page 9.

La petite communauté était pauvre, mais la sobriété et le travail des mains suppléaient à tout. On bêchait, on arrosait la terre, on labourait en chantant des psaumes ; on ne buvait pas de vin, on nourrissait les pauvres, et on donnait la liberté à tous les esclaves (1). C'était un sanctuaire et une académie. Le toit était de chaume ; mais la bibliothèque était riche et nombreuse (2). Une partie des journées était consacrée à l'étude des lettres chrétiennes, l'autre à la prière et aux chants religieux. C'était un mélange d'ascétisme austère et de sainte poésie, tel que l'avait essayé saint Augustin avec ses jeunes disciples dans sa retraite de Cassiciacum ; tel enfin que l'eussent réalisé, entre leur jardin et leurs livres, les pauvres et studieux solitaires de Port-Royal, moins le schisme et l'orgueil.

Cette vie idéale d'oraison et d'étude répondait aux besoins de trop d'intelligences altérées de savoir, aux aspirations de trop d'âmes éprises de la solitude et du sacrifice, pour ne pas attirer de nombreux disciples. Il en vint plus de trois cents, et le modeste ermitage dut se changer en un vaste monastère. Le fondateur, homme de génie et d'un goût supérieur, voulut lui imprimer un cachet singulier de magnificence antique. Saisi de la beauté des

---

(1) D. MABILLON, *Ann. ord. S. Ben.*, t. II, p. 267. « Ille (Benedictus) cum arantibus ipse arabat, fodientibus socius aderat, cum messoribus metebat. Inter laborandum verò linguæ psalmorum cantu occupabantur. » — M. de CHATEAUBRIAND en fait la remarque (*Génie du Christ.*, liv. VIII, ch. X) : « Saint Benoît d'Aniane recevait les terres qu'on lui offrait, mais il ne voulait point accepter les serfs ; il leur rendait sur le champ la liberté. Cet exemple de magnanimité au milieu du Xe siècle est bien frappant ; et c'est un moine qui l'a donné. »

(2) Dom MABILLON, *Ann. ord. S. Ben.* « Denique librorum multitudinem congregavit ut eorum lectione et usu discipuli sui erudirentur. »

grandes ruines romaines qu'il avait vues à Nîmes, il demanda au roi de prendre ces débris pour les faire servir à la maison de Dieu. On ne savait pas encore, dans ces temps barbares, de quel prix auraient été pour la postérité ces monuments d'un autre âge. Charlemagne y consentit donc, et les pierres sculptées de l'ancienne ville romaine, les colonnes de marbre des temples païens, les bas-reliefs des arcs de triomphe vinrent orner les cloîtres de ces philosophes que n'avaient pas connus l'Académie et le Portique. C'était l'image de toute une révolution. Les arts de Rome aussi bien que ses lettres passaient au service d'une nouvelle religion et d'un nouvel empire (1).

Au sein de la retraite recueillie et savante qu'il s'était choisie, les jours de Théodulfe s'écoulèrent heureux. Bien des années plus tard, ce souvenir était encore plein de charmes pour lui, et dans une lettre écrite à saint Benoît d'Aniane, qu'il appelle son père, il se plaît à revenir, par une vue du cœur et un sentiment d'actions de grâces, à cet asile bien connu, à cette famille de frères qu'il n'a pas cessé d'aimer et qu'il désigne par leur nom :

« Va, ma lettre, disait-il, sous une forme imitée des
« épîtres d'Ovide, va revoir en mon nom toutes les cel-
« lules des Pères, afin de me parler de chacun d'eux
« à ton retour. Visite le lieu où dort la troupe sainte, ce-
« lui où elle prend ses repas, celui où elle lit et chante
« les psaumes, celui où elle se livre au travail. Ne dé-

---

(1) ARDO, *Vita S. Benedicti*, apud Boll., 12 febr. — *Hist. de l'Église gallic.*, du P. LONGUEVALDE, t. V, liv. XIII, p. 32. — *Hist. littéraire de la France*, de dom RIVET, t. IV, p. 448. — *Histoire de la Gaule méridionale pendant la conquête des Francs*, par M. FAURIEL, t. III.

« daigne pas d'aller voir la boulangerie, la cuisine, et en-
« fin l'infirmerie, où reposent ceux dont le corps est ma-
« lade, mais dont l'âme est pleine de force. Va visiter
« aussi l'hôtellerie du monastère, et surtout le lieu qu'ha-
« bite le soldat illustre qui est venu chercher là de plus
« nobles combats. Si tu as le regret de n'y plus trouver
« un des frères que tu cherches, plains-le d'avoir quitté
« cette voie glorieuse. Va revoir aussi et salue tendre-
« ment le frère dont je porte le nom, mais dont je n'ai
« pas la vertu. Va de là vers la maison de Nebridius
« notre vénéré père. N'oublie pas non plus celle de Dona-
« tus. Ne passe pas sans t'arrêter près des lieux qu'habite
« le saint frère Atilius, et revois avec respect le toit de
« mon cher Anianus. Que Nampius, Atala, Olemonde, te
« voient et reçoivent le salut que je leur donne. Si même
« tu as le courage d'aller jusque dans la ville et dans le
« monde, visiter les rues, les champs et les maisons,
« salue en notre nom le prélat et les clercs qu'il serait
« trop long d'énumérer ici. Salue Attila, Clarinus, Teut-
« fred, Leubila, tous ceux qui ont été mes pères.
« Qu'ajouterai-je encore? Salue-les tous ensemble, et les
« ayant salués, reviens vite vers moi (1). »

(1) THÉOD., lib. II, carm. VI. — Apud SIRMUND., *Ad monachos sancti Benedicti*.

>Desieris cum forte loqui, tunc tecta licenter
>Narratura, patrum cuncta revise, mihi.
>Quo dormit pia turba vide, quo suscipit escas,
>Quo legit et psallit, quove operatur adi.
>Cernito pistrinum, nec despice tecta coquinæ,
>Quove jacent membris qui benè mente vigent.
>Hospitii mox cerne locum, quemque incolat ille,
>Qui nova nunc primum miles in arma venit.
>Quo tibi quæsiti deorit præsentia fratris,

Tout homme qui lit naturellement ne verra dans ce passage autre chose qu'un vif et gracieux souvenir de jeunesse (1). Je ne sais si je me trompe ; mais il me semble que le poète a voulu décrire la religieuse retraite où il goûta les joies mystiques du noviciat, et reçut en même temps dans une âme encore neuve les premières et ineffaçables impressions de l'amitié. Tout y est dépeint avec la précision d'une mémoire qui s'inspire du cœur; tout y est circonstancié avec amour.

C'est qu'en effet tous ces frères du cloître nommés par Théodulfe étaient dignes de lui. Plusieurs ont laissé un nom dans l'histoire; quelques-uns même ont mérité d'être placés sur les autels. Ce que Chrodegand de Metz, Halitgaire de Cambrai allaient faire pour la réforme du clergé sécu-

>
> Hunc iter hoc pulchrum pertimuisse dole.
> Inde salutandi fratrem pietate revise,
> Sum cui junctus ego nomine, non merito.
> Hunc pete Nebridii patris venerabilis ædes,
> Mox et Donati sit tibi visa domus.
> Sed nec præterea sancti loca fratris Atili,
> Anianique mei tecta verenter adi.
> Nampius aspiciat dantem sibi dona salutis,
> Atala te videat, dicque, Olemunde, vale.
> At si forte vales mundanas ire per urbes,
> Singula perlustrans oppida, rura, casas.
> Præsulibus nostras in carmine pande salutes,
> Atque omni clero quosque referre mora est.
> Attila, Clarinus, Teutfredus, Leubila, et omnis,
> Turba patrum nostrum sentiat alma vale.
> Quid tibi plura canam ? Cunctos ex voce saluta,
> Hisque salutatis te mihi redde citam.

(1) Je ne puis cependant donner ceci pour une certitude. Il est très-possible que Théodulfe ait connu ces moines dans sa mission judiciaire en Narbonnaise, quoiqu'il n'en parle pas dans son poème *Ad judices*.

lier, ce que Charlemagne allait tenter lui-même pour la réforme de l'administration et des lois, ces cénobites allaient l'entreprendre aussi pour la réforme de la société monastique. Retrempés dans la solitude à la source des grandes résolutions et des grandes pensées, on les verra bientôt sortir de leurs cellules pour convertir le monde à leurs vertus austères, propager en tous lieux la règle d'Aniane, et peupler de monastères les villes, les vallées, les bords des fleuves de la Narbonnaise et de l'Aquitaine. Atala fut abbé du couvent de saint Polycarpe; Olemonde fonda celui de Mont-Olive; celui de Saint-Aignan fut l'œuvre d'Anianus qui lui donna son nom (1). Quant à Nebridius ou Nefridius, que Théodulfe appelle son vénérable père, il avait fondé et il gouvernait la célèbre abbaye de Notre-Dame de Grasse, quand il fut appelé sur le siége de Narbonne, où il devait laisser une mémoire bénie. C'était le disciple le plus aimé du saint réformateur qui, de son lit de mort, et, pour ainsi dire, des portes mêmes du ciel, l'invitait à venir chanter avec les saints le cantique nouveau.

Telles furent les influences sous lesquelles s'épanouit l'âme de Théodulfe. Unis dans l'origine par une sainte amitié, ces hommes le furent encore par une même pensée et une œuvre commune; et lorsque le jour vint où le souffle de l'apostolat dispersa de toutes parts ce cénacle de frères, on les vit se partager les provinces renouvelées de l'empire carlovingien, y propager partout la

---

(1) V. mss de la Bibliothèque d'Orléans, *Historia cœnobii Floriacensis*, par dom CHAZAL, 2 vol. in f° cotés 270 *bis*, t. I, p. 64. « Atala conditor cœnobii Sancti-Polycarpi. Olemundus conditor cœnobii Montis-Olivi. Anianus conditor cœnobii Sancti-Aniani. Nebridius, deindè archiepiscopus Narbonensis, ex abbate D. M. de Grassà. »

doctrine du maître, la paix et la foi, y porter avec eux la lumière et la vie, la liberté et la charité, la science et l'art, la parole de Dieu et le génie de l'homme, les saintes écritures et les chefs-d'œuvre classiques ; « missionnaires et « laboureurs, qui deviennent bientôt les docteurs et les « pontifes, les artistes et les instituteurs, les historiens et « les poètes de la société nouvelle. »

Dans cette mission régénératrice, une part choisie échut à Théodulfe. Ce fut avant l'année 794 que le vœu du roi Charlemagne, confirmé sans doute par l'élection des moines, le fit abbé de Fleury. On a demandé s'il avait alors fait profession religieuse, et s'il peut être mis au nombre des abbés réguliers (1). Il est permis de le croire sur le témoignage formel des *Chroniques générales de l'ordre de Saint-Benoît* (2). Quoiqu'il en soit d'ailleurs, s'il n'avait pas revêtu l'habit de la règle bénédictine, il en avait éminemment l'esprit, et il avait puisé dans ce rude noviciat la haute autorité que nous le verrons exercer dans les écoles, parmi les peuples et à la cour des rois.

---

(1) Mss D. CHAZAL, *Historia cœn. Flor.*, loc. cit., t. I.
(2) *Chron. génér. de l'ordre de Saint-Benoît*, t. IV, p. 85.

CHAPITRE II.

THÉODULFE ABBÉ DE FLEURY-SUR-LOIRE.

I. Fleury : la règle bénédictine. — L'école fondée par Théodulfe. — Son illustration.

II. Enseignement de l'école. — Le trivium et le quadrivium. — Allégorie des sept arts libéraux dans un poème de Théodulfe.

III. Conjectures sur les disciples de Théodulfe. — Élie d'Angoulême. — Modoin, évêque d'Autun. — Aigulfe, archevêque de Bourges.

I.

Quand on remonte la Loire à quelques lieues au-dessus d'Orléans, on voit s'élever de loin sur la rive droite du fleuve, au fond d'un large golfe, une masse imposante qui semble sortir des eaux, et qui se dresse au sein d'une solitude paisible. C'est l'ancienne église de l'abbaye de Fleury, mieux connue aujourd'hui sous le nom de Saint-Benoît. Cette immense basilique abrita autrefois plus de cinq mille écoliers, et protégea longtemps la studieuse jeunesse d'une multitude d'évêques, d'abbés et de saints religieux dont les noms sont restés dans la mémoire des hommes. Elle domine encore de sa tour majestueuse les riches campagnes que leur fertilité avait fait surnommer jadis le *val d'or, vallis aurea Floriacencis*. C'est là que sous le règne de Clovis II et de sainte Bathilde, le 6 des ides de juillet de l'an 660, le corps de saint Benoît, retrouvé par miracle au milieu des ruines du Mont-Cassin, avait été religieusement déposé dans l'église abbatiale récemment fondée, et lui avait donné le nom qu'elle ne quitta plus. Il y repose encore aujourd'hui sous la garde de la reconnaissance et de la foi des peuples ; mais le reste a disparu. La Loire coule lentement au pied de quelques débris silencieux et sans nom. A peine quelques pans de murailles indiquent-ils la place de l'école où fleurirent Abbon, saint Osvald, saint Odon, Aymoin, Théodulfe et peut-être Gerbert. L'église seule, ruinée d'abord par les Normands, mais rebâtie peu après par le roi Carloman, reste là pour garder et transmettre encore le souvenir de ces temps glorieux où un Pape proclamait l'abbaye de Fleury le *premier et le chef de tous les monastères* (1).

Théodulfe succéda à l'abbé Fulrade. Il était le quatorzième abbé de Fleury depuis que saint Mummole y avait apporté la règle bénédictine. Elle s'y était maintenue dans une telle pureté, que la réforme générale ordonnée par les conciles du temps ne parut pas nécessaire à Saint-Benoît-sur-Loire, ou du moins n'apporta aux observances religieuses qu'une modification à peu près insensible, puisqu'elle n'a pas laissé de traces dans l'histoire. Renoncer à tout bien comme à toute liberté, prier et chanter en commun nuit et jour, se servir tour à tour les uns les autres, selon le précepte du Seigneur, s'abstenir de toute chair, ne prendre par jour qu'une livre de pain et une hémine de vin (2), n'avoir pour tout vêtement que la coule, la tunique et le scapulaire d'une

---

(1) Léon VII, cité dans dom CHAZAL, *Historia mss Floriac.*, t. I.
(2) L'émine contenait moins d'un demi-litre.

grossière étoffe, coucher tout habillé dans un dortoir commun, ne dormir que peu, garder pendant la journée un silence presque continuel, se soumettre à des pénitences publiques et humiliantes, faire l'aumône aux pauvres et se faire pauvre soi-même, sans distinction de naissance, tels étaient les traits les plus saillants de cette législation fameuse qui a régi tant d'âmes, et qui, pour avoir perdu presque tous ses sujets, n'en demeure pas moins un des monuments les plus imposants du génie chrétien (1). — Les esprits les plus naturellement prévenus n'ont pu s'empêcher de la trouver, « malgré le « sévère enthousiasme dont elle est le fruit, sensée, libé- « rale même, c'est-à-dire étrangère à tout minutieux dé- « tail, à toute vue étroite ; humaine et modérée quant à « la vie pratique, au sein d'une pensée générale fort « rigide (2). » Enfin elle a reçu le plus bel hommage que pouvait lui rendre l'éloquence catholique, quand Bossuet a dit qu'elle était « un précis du Christianisme, un docte « et mystérieux abrégé de toute la doctrine de l'Évan- « gile, de toutes les institutions des saints Pères, de tous « les conseils de perfection. Là paraissent avec éminence « la prudence et la simplicité, l'humilité et le courage, « la sévérité et la douceur, la liberté et la dépendance. « Là, la correction a toute sa fermeté, la condescendance « tout son attrait, le commandement toute sa vigueur, et « la sujétion tout son repos ; le silence sa gravité, et la « parole sa grâce ; la force son exercice, et la faiblesse

---

(1) M. de MONTALEMBERT, *Histoire des Ordres monastiques.* — *Saint-Benoît.* — Fragment cité dans le *Correspondant* du 25 novembre 1858.

(2) M. GUIZOT, *Histoire de la civilisation en France*, t. II, leçon XXVIe.

« son soutien; et toutefois, mes Pères, il l'appelle un
« commencement, pour vous nourrir toujours dans la
« crainte (1). »

Il paraît bien que, jusqu'à Théodulfe, les religieux de Fleury, voués à la prière et au travail des mains, ne s'étaient occupés que du défrichement des terres et de la culture des alentours du cloître, dont ils avaient fait un rivage fertile; mais l'abbaye de Fleury avait, dans les vues de Dieu, de plus hautes destinées. On disait que les cellules du Mont-Cassin s'étaient élevées sur les ruines d'un temple d'Apollon, le frère des Muses et l'inspirateur de tous les arts (2). Ces heureux présages ne devaient pas être trompeurs, et quand le Mont-Cassin ne fut plus, lui aussi, qu'une ruine abandonnée, le corps de saint Benoît, en passant de là en France, transféra à Fleury cet héritage d'espérances et ces promesses de gloire.

C'était à Théodulfe qu'il était réservé de les réaliser. Il les réalisa en fondant une école qui fut un des principaux foyers d'instruction en France, jusqu'à la création des Universités. Les anciens témoignages s'accordent à reporter au temps de l'illustre abbé la naissance de cette institution qui devait propager si loin la renommée de Fleury (3). Lui-même en fait mention

---

(1) BOSSUET, *Panégyrique de saint Benoît.*

(2) Vetustissimum fanum... in quo ex antiquorum more gentilium à stulto rusticorum populo Apollo colebatur. (S. GREG., *Vita S. Benedicti*, cap. VIII.)

Et Silius-Italicus avait dit, liv. XII :

....Nymphisque habitata rura Casini.

(3) Mss dom CHAZAL, *Hist. cœn. Flor.*, cap. XII, p. 64. « Crediderim... Scholas Floriacenses antè Ludovici pii principatum institutas fuisse, saltem ævo Karoli Magni... *Verisimillimum est Theodulphum virum doctissimum palæstras litterarum in cœnobio cui præerat ins-*

dans ses capitulaires. Enfin, une tradition, confirmée par ce qui reste des riches manuscrits de la bibliothèque, place cette fondation sous le règne de Charlemagne, ou la recule au plus tard jusqu'aux premières années de Louis-le-Débonnaire, alors que Théodulfe gouvernait encore la savante abbaye (1).

Ce n'était pas toutefois une chose nouvelle que l'enseignement donné dans les cloîtres de l'ordre de Saint-Benoît. La règle elle-même en faisait un commandement exprès (2). Mais dans toutes ces dispositions, il ne s'agissait que de l'école *intérieure*, fréquentée seulement par les novices de l'ordre ou par les enfants offerts au monastère. La grande innovation de Théodulfe fut d'ouvrir, à côté de cette école intérieure, qui ne cessa pas de subsister, des écoles extérieures et publiques, où venaient s'asseoir indistinctement tous ceux qu'y attirait le goût de la science et la passion d'une gloire autre que celle des armes. Ils y accoururent bientôt de toutes parts. Cette foule nombreuse, mais souvent turbulente, d'écoliers de toute race, habitait en dehors de l'enceinte monastique, spécialement du côté de la porte occidentale, où s'éleva plus tard la chapelle

---

tituisse... Certum est jam institutas fuisse seculo IX incipiente... Sic ex antiquâ traditione acceperat Megius, multos enim eadem susurrantes audivi. »

(1) Mss dom Chazal, *Hist. cœn. Flor.*, t. I, cap. XII, p. 65. « Dominus Thomas le Roy, monachus è congregatione nostrâ, qui in evolvendis chartis hujus cœnobii plurimùm insudavit, opinatur scholas seu collegium fundatum à Ludovico pio, ut in eo ingenui adolescentes in omnibus scientiis instituerentur, additque collegium ab eodem imperatore proventibus et reditibus donatum et auctum... Crediderim tamen antiquiores fuisse scholas Floriacenses, institutas fuisse saltem ævo Karoli Magni. »

(2) Ozanam, *Civilisation chrétienne chez les Francs.*

de Saint-Lazare ou de la Conception (1). C'est là, en effet, selon le témoignage de dom Thomas le Roy, que Louis-le-Pieux fonda le *collége des nobles*, destiné à recevoir les enfants de ses leudes. Charlemagne déjà s'était préoccupé, sans beaucoup de succès, de faire instruire les enfants des grands de son empire, et le moine de Saint-Gall nous l'a représenté, à l'école du palais, faisant de rudes reproches aux jeunes Francs, plus soucieux de leur chevelure blonde que des doctes traités du maître Clément et de Martianus Capella. Les rois ses successeurs continuèrent son œuvre, en dotant de priviléges et de riches revenus ce collége de Fleury-sur-Loire. Les archives de l'abbaye conservèrent longtemps les chartes royales de Charles-le-Chauve et de Charles-le-Simple (2). Et même avant ces princes, et vraisemblablement du temps de Théodulfe, on voit Louis-le-Débonnaire visiter lui-même et gratifier de ses dons cette jeune école qui jetait déjà un si grand éclat à son berceau (3).

(1) Mss dom Chazal, *Hist. Flor.*, t. I, cap. XXII. « Situm erat in loco ubi olim exstabat capella sancti Lazari seu Conceptionis, ad januam coenobii, occidentem versus. Hinc dictum hospitale nobilium in portâ. » (V. Adrevald, cap. XXIII.)

(2) Mss dom Chazal, *Hist. Flor.*, t. I, c. XII, p. 63. « Laudat Megius diplomata Caroli Calvi à Sirmundo relata. — Carolus Simplex confirmat possessiones datas collegio nobilium. »

(3) Mss dom Chazal, cap. XXII. « Ludovicus ex urbe Aureliâ ad coenobium Floriacense accessit. Ibi, reliquias sancti Benedicti veneratus, multa coenobio concessit. Imprimis proventibus auxit collegium in quo ingenui adolescentes in litteris humanioribus instituebantur. »

II.

Il serait maintenant intéressant pour nous de pénétrer dans l'asile que l'Église venait d'ouvrir à la jeunesse franque, d'assister aux leçons de ces savants maîtres, et d'apprendre jusqu'à quel point leur enseignement continuait la tradition romaine. Les documents positifs nous manquent sur ce point; mais les analogies peuvent y suppléer. Il est permis de croire que Théodulfe faisait à Saint-Benoît-sur-Loire ce que, dans le même temps, Alcuin, son ami, faisait dans son école de Saint-Martin de Tours, « servant aux uns le miel des « saintes Écritures, enivrant les autres du vin de l'anti- « quité, nourrissant les plus jeunes des fruits de la gram- « maire, allumant pour les autres les flambeaux de l'as- « tronomie (1). » Il devait en être ainsi à l'école de Fleury, comme l'attestaient encore dans le siècle dernier les manuscrits du IXe siècle, conservés en grand nombre dans la bibliothèque. C'était non seulement les livres de l'Écriture sainte, mais aussi des écrits des Pères, des traités de théologie, de philosophie, de grammaire, d'éloquence, de géométrie, de musique et même de médecine (2).

La plupart de ces sciences entraient dans le programme de l'enseignement classique, fixé dans les écoles depuis

---

(1) ALCUINI, epist. I, *ad Karolum regem*.

(2) Mss Dom CHAZAL, t. I., cap. XII. « Hæ scientiæ docebantur in scholis Floriacensibus, ut patet ex variis codicibus manuscriptis qui adhuc asservantur in Bibl. Flor. In ea visuntur adhuc non solùm sacra scriptura, sed et sancti Patres, theologi, philosophi, grammatici, oratores, geometri, musici, atque etiam medici. »

Cassiodore. Sous le nom de *trivium* et de *quadrivium*, il superposait deux ordres de connaissances, qui correspondent assez à notre division des lettres et des sciences. Le *trivium* avait pour objet les éléments du savoir, la Grammaire, la Rhétorique et la Dialectique. Ce n'était qu'après ces études littéraires que l'on pouvait entrer dans le *quadrivium*, comprenant la Musique, l'Arithmétique, la Géométrie et l'Astronomie. C'était ce qu'on appelait les *sept arts libéraux*, les sept premiers degrés de la science humaine, par lesquels on s'élevait à la science divine ou la théologie; et Alcuin, s'inspirant des saintes Écritures, ne craint pas de les appeler les sept colonnes précieuses que s'était taillées la sagesse pour soutenir et orner sa royale demeure (1).

Toutefois, il faut l'avouer, malgré le but sublime auquel elles aboutissaient, les voies glorieuses du *trivium* et du *quadrivium* ne manquaient pas d'épines. Il fallait donc tâcher de les rendre attrayantes, « parfumées et doux « fleurantes, » comme dirait Montaigne. Aussi voyons-nous que les méthodes d'enseignement employées dans ce temps ont pour but principal d'y semer quelques fleurs, capables de recouvrir l'aridité des préceptes et de tromper, en la charmant, l'imagination de ces peuples enfants (2).

(1) ALCUINI, *Epist. passim, De septem artibus liberalibus*, præfatio.
(2) C'était l'objet du livre de Martianus-Cappella, qui devint le manuel de toutes les écoles, dès lors et pendant le moyen âge. Sous le titre des *Noces de Philologie avec Mercure*, l'auteur célébrait le mariage du dieu de l'éloquence avec une vierge ornée, comme Pandore, de tous les dons des dieux. Après l'hyménée, célébré sur l'Olympe, sept jeunes et belles suivantes comparaissent tour à tour devant l'épousée, qui les reçoit en présent de la main de l'époux. On devine que ce sont les sept arts libéraux, symbolisés dans cette allégorie.

C'est dans cette pensée que Théodulfe avait composé, en distiques latins, la description d'une sorte d'arbre emblématique qu'il avait fait peindre, et dans lequel chacun des sept arts libéraux était personnifié avec ses attributs. Cet arbre sacré de la science était donc planté sur le globe terrestre. La Grammaire, comme base de toutes les connaissances, était assise au pied, un fouet à la main (1). Au faîte resplendissait de tout son éclat de reine la Philosophie, le diadême au front, et des rameaux sans nombre s'échappaient de son sein (2). La Rhétorique était debout, à droite, les ailes déployées et la main étendue dans l'attitude de la parole (3). A gauche, le front penché, tenant un serpent, symbole de la prudence, la Dialectique méditait silencieuse (4). On y voyait aussi la Musique avec une lyre d'un côté, et de l'autre une flûte composée de sept tuyaux, nombre sacré (5). La Géométrie mesurait de

---

(1) Théod, carm. II, lib. IV, *De septem artibus liberalibus.*
    Hujus grammatica ingens in radice sedebat...
      Ars quia proferri hâc sine nulla valet.
    Hujus læva tenet flagrum...

(2) Id., ibid.
    Et quia primatum sapientia gestat ubique
      Compserat illius hinc diadema caput.

(3) Id., ibid.
    Rhetorica atque foro dextram protensa sedebat,
      Corporis ars alas revehit, caput atque leonis.

(4) Id., ibid.
    Haud procul hinc sedit sensus Dialectica mater,
      Læva caput monstrat, corpus tamen occulit anguis...

(5) Id., ibid.
    Musica in unius residebat parte sonora
      Arte videbatur fila movere lyræ.
    Et cui disparibus calamus est fistula septem,
      Qui numerus celebris mystica multa gerit.

son compas les cinq zones du monde (1). Enfin l'Astronomie portait de ses deux mains le cercle du zodiaque avec ses douze signes (2). C'était tout le *trivium* et le *quadrivium*, que l'ingénieux écolâtre avait fait représenter et qu'il avait décrits dans ces vers didactiques, relevés par de belles images et nourris de grandes pensées. L'esprit subtil et un peu puéril du moyen âge se complaisait dans ces sortes d'allégories et de personnifications. Il fallait satisfaire aux besoins poétiques de ces hommes qui n'avaient jamais ouvert de livre, et dont les pères passaient leurs soirées d'hiver à entendre les légendes germaniques et les chants de leurs scaldes.

Une pièce analogue est celle où Théodulfe nous donne la description allégorique du globe. Il l'avait fait peindre pour orner la salle où il prenait ses repas, et sans doute les vers étaient destinés à expliquer et à accompagner la peinture. Ici l'allégorie n'a rien d'original. C'est la grande déesse avec ses attributs, sa couronne murale, sa corne d'abondance, ses mamelles gonflées de lait, ses cymbales d'airain et son char impétueux, traîné par des lions. Le poëte donne le sens de cette mythologie avec une grande finesse d'interprétation et une science qui comprend tout ce que sait son siècle. Il ne faut pas s'étonner qu'il adopte le système erroné de Ptolémée sur l'immobilité de notre

---

(1) Theod., carm. II, lib. IV, *De septem artibus liberalibus*.
    Stabat et acclinis lævâ in geometrica parte
    Dextra manus radium, læva velut rotulam.

(2) Id., ibid.
    Inter quas medius stips surgens ibat in altum
    Ars et ab astrologis culta retentat eum.
    Hunc caput alta petens onerabat circulus ingens
    Quem manibus geminis brachia tensa tenent.

globe; mais il affirme positivement la rondeur de la terre. Il la montre suspendue au milieu des airs et plongée de toutes parts dans une atmosphère humide. Déjà même il rapproche du texte de la Bible ces premières données de la science de son temps, comme s'il pressentait et voulait devancer le jour où la science humaine viendrait rendre aux révélations inspirées de notre foi le plus éclatant comme le plus inespéré des hommages (1).

III.

Combien maintenant nous serions heureux de retrouver les noms des premiers élèves que le maître rassemblait dans l'école naissante ! Que nous aimerions à suivre l'épanouissement de cette première sève ; à compter les premiers rejetons de cet arbre de la science, planté au bord des eaux dans le jardin de Dieu. Les auteurs de l'histoire littéraire de la France citent, comme ayant été disciple de Théodulfe, Elie, qui fut depuis évêque d'Angoulême, et

---

(1) Theod., lib. IV, carm. II & III, apud Sirmund., t. II.
 Et radius Teretem metitur, comminus orbem...
Omnia cum sint mota, tamen nequit ipsa moveri...
 Indè vehebatur curru quòd in aere pendet
  Tellus, et levibus sustineatur aquis.
 Hinc est de Domino verax quod lectio promit..:
  Qui super immensum Boream extendit inane,
  Et terra appendit te super ipsa nihil.
Mabillon parle encore de quelques autres pièces trouvées dans un manuscrit de saint Vannes, à Verdun, et qu'il n'a pas publiées. Elles avaient pour objet les quatre éléments, les sept couleurs et autres sujets qui devaient servir à l'enseignement du *Quadrivium*.

modérateur de plusieurs écoles célèbres dans la Gaule (1). Mais ce Wulfin Boëce, que nous verrons bientôt à la tête des écoles d'Orléans, ne puisa-t-il pas aux pieds de ce maître habile, qui était de plus son compatriote, ce talent des vers dont l'évêque le félicitait plus tard ? N'était-ce pas aussi un souvenir des leçons entendues à Fleury, que plus tard Modoin, alors évêque d'Autun, rappelait à Théodulfe, quand il lui envoyait ces consolations dans la prison d'Angers : « Recevez, lui disait-il, ces quelques vers, qui ne valent « pas les vôtres. Vous savez que les anciens aimaient à « s'adresser de ces discours amis : c'est ce que vous m'a- « vez appris et ce que j'ai souvent entendu de vos « lèvres (2). » Enfin le poète exilé, écrivant de son cachot à Aigulfe de Bourges, ne fait-il pas allusion aux mêmes relations et aux mêmes souvenirs, quand il lui rappelle avec tant d'insistance et de familiarité les riches espérances que donnait sa jeunesse, ses premières études et les heureux présages qu'il faisait concevoir, dès ses plus tendres années : « Autrefois, lui dit-il, tu étais un enfant « d'un beau et noble caractère. Maintenant tu es un « homme comblé de grands honneurs. Mais cette intel- « ligence et cette docilité de ton enfance, je la retrouve « encore, par la grâce de Dieu, dans l'homme devenu « grand. Déjà, dans ton jeune âge, tu portais les signes « d'une éclatante vertu, et tu faisais pressentir ta grandeur

---

(1) *Gallia christiana*, t. II., *Ecclesia Engolismensis*, p. 985.
« Elias Scotus, Theodulphi Aurelianensis Episcopi discipulus, vir doctissimus qui in Gallia mirificè scholas rexit, Engolismensium episcopus erat jam anno 862. »

(2) THEODULFI, lib. IV., carm. IX, *Modoini ad Theod. exulem*.
Audisti antiquos verbis ità ludere amicis
Sæpe etiam didici hoc et ab ore tuo.

« future... Tu te livrais alors à l'étude des arts libéraux,
« et elle embellissait et cultivait ton cœur; mais main-
« tenant c'est à toi d'enseigner aux peuples la doctrine du
« Verbe divin et de lui dicter les ordres du Ciel. Tu pui-
« sais autrefois, pour te désaltérer, aux sources de la
« grammaire, et maintenant c'est toi qui abreuves les
« âmes de la rosée céleste (1). »

Je me trompe peut-être ; mais il me semble reconnaître, dans ce souvenir attendri de l'auguste prisonnier, l'accent ému d'un maître et ces réminiscences d'un premier et délicieux amour, qui ne sont jamais plus vives que dans la vieillesse et le malheur. Il me semble y reconnaître cet orgueil paternel et ces joies de mère que nous ressentons tous à nous rappeler le matin de ces âmes d'élite dont nous avons nous-mêmes provoqué l'éveil et deviné l'essor. On aimerait à retrouver dans ce rapprochement des cœurs, qui se fait pour la vie, entre le maître qui se penche et l'enfant qui s'élève, le principe d'une affection qui n'eut

---

(1) THEODULPH, lib. IV, carm. IV, *Ad Atulfum episcopum*.
Nobilis et pulchræ fueras puer indolis olim,
   Nunc vir es ornatus nobilitatis ope.
Quæ fuit in puero docilis solertia parvo,
   Nunc manet in magno, dante tonante, viro.
Signa puer magnæ semper virtutis habebas,
   Magna, docens magnum te fore sorte virum.
Sic sata promittunt fecundæ præmia messis,
   Sic tauri in vitulo forma patet tenero.
Ingenuas artes studium tibi discere tandem
   Extitit, et cultum his pectus habere satis
At nunc divini tibi tradere dogmata verbi
   Est labor, et populus jura referre poli.
Quæ tunc grammatico sumebas pocula fonte
   Ambrosio mentes nunc bene rore rigas.

pas de défaillance, même dans l'adversité. On aimerait enfin à penser que le maître malheureux n'eut pas de meilleurs amis ni de plus dévoués consolateurs que ses anciens disciples; et l'histoire serait heureuse d'enregistrer une fois de plus ce que, pour l'honneur de l'humanité, elle rencontre quelquefois parmi tant de tristesses : une grande fidélité à une grande infortune.

CHAPITRE III.

THÉODULFE RESTAURATEUR DE L'ABBAYE DE MICI.

I. Mici. — Sa fondation par Clovis. — Sa décadence au IXe siècle.

II. Théodulfe y appelle les moines d'Aniane. — Son épître à saint Benoît d'Aniane. — Restauration de l'abbaye. — Visite de saint Benoît à Mici.

III. Destinées de Mici. — Son dernier abbé.— Ses restes.

I.

Quelques historiens ont prétendu, sans beaucoup de fondement, que Théodulfe avait été abbé de Mici. Il est certain du moins qu'il en fut le restaurateur ; et cette œuvre réparatrice a de trop grands rapports avec celle qu'il accomplit à Saint-Benoît-sur-Loire, pour qu'il nous soit permis de les séparer l'une de l'autre.

Il y avait plus de trois siècles qu'à deux lieues d'Orléans, dans une riante presqu'île, formée par le confluent de la Loire et du Loiret, Clovis, le lendemain de la bataille de Tolbiac, avait jeté les fondements du monastère de Mici, près des lieux où s'élève encore aujourd'hui le village de Saint-Mesmin. Il l'avait placé sur le bord du grand fleuve qui séparait la Gaule en deux régions profondément distinctes, pour être, par son influence nationale et religieuse, le boulevard de son empire naissant contre les Visigoths,

et un poste avancé de la foi catholique contre l'arianisme. L'histoire de sa fondation, conservée par une charte qui est la plus ancienne de la monarchie française, est digne de mémoire (1). « Saint Euspice, prêtre vénérable, avait
« apaisé Clovis sous les murs de Verdun. Le fier sicambre,
« adouci par les vertus du saint vieillard, ne voulut pas se
« séparer de lui ni de son jeune neveu Maximinus, dont nous
« avons fait saint Mesmin. Il les amena à Orléans ; et pour
« fonder un saint monastère, il leur donna tout le terri-
« toire qui s'étend *intrà Ligerim et Ligeritum*, comme
« disent les vieilles chroniques, et l'antique abbaye de
« Mici fut fondée l'an 508, et avec elle le travail, non plus
« des mains esclaves et par là même paresseuses, mais
« le travail des mains affranchies par la religion, libres,
« et par là même courageuses à la peine (2). »

Gouvernés en effet par une suite de saints non interrompue, saint Euspice, saint Mesmin, saint Avit, saint Théodemir, les moines de Mici avaient en peu de temps civilisé le pays, défriché les deux rives, canalisé le Loiret, opposé des digues aux débordements de la Loire, chassé le druidisme qui avait sur ces bords un sanctuaire fameux, nourri les pauvres serfs, affranchi les esclaves, bâti des églises, enfin peuplé le ciel de plus de trente saints canonisés, quand le malheur des temps et les guerres de Pépin contre Waiffer d'Aquitaine dépeuplèrent le monastère, le livrèrent aux laïcs, et y firent tomber l'ancienne discipline. « Les cloîtres étaient devenus la demeure des

(1) V. *Spicilegium* d'ACHERY. Cette charte authentique se voyait encore, il y a quelques années, au dépôt des archives du département.

(2) Discours de Mgr Dupanloup à l'inauguration de la grotte de Saint-Mesmin, le 13 juin 1858.

« séculiers, s'écrie avec douleur un moine de l'abbaye au
« X⁰ siècle ; les femmes y habitaient, et les lieux con-
« ventuels étaient la résidence des meutes et des che-
« vaux (1). »

II.

Les choses en étaient là, lorsque Théodulfe s'en
émut vivement, et, le cœur plein de tristesse, résolut
de relever cet antique sanctuaire. — Il se rappela alors
le monastère d'Aniane, et demanda à Benoît, son vénérable père, de lui envoyer quelques religieux de son
choix. Le saint réformateur établissait alors sa règle et
ses disciples dans les monastères de Gellone en Languedoc, de l'île Barbe, près de Lyon, de Saint-Savin en Poitou, de Cormery en Touraine, de Massay en Berry, de
Marmünster en Alsace. Ne pouvant suffire aux immenses
exigences de cet apostolat, il n'envoya d'abord que deux
de ses religieux à l'abbaye de Mici. Malgré toutes leurs
vertus, c'était bien peu pour un si grand ouvrage. Aussi
Théodulfe écrivit-il bientôt à son illustre ami cette épître
suppliante :

« Pars, ô ma lettre, pars sans plus tarder, vers le toit
« qu'habite le bienheureux Benoît ; va le saluer et revoir
« la maison des Pères. Porte-lui tous mes vœux et

---

(1) LETALDUS, moine et historien de Mici au X⁰ siècle. « Erat eo
tempore studium monasticæ vitæ ità emollitum in cœnobio Micincensi
propè Aurelianos partim cupiditate, partim incursione hostium, ut ibi
nemo posset manere monachorum. Sed habitacula eorum erant diver-
soria secularium et fœminarum, aut stabula equorum et partiones
eorum. »
MABILL., *Acta S. ord. Bened.*, sæc. I, in append., p. 601.

« une à une toutes les prospérités dont Dieu nous a com-
« blés. Puis tu lui présenteras nos mille actions de grâces
« pour le bienfait que nous avons reçu de lui, et tu le
« conjureras de nous en accorder de nouveaux et de plus
« grands. Demande-lui de mettre le comble à l'édifice
« sacré dont il a jeté le premier fondement, et qui fait le
« bonheur et la joie de mon âme. Deux moines suffi-
« saient pour en poser les premières assises ; c'était
« un nombre sacré propre à représenter les deux grands
« commandements de l'amour de Dieu et du prochain.
« C'étaient les deux talents que fait fructifier le serviteur
« fidèle ; c'était l'image des deux genres de vie, celui de
« Marthe et celui de Marie ; c'était la loi ancienne et la
« loi nouvelle. Maintenant il est temps de bâtir sur ce
« fondement solide : ce que vous élèverez subsistera tou-
« jours, car il s'appuiera sur la force de Dieu. La semence
« que vous avez jetée dans nos campagnes était peu
« abondante ; semez à pleines mains, et vous recueillerez
« une riche moisson. Ce que fut en effet pour les champs
« de l'Ausonie notre saint Père Benoît, vous, Benoît
« comme lui, vous l'êtes parmi nous. Comme vous portez
« son nom, vous avez ses vertus, et puisse le même
« bonheur vous réunir un jour ! De même qu'autrefois le
« sage de Samos (1) se croyait sorti de la tête d'Eu-
« phorbe, de même vous faites revivre parmi nous les
« œuvres de Benoît de Nurcie... Ce que fut au Mont-
« Cassin ce Père bienheureux, ô ville d'Orléans, celui-ci
« le sera pour ton pieux sanctuaire. — C'est avec grande

---

(1) Ut cerebro Euphorbi Samius satus esse putatur,
   Sic Nursi patris in te revocatur opus.

Pythagore, philosophe de Samos, croyait, en vertu de sa doctrine de

« dis-lui, raison que la pieuse antiquité donna le nom
« de Mici (*Miliacum*), au lieu qui fut l'asile des doux
« (*mitibus*) chœurs des saints. C'est là que Maximin
« gouvernait au milieu d'une couronne florissante de
« frères qu'il emmena avec lui dans le ciel étoilé. C'est
« là qu'ils dorment encore dans le tombeau, tandis
« que leurs âmes reposent, saint patriarche, dans ton
« sein paternel.

« Mais, depuis cet heureux temps, de farouches bar-
« bares, exilant la paix de ces lieux, ont renversé ces
« demeures et dépeuplé ces cloîtres. Mais enfin, sem-
« blable à l'oiseau d'Orient, le phénix, qui revit du milieu
« de ses cendres, Mici sort de ses ruines et redresse en-
« core sa tête dans les airs (1).

« Ayant ainsi parlé, ô mon épître, va trouver aussitôt
« l'assemblée des frères, prosterne-toi devant eux, et
« demande-leur à genoux la bénédiction. Puis, après un
« instant de respectueux silence, parle-leur en ces termes :
« O troupe bienheureuse, je suis envoyé vers vous par
« Théodulfe, afin d'implorer humblement votre secours.

---

la métempsycose, avoir préexisté dans le guerrier Euphorbe, qui vécut
et mourut au siége de Troie.

(1) THEODULFI, *Epist. ad monachos S. Benedicti*, lib. II, carm. VI.

   Quam benè *Miliacum* vocitavit prisca vetustas,
      Quæ fuit hospitium *mitibus* antè choris.
   Maximinus ibi fratrum vernante coronâ,
      Præfuit, his scandit junctus ad astra poli.
   Corpora sunt quorum variis tumulata sepulchris,
      Sunt animæ in sinibus sed, patriarcha, tuis.
   Has fera barbaries, exempto munere pacis,
      Dejecit sedes, destituitque locum.
   Qui proprios tenuit cineres, utque ales eoa,
      De cinerum lapsu tendit ad alta caput.

« Il vous demande de faire croître, dans les champs qu'il
« cultive, l'arbre qui fut planté au milieu de vous, afin
« que son parfum de nectar et d'ambroisie s'élève jus-
« qu'au ciel. Il voudrait que le ruisseau fécondant de
« vos prières en arrosât le pied, pour qu'il pût étendre
« ensuite de toutes parts ses rameaux vigoureux (1). »

Nous connaissons déjà le reste de cette épître. C'est dans les vers suivants qu'il adresse à l'asile de sa jeunesse, et à ceux qui l'habitent encore, ces souvenirs d'amitié où s'épanche toute son âme, nous pourrions dire toute sa reconnaissance.

Le saint abbé d'Aniane fut charmé de la lettre de l'évêque d'Orléans. Ce fut un événement dans la solitude que cette voix affectueuse qui avait résisté aux séparations de l'espace et du temps. On relut cette épître avec avidité ; chacun fut heureux d'y retrouver son nom, d'y lire son éloge. Il est à croire que tous ceux que le poète saluait dans ses vers furent ses intercesseurs auprès de Benoît leur père. Sa cause s'était fait de trop nombreux protecteurs pour n'être pas gagnée ; et peu de temps après, douze religieux d'Aniane, avec un supérieur, arrivèrent auprès de Théodulfe, qui les accueillit comme des frères (2). Il n'épargna pas même ses propres biens pour rendre à Mici son ancienne splendeur. Les séculiers furent chassés ; les ruines furent relevées, les clôtures restaurées, la règle remise en honneur ; et l'on vit bientôt, sur les bords du Loiret, la robe noire des nouveaux cénobites attirer

(1) Théod., lib. II, carm. VII.
(2) V. *Acta ord. S. Ben.*, sæc. IV, pars I^a, p. 205. « Theodulfi votis fecit satis Benedictus bis senos illi monachos, præfecto magistro, misit qui constanter in sancto studio decertantes non parvam monachorum turbam coadunaverunt. »

autour d'elle les peuples édifiés qu'un siècle de malheurs et souvent de scandales avait désaccoutumés de ce spectacle.

Benoît voulut lui-même admirer l'accroissement de ce grain de senevé qui devenait un grand arbre. Il vint donc à Mici; il y vit Théodulfe, et je regrette que l'histoire ne nous ait pas raconté l'entrevue de ces deux hommes, pour qui ce dut être un beau jour (1). Le saint s'agenouilla sur la tombe des saints qui l'avaient précédé en ces lieux; il se réjouit beaucoup des progrès de ses fils; il les félicita de leur grande ferveur, et même l'on racontait qu'il fit en leur faveur un de ces miracles aimables où le merveilleux sans doute n'éclate pas en grands traits, mais où se retrouve l'esprit de douce condescendance qui inspira Jésus aux noces de Cana. Car, comme les pauvres frères, malgré

(1) MABILLON, *Acta S. ord. S. Benedicti*, sæc. IV, *Vita S. Benedicti Anianensis*, p. 205. « Theodulfus quoque Aurelianensis præsul cum monasterium construere vellet, a jam præfato viro postulat regularis disciplinæ peritos. Cui suum assensum præbuit et bis senos illi monachos præfecto magistro misit, qui constanter in sancto studio decertantes non parvam monachorum turbam coadunaverunt. Quos cum visitandi gratiâ pater venerabilis adisset, quæ ibidem acta sunt pandam. Si quidem ejus præstolantes adventum, omni studio satagunt quatenus ejus pro amore copia piscium ciborumque apparatus non solum illi sed etiam omnibus fratribus, fieret abundè. Fit concursus fratrum, sollicitantur piscatores, perscrutantur nundinæ, sed tanta evenit difficultas ut nec ad emendum invenirentur, nec ab eis capi posset. Quâ de sterilitate nimis afficiebantur mærore, advenit interdùm magister, gaudentes suscipiunt, gaudensque eorum profectibus resalutat. Sed verecundiam fratres læto celabant sub vultu. Præterea accidit ut frater quidam quidpiam operis exercens circà fluvium Ligeris sisteret ; et ecce subito pergrandem piscem quem Isicem vocant conspicit circà littus natantem. Ad quem non tardus capiendum insiluit, abstractumque fratribus detulit. Omnes tandem meritis venerabilis viri Benedicti hoc evenisse confessi sunt. Hoc enim ego à fideli fratre, ni fallor, ità didici »

toutes leurs recherches, n'avaient rien pu trouver pour recevoir à leur table leur père bien aimé, l'un d'eux, qui par hasard se trouvait en ce moment sur le bord de la Loire, aperçut tout à coup nageant vers la rive une énorme alose qu'il prit sans peine. On ne manqua pas sans doute d'attribuer ce prodige aux mérites du saint; et son disciple Ardon, racontant le fait, ajoute naïvement qu'il le tient lui-même d'un témoin oculaire.

III.

D'autres saints repeuplèrent donc cette terre bénie, et les grandes vertus y refleurirent encore. Après le monastère de Fleury-sur-Loire, Mici devint le centre de civilisation le plus influent de toute la contrée. Il donna à l'Église d'illustres et pieux Évêques. Après avoir subi la réforme d'Aniane, il subit au XVIIe siècle la réforme des Feuillants. C'est ainsi que, puisant aux sources de la vie un continuel rajeunissement, la vieille abbaye franque, née pour ainsi dire avec la monarchie, ne finit qu'avec elle. La révolution en dispersa au loin les pierres saintes, et cependant ces pierres avaient été, des siècles, le seul asile des faibles et le seul rempart de leur liberté. Mais elle finit du moins sur un champ de victoire; ses derniers souvenirs sont encore glorieux : son premier abbé avait été un saint; son dernier abbé fut un martyr (1). Il tomba noblement, en

---

(1) L'abbé Chapt de Rastignac, docteur en Sorbonne, abbé de Saint-Mesmin, prévôt de Saint-Martin de Tours, grand-archidiacre et grand-vicaire d'Arles, refusa l'évêché de Tulle, fut député aux États-Généraux de 1789, jeté en prison le 26 août 1792, et massacré le 3 septembre suivant.

confessant sa foi, dans les massacres de septembre. L'héritier de tant de modestes héros ne pouvait pas mieux mourir.

Une croix monumentale récemment élevée sur le bord de la Loire, avec les dernières pierres de l'abbaye, marque seule aujourd'hui l'emplacement de l'ancien Mici. Un socle, représentant les types gallo-romains de l'architecture du temps, porte inscrits les noms des trente cénobites dont l'Église honore la sainteté. C'est en face de cette croix, sur la rive opposée du fleuve, dans le flanc des roches calcaires qui, en cet endroit, encaissent profondément la Loire, et sous l'abside même de l'église de Saint-Mesmin, que vient d'être découverte la grotte druidique où le fondateur de Mici avait marqué son tombeau.

Auprès de cette ancienne pépinière de saints, et sur le coteau même où reposa le pieux abbé, s'élève aujourd'hui le petit séminaire d'Orléans, héritier de ces souvenirs et de ces grands exemples. Un de ceux qui doivent le plus à cette école chrétienne aura-t-il le droit de lui offrir ici sa vive reconnaissance, et de lui dire aussi les grandes espérances qu'il ose concevoir d'elle, en empruntant ces vers de l'évêque Théodulfe :

« Une race barbare, exilant la douce paix de ces lieux,
« en a fait des ruines solitaires ; mais semblable au phé-
« nix, Mici renaît de ses cendres, et élève sa tête vers les
« cieux (1). »

(1) Has fera barbaries, exempto munere pacis,
  Dejecit sedes, destituitque locum.
Qui proprios tenuit cineres, utque ales eoa,
  De cinerum lapsu tendit ad alta caput.

CHAPITRE IV.

THÉODULFE ÉVÊQUE D'ORLÉANS.

I. Théodulfe, encore diacre, écrit l'*Exhortation aux Évêques*. — Ce qu'il pense des devoirs de l'épiscopat.

II. Théodulfe élevé au siége d'Orléans. — Ce qu'était alors le diocèse d'Orléans. — Luttes de saint Eucher contre Charles Martel. — Sa vision. — Améliorations introduites par Charlemagne dans l'Église. — Mouvement général de réforme à cette époque.

III. Capitulaire de Théodulfe à ses prêtres. — Le prologue. — Devoirs des prêtres : le travail des mains, l'étude, la prière et le saint sacrifice, la chasteté sacerdotale. — Relations sociales du prêtre. — Sage condescendance de Théodulfe.

IV. Devoirs des peuples. — Le dimanche. — L'hospitalité chrétienne. — Influence du capitulaire de Théodulfe.

I.

Quand Théodulfe relevait et réformait l'abbaye de Mici, il était évêque d'Orléans. Toutefois, il n'avait pas assumé sur sa tête cette rude responsabilité de l'épiscopat, sans en avoir religieusement pesé toutes les charges. Il n'était encore que diacre, ou peut-être même ministre d'un ordre inférieur, quand il se crut le droit d'écrire respectueusement, mais librement, sa pensée sur les devoirs des pontifes. Il le fit dans un poëme qui ne comprend pas moins de deux cent quatre-vingts vers, auquel il donna le titre hardi de *Parænesis ad Episcopos* ou *Exhortation aux Évéques*.

Il est vrai que le jeune lévite commence par n'épargner aucune protestation de déférence modeste et même obséquieuse à ceux dont peu après il ose se faire le censeur. Mais quel que soit le respect soumis de son langage, il ne sait pas transiger avec la vérité. En traçant d'une main indignée, mais fidèle, le portrait des évêques prévaricateurs, il imprime le stigmate de sa poésie brûlante au front de ces pasteurs, « plus coupables que le brigand qui ne
« tue que les corps, aveugles qui conduisent d'autres
« aveugles à l'abîme, flambeaux qui se consument et se
« réduisent en cendre en donnant leur lumière pour
« éclairer les autres (1). » Puis s'élevant de là à un spectacle meilleur, il aime à constater que le grand nombre des prélats vit à l'abri des reproches dont on a trop chargé le clergé de ces temps ; et au-dessus de ce torrent d'abus ou de misères que chaque siècle entraîne tristement avec lui, le poète voit surnager, dans la vie édifiante de ses contemporains, cet idéal sublime du pontificat catholique, protecteur et consolateur, lumière du monde et sel de la terre. C'est par ce tableau qu'il termine :

« Il est le défenseur du peuple, le vengeur de ses
« maux ; l'assemblée sainte le salue du nom de père.
« Il annonce aux fidèles les récompenses du royaume où
« règnent nos pères dans la compagnie des chœurs angé-
« liques. Il annonce le prix réservé au courageux soldat
« de Jésus-Christ quand, vainqueur enfin de son terrible
« ennemi, il s'envole au ciel. Il enseigne par ses œuvres

(1) THEOD., lib. v., carm. II, *Parænesis ad episcopos*, v. 53.

« ce que prêchent ses lèvres ; il est la règle du peuple
« comme il en est la gloire. C'est entre ses mains que
« reposent les clés qui ouvrent et ferment les portes de
« la vie ; et pendant qu'il célèbre les mystères du grand
« roi, la foule respectueuse l'entoure aux pieds de l'autel.
« Ce n'est pas l'ambition ni l'orgueil de la vie qui l'ont
« poussé à ce faîte sublime ; ce n'est pas sur l'aile de la
« faveur humaine qu'il y a été porté ; mais ce fut, ô mon
« Dieu, le zèle de ton service qui lui mérita ces gran-
« deurs. Loin de se glorifier de son élévation, il garde
« dans son âme une humilité profonde ; sa dignité ne
« l'enfle pas de vanité, mais il ne sent que le poids qui l'ac-
« cable. Ce n'est pas au pouvoir, c'est à la charge qu'il
« pense, comme un cheval orné d'or et de harnais superbes,
« qui gémit cependant sous le joug qui l'écrase (1). »

Telle était l'idée que le jeune diacre avait conçue des augustes fonctions de l'épiscopat. Plus tard, devenu évêque, il dut se rappeler ce programme ; il nous reste à voir s'il y fut fidèle.

II.

L'évêque Théodulfe succéda à Diotime ou, selon d'autres à Guibert (2), dont l'histoire nous est inconnue. Aussi ne saurions-nous préciser avec exactitude l'époque de son élévation au siège d'Orléans. On croit qu'il y fut promu en même temps qu'il fut nommé abbé de Fleury-sur-Loire, ou peu de temps après (3). Nous pouvons affirmer du

---

(1) Theod., lib. v, carm. II, *Parænesis ad episcopos,* in fine.
(2) Car. Sausseyus, *Annal. Eccl. Aurel.,* lib. v, p. 278.
(3) *Hist. littér. de la France,* t. IV, au mot *Théodulfe.*

moins qu'il occupait ce siége avant le concile de Francfort, en 794, puisqu'il prit place à cette assemblée nationale à côté de saint Paulin d'Aquilée, de Richbon, et des autres prélats qui y condamnèrent les adoptianistes (1).

Le diocèse d'Orléans comprenait alors, outre l'Orléanais, une grande partie du Berri, du Blésois et de la Sologne. Elle était suffragante de la métropole de Sens, dont le diocèse s'étendait jusque sur les pays qui composent aujourd'hui l'archidiaconé de Montargis.

L'Église gallicane venait de traverser de grandes tribulations. On se souvenait encore de ces temps malheureux où Charles Martel, ruinant d'une main la foi qu'il défendait de l'autre, venait de livrer les peuples à des pasteurs indignes ou mercenaires qui portaient sur leurs siéges les habitudes grossières de la vie des camps. Dans cet abaissement des âmes et cet affadissement de toutes les vertus, l'Église d'Orléans avait donné l'exemple d'un courage intrépide dans la protestation de saint Eucher, son évêque, contre l'usurpation des biens ecclésiastiques. Sa parole avait déplu par sa liberté. Charles Martel, le lendemain de la victoire de Tours, l'avait arraché violemment d'Orléans et relégué à Cologne, puis de là au couvent de Saint-Trudon, dans le pays Liégeois. Mais l'évêque exilé partait revêtu de l'auréole du martyre. Les églises du Nord l'accueillirent dans un embrassement triomphal, et Dieu prit lui-même en main sa cause et sa vengeance. Une légende raconte qu'un jour, pendant sa messe, Eucher vit Charles Martel plongé, corps et âme, dans les flammes de l'enfer. Comme l'évêque demandait la cause de ce sup-

(1) ALCUINI, epist. IV, *Ad Carol.*, reg.

plice, un ange lui répondit que le prince le souffrait en expiation de ce qu'il avait ravi les biens des églises pour le donner à ses soldats. Effrayé de cette vision, Eucher en avertit Boniface de Mayence, qui se trouvait alors à Paris. Celui-ci et Fulrade, abbé de Saint-Denys, ouvrirent le tombeau de Charles: le corps n'y était plus. Il ne restait plus que le sépulcre vide, brûlé intérieurement par un feu invisible, et même, de ses profondeurs noircies par les flammes, on avait vu s'échapper un serpent. Cette croyance s'était rapidement répandue. Les évêques en avaient écrit à Pépin-le-Bref; la crainte des jugements de Dieu s'était emparée des envahisseurs, et Charlemagne avait déclaré dans un capitulaire que ni lui, ni ses successeurs ne commettraient jamais d'iniquités semblables (1).

En effet, ce prince n'eut pas de plus grand souci que d'assurer la dignité et l'indépendance de l'Église. Il avait étendu son autorité judiciaire en soustrayant les clercs aux tribunaux laïcs, et en les chargeant eux-mêmes du jugement d'un grand nombre de causes criminelles (2). Il avait rétabli en principe la liberté des élections canoniques, tout en s'y réservant une intervention considérable (3). Enfin, pour concilier un plus grand respect au sacerdoce, il avait voulu que le clergé ne s'agrégeât que des membres de race libre et de condition ingenue (4).

---

(1). Car. SAUSSEYUS, *Annal. Eccl. Aurel.*, v. 288. — *Vita S. Trudonis*, apud Surium, t. VI. — *Epistola episc. ad Pippinum*, BARONII, t. X, *Annal.*
(2) *Capit.* Car. Mag., ann. 769, art. XIV. — *Capit.*, Aquisgr. ann. 789, art. XXVII-XXXVII.
(3) *Capit.*, Aquisgr., ann. 803., art. II.
(4) *Capit.*, Aquisgr., ann. 789, art. LXIX, LXX, LXXI.

Mais les devoirs venaient, dans sa législation, à la suite des droits. Des règlements royaux atteignaient les clercs dans leur vie privée et dans l'exercice même de leurs saintes fonctions. Charlemagne n'épargnait rien de ce qui lui semblait propre à relever les pierres de la sainte Sion.

Dans le sein de l'Église, un mouvement analogue se produisait en même temps. Dès 760, l'évêque de Metz, Chrodegand, épris des souvenirs de l'antiquité chrétienne, avait imité saint Augustin en rassemblant ses prêtres autour de lui, sous un même toit, à une même table, sous une même règle de travail et de prière. Il fondait ainsi l'institut des chanoines réguliers, et sa règle, portée dans les villes épiscopales, y assura partout la réforme ecclésiastique. Un écrivain célèbre l'a remarqué avant nous : « De Pépin-le-Bref à Louis-le-Dé-
« bonnaire, il est impossible de n'être pas frappé du
« mouvement de réforme qui se prononce et se propage
« dans l'Église gallo-franque. L'activité et la règle y re-
« paraissent en même temps. Vingt conciles seulement
« avaient été tenus dans le VIIe siècle. On en compte
« trente-trois dans les quarante-six ans que régna Char-
« lemagne. Et cette activité ne se contentait pas de tenir
« des conciles, de régler les affaires immédiates et spé-
« ciales du clergé : elle s'étendait aux besoins de la so-
« ciété religieuse en général et de tout le peuple chrétien,
« dans l'avenir comme dans le présent. C'est le temps du
« perfectionnement définitif de la liturgie ; les écrits
« abondent sur les offices ecclésiastiques, leur célébration,
« leur histoire, et les règles s'établissent à la suite des
« écrits. C'est aussi le temps où furent rédigés les codes
« de pénalités canoniques. Alors aussi se multiplièrent

« les homéliaires ou recueils de sermons à l'usage des
« prêtres et des fidèles. Tout témoigne, en effet, à cette
« époque, une grande ardeur de travail et de réforme
« poursuivie, soit par le gouvernement civil, soit par
« l'Église elle-même, appliquée à rétablir dans son propre
« sein la règle et le progrès (1). »

III.

Théodulfe d'Orléans fut, sans contredit, un de ceux qui travaillèrent le plus activement à cette régénération. Aucune des grandes œuvres que nous venons de nommer ne lui fut étrangère, aucune n'étonna son courage. Il lança le manifeste de ses réformes diocésaines dans un capitulaire que nous allons étudier, et qui passe à juste titre pour le monument le plus curieux de la discipline de ce temps.

Ce qu'on appelait alors du nom générique de capitulaire comprenait tout recueil de règlements administratifs, divisé en chapitres, concernant les affaires de l'Église ou de l'État. Les évêques avaient donc leurs capitulaires comme les rois, et il est parlé de ceux que rédigèrent à cette même époque Hérard de Tours et Riculfe de Soissons.

Celui de Théodulfe, adressé à ses prêtres, se divise en deux parties : la première partie traite des devoirs des curés, la seconde de ceux des fidèles commis à leur garde.

---

(1) M. Guizot, *Hist. de la civilis. en France*, t. II, p. 275.

Il est facile de voir dans la forme et l'objet de ces sortes d'écrits l'origine et le germe des instructions pastorales que les évêques adressent encore chaque année à leurs diocésains. Mais dans ces mandements des temps carlovingiens, le dispositif est tout. Le discours préliminaire, dans celui de Théodulfe, ne renferme que quelques pages sur les devoirs généraux du ministre de l'autel ; toutefois, dans ces paroles, d'un style irréprochable et tout imprégnées du parfum des saintes Écritures, respire une éloquence onctueuse et solennelle qui s'insinue par la charité en même temps qu'elle s'impose par l'autorité :

« Théodulfe à ses frères dans le sacerdoce de l'Église
« d'Orléans, salut en Notre-Seigneur Jésus-Christ.

« Je vous conjure, frères bien-aimés, de mettre tout
« votre zèle et toute votre vigilance à la direction et à la
« correction des peuples qui vous sont confiés, afin que,
« leur montrant le chemin du salut et les instruisant par
« vos paroles et vos exemples, nous puissions tous, avec
« la grâce de Notre-Seigneur Jésus-Christ, nous sanctifier
« les uns et les autres, vous par le progrès de vos
« ouailles, moi par celui des pasteurs, et moissonner ainsi
« une gerbe pleine d'épis. Je supplie donc votre frater-
« nité de lire assidûment et de confier à votre mémoire
« ces capitulaires que j'ai rédigés en peu de mots pour
« être la règle de votre vie, de sorte que, par leur lecture
« et celle des saintes Écritures, vous puissiez régler vos
« mœurs, corriger votre vie, et par le secours de Dieu,
« arriver enfin avec vos peuples au royaume du ciel. Vous
« devez savoir, en vérité, et n'oublier jamais que nous, à
« qui fut commis le soin de diriger les âmes, nous devons
« rendre compte de ceux qui périssent par notre négli-

« gence. Pour ceux, au contraire, que nous avons gagnés
« par nos paroles et par nos exemples, nous recevrons
« le prix de la vie éternelle. Car c'est à nous que le Sei-
« gneur a dit : Vous êtes le sel de la terre. Si donc le peuple
« est le pain de Dieu, c'est nous qui lui donnons sa saveur.

« Sachez aussi que votre rang dans l'Église vient im-
« médiatement après le nôtre, et qu'il y touche presque.
« Car comme les évêques tiennent dans la sainte Église
« la place des apôtres, ainsi les prêtres y occupent la
« place des disciples du Seigneur. Les premiers succèdent
« au grand-prêtre Aaron, les seconds à ses fils. Il faut
« donc que vous vous souveniez toujours de cette grande
« dignité, de votre consécration, de l'onction sacrée que
« vos mains ont reçue, pour ne pas déchoir de cette di-
« gnité, ne pas rendre inutile votre ordination, ne pas
« souiller vos mains sanctifiées par l'huile sainte,
« mais pour que, conservant la pureté du cœur et du
« corps, donnant au peuple l'exemple d'une bonne vie,
« vous les conduisiez aux royaumes éternels (1). »

C'est après cette préface, d'une simplicité et d'une
condescendance vraiment apostoliques, que l'évêque d'Orléans donne à son clergé les préceptes formulés plus
tard, presque dans les mêmes termes, par le concile de
Trente. Rien d'outré, rien de relâché, rien de singulier
dans ces ordonnances; rien même de trop local et qui
sente trop l'esprit d'un pays et d'un siècle. Le prêtre, tel
qu'il le conçoit, c'est l'envoyé de Dieu, mais vivant parmi
les hommes, homme lui-même. C'est le sacerdoce chrétien
tel que l'a conçu la pensée divine, et que l'a révélé l'Évan-

(1) Théod., episc., cap. I., *Ad presbyteros.*

gile, dans le recueillement de sa vie, la pureté de ses mœurs, la sainteté de son ministère, l'autorité de sa parole, l'influence de son action, la sublimité de sa conversation, enfin dans le but céleste qu'il s'efforce d'atteindre, en passant, sans s'y arrêter, par les choses de ce monde, pour s'élever et élever les autres avec lui vers cette patrie des âmes dont il est l'introducteur auprès de Dieu.

Pythagore avait divisé la journée des disciples de la philosophie en trois parties : la première partie pour Dieu et la prière; la seconde pour Dieu dans l'étude et la méditation; la troisième pour les hommes et les affaires.

La vie sacerdotale, dans l'instruction de Théodulfe, se divise également en trois parts : la prière, l'étude et le travail des mains :

« Par le travail des mains, écrivait l'évêque à ses « prêtres, vous retrancherez au vice son aliment, vous « subviendrez à vos nécessités, et vous aurez de quoi « donner à ceux qui souffrent (1). »

Une semblable recommandation pourrait paraître étrange, aujourd'hui que d'autres temps ont assuré au prêtre assez d'indépendance pour ne penser qu'aux âmes. Mais alors le travail dont il donnait l'exemple était non seulement pour lui personnellement une nécessité, mais une utile leçon pour les autres, un enseignement efficace, un bienfait social. Quand la conquête et la guerre avaient détruit l'agriculture, l'industrie et les arts, c'était une belle mission, qui n'était indigne ni du prêtre, ni du moine, de rapprendre aux peuples à féconder le sol, à forger les métaux, à bâtir les maisons.

On comprend cependant que, s'il n'avait pas son contre-

---

(1) Théod., *Capit.*, art. 1.

poids dans des occupations plus spiritualistes, ce labeur manuel pouvait devenir un danger en attachant à la glèbe les âmes de ces hommes qui plus que tous les autres doivent *lever la tête et regarder en haut*. Le prêtre catholique pouvait devenir ce qu'est devenu le pope grec ou le prêtre maronite, qui, matérialisé comme le sol qu'il remue, ne sait plus même la langue du sacrifice qu'il célèbre. Il importait donc bien que le travail matériel n'absorbât pas le prêtre au détriment du travail intellectuel. Théodulfe y pourvoit en recommandant, d'abord et avant tout, l'étude : « Il faut que vous soyez assidus à lire et à prier.
« Car c'est par la lecture, la lecture assidue, que la vie du
« juste s'alimente, s'ennoblit, et que l'homme se prému-
« nit contre la tentation, selon la parole de celui qui a dit :
« J'ai caché vos enseignements dans mon cœur, afin de
« ne pas pécher contre vous (1). »

Assurément le conseil est bon dans tous les temps. Mais pour bien comprendre son immense portée et son extrême nécessité dans ce siècle, il faut se rappeler que l'évêque l'écrivait dans un temps où l'ignorance avait tellement prévalu dans le clergé que des abbés laïques étaient même hors d'état de réciter le *Pater*. Lorsque l'évêque leur présentait la règle, ils ne savaient que répondre avec un dédain pire que l'ignorance : *Nescio litteras* ; je ne sais pas lire.

Mais le plus consolant devoir sacerdotal et le premier de tous par son importance, c'est celui de prier. Aussi Théodulfe n'insiste sur rien tant que sur la prière, et la plus solennelle de toutes les prières, qui est le sacrifice. Il en règle les détails avec une minutie relevée par

(1) Théod., *Capit.*, I.

l'esprit de religion qui l'inspire. « Le pain et le vin qui « servent au sacrifice devront être toujours de la plus « pure substance (1). Jamais aucune femme n'approchera « de l'autel (2). Rien ne sera placé dans le temple que les « choses sacrées (3). Personne n'y sera plus inhumé dé- « sormais, excepté le prêtre ou quelque homme juste « dont la vie sainte aura mérité cette distinction (4). » Tout entretien frivole, toute action profane sera bannie de l'église : « car n'est-il pas dangereux de faire de telles « choses dans l'enceinte où l'on vient invoquer le nom de « Dieu, offrir le sacrifice, et où veille et prie l'assemblée « des anges (5)? » Enfin, pour s'assurer que ces sages réglements seront fidèlement observés, chaque année le pontife convoquera un synode dans lequel il réunira tous ses prêtres. Là ils apporteront leurs livres, leurs ornements, les vases de leur église. Ils amèneront même quelqu'un de leurs clercs, pour montrer à ses yeux avec quelle religion ils savent accomplir le service divin (6).

Théodulfe considère ensuite les rapports du prêtre avec la societé; et examine une à une les vertus morales que Dieu et les hommes exigent également de lui. La charité, la tempérance, et, par dessus tout, l'innocence de la vie et la pureté du cœur.

Qui ne le sait, et qui n'en a senti l'influence? la virginité, dans le christianisme, est devenue reine du

(1) *Capit.*, art. v.
(2) *Capit.*, art. vi.
(3) *Capit.*, art. vii.
(4) *Capit.*, art. ix.
(5) *Capit.*, art. x.
(6) *Capit.*, art. iv.

monde. Rien n'égale sa vertu et sa fécondité depuis que Dieu lui-même l'a prise pour épouse dans les noces mystérieuses de son incarnation, et que du haut de sa croix ensanglantée, entre saint Jean et Marie, il lui a légué le genre humain pour famille et toutes les générations pour postérité. Qui dira sa puissance au milieu de la civilisation païenne perdue dans les avilissements abjects de la matière? Qui dira ses miracles au milieu de la barbarie subjuguée par le spectacle d'hommes vivant dans un corps de terre comme les esprits vivent dans le ciel ?

Théodulfe le savait ; mais il savait aussi l'extrême délicatesse de cette vertu fragile condamnée à fleurir au milieu des dangers de ce monde de boue, de même que le lys au milieu des épines, *lilium inter spinas*, a dit l'Écriture. Aussi n'épargne-t-il rien pour prémunir le prêtre contre le soupçon d'une faiblesse et l'ombre même d'une fragilité. Il interdit le séjour de la demeure sacerdotale à toute femme, quelle qu'elle soit, fût-elle même une sœur, fût-elle même une mère (1). Il semble sortir ici de la juste mesure qui fait son caractère, et il avoue lui-même qu'il est plus sévère que les canons du temps ; mais il redoute, dit-il, que cette mère ou cette sœur, attirant d'autres femmes dans la maison des clercs, ne ternissent ainsi cette réputation d'intégrité sans tache qui est la force morale du sacerdoce chrétien et le plus beau diamant de sa couronne.

Il retrouve son esprit de douce condescendance quand

---

(1) Théod., *Capit.*, art. xii. « Nulla fœmina cum presbytero in unâ domo habitet. Quamvis enim canones matrem et sororem et hujusmodi personas, in quibus nulla sit suspicio, cum illo habitare concedant, id nos modis omnibus idcirco amputamus, quia, in obsequio sive occasione illarum, veniunt aliæ fœminæ et eum ad peccandum eliciunt. »

il parle des relations du ministre de Dieu avec le monde au milieu duquel doit se passer sa vie. Sans doute il ne veut pas que le prêtre soit un homme de bonne chère, de festins et de jeux ; mais en le prémunissant contre des habitudes mondaines ou sensuelles, il ne lui interdit pas ce commerce agréable qui fait accepter le prêtre en faisant aimer l'homme : « Si un père de famille vous invite à venir « dans sa maison, et désire, lui, sa femme et ses enfants, « se livrer avec vous à une sainte joie, et enfin se nourrir « de vos bonnes paroles en vous offrant une table hos- « pitalière, allez ; mais sachez bien qu'en recevant des « fidèles la nourriture du corps, vous devez leur donner « la nourriture de l'âme (1). »

C'est ainsi que partout nous retrouvons en lui le même tempérament de douceur et d'austérité. S'il fait une loi aux prêtres d'éclairer leurs peuples, de leur enseigner le bien, de les détourner du mal, il ajoute aussitôt avec une

---

(1) THÉOD., *Capit.*, art. XIII. « Nisi fortè pater familias vos ad domum suam invitaverit, et cum suâ conjuge et prole velit vobiscum spiritali gaudio lætari, et verborum vestrorum refectionem accipere, et vobis refectionem carnalem charitatis officio exhibere; oportet enim ut, si quandò quilibet fidelium carnalibus vos reficit epulis, à vobis reficiatur epulis spiritalibus. »

Ces mêmes maximes se retrouvent, presque dans les mêmes termes, dans la vie d'un des évêques les plus aimables et les plus vertueux de notre temps :

« Les gens qui nous invitent à dîner, disait-il, nous font en quelque sorte de leur famille, puisque la table rassemble et groupe le père, la mère, les enfants ; nous devenons leurs familiers. On oublie ceux avec lesquels on a traité d'affaires, causé, marché, discuté ; on n'oublie pas ceux chez qui on a rompu le pain de l'hospitalité et partagé la coupe de l'amitié : c'est une alliance. » (*Vie du card. Giraud, arch. de Cambrai*, p. 301.)

bonté égale à sa sagesse : « Que personne donc n'allègue
« qu'il n'a pas d'éloquence pour édifier les autres, car si-
« tôt qu'il verra s'égarer un des siens, il devra faire tout
« ce qu'il peut, prier, blâmer, presser pour le retirer
« du mal et le ramener au bien. Puis quand, avec la
« grâce de Dieu, nous nous réunirons en synode, que
« chacun puisse nous dire les travaux qu'il aura accomplis
« et les fruits qu'il aura recueillis. Alors, si quelqu'un a
« besoin de notre secours, il nous en avertira avec cha-
« rité. Cette même charité nous portera, j'espère, à faire
« notre possible pour l'aider selon nos forces (1). »

IV.

La seconde partie de l'instruction de Théodulfe comprend les devoirs dont le prêtre doit instruire les peuples.
Elle s'ouvre comme la première par un abrégé de la morale évangélique, lequel n'est autre chose que le chapitre IV de la règle de Saint-Benoît, cité littéralement.
L'évêque, en cet endroit, s'est ressouvenu du moine, et il
n'a rien trouvé de meilleur pour les âmes que ce code de
sainteté qu'il avait lui-même médité tant de fois dans le
recueillement du cloître.

L'ordre que suit Théodulfe dans cette seconde partie
est simple et méthodique. Il indique tour à tour à son
diocésain ses devoirs de chaque jour, ses devoirs de chaque
semaine, ses devoirs de chaque année. Toutefois, dans le
détail de ces préceptes austères, il y a place encore pour
les côtés poétiques, et il ne dédaigne pas ce que Platon

(1) *Capit.*, art. XXVIII.

appelle le sourire divin de la sagesse. Sans que l'évêque le cherche, ni même qu'il le veuille, chaque précepte est relevé par des traits heureux de couleur locale, et présente parfois une vive peinture des mœurs de l'époque. C'est ainsi, par exemple, que le dimanche chrétien, tel qu'il se passait alors, semble revivre tout entier dans ses capitulaires.

Dès le soir du samedi, chacun se rend à l'église à la lueur des flambeaux, pour chanter matines et célébrer la vigile. Le dimanche, le vieillard à côté du jeune homme, la femme et l'enfant, le serf et le seigneur, le paysan et le soldat, le leude et le colon, viennent ensemble apporter, à la messe solennelle, les prémices de leurs récoltes et les fruits de leurs champs. Tout ce jour est sanctifié par les offices divins, ennobli par l'aumône, et couronné le soir par un repas joyeux qui réunit ensemble, au chant des louanges de Dieu, les parents, les amis, et même l'étranger et le voyageur (1). — Nous sera-t-il permis, en rappelant ces passages, de regretter ce temps de christianisme heureux, où le dimanche passé sous l'aimable empire de la religion était le jour de la famille, de l'âme et de Dieu, au lieu d'être celui de l'oubli de soi-même et des siens? Nous sera-t-il permis de nous écrier aussi : « Que j'aime ce « rendez-vous de Dieu et de l'homme sur la terre, cette « joyeuse et splendide hôtellerie du repos hebdomadaire, « préparée sur les bords du chemin de la vie, afin que

---

(1) Théod., Capit., art. xxiv. « Conveniendum est sabbatho die cum luminaribus cuilibet christiano ad vigilias sive ad matutinum officium. Concurrendum est etiam cum oblationibus ad missarum solemnia... Tantummodo Deo vacandum est, in celebratione videlicet sacrorum officiorum et exhibitione eleemosynarum, et in Dei laudibus cum amicis, proximis et peregrinis, spiritaliter epulandum. »

« le voyageur, après six jours de marche, puisse s'arrêter,
« se rafraîchir, reposer ses pieds, sa tête et son cœur,
« puis reprendre le lendemain, avec un courage rajeuni,
« le bâton et les fatigues du pèlerinage (1). »

L'hospitalité, comme déjà on a pu l'entrevoir, occupe une large place dans les prescriptions de l'évêque d'Orléans. C'était un des traits les plus marquants des mœurs antiques. « L'hôte qui vient chez vous a les genoux froids ; « donnez-lui du feu, » disaient les chants du Nord. Mais cette loi gravée dans tous les codes barbares était devenue une sorte de religion depuis que l'Évangile avait fait resplendir sur les haillons du pauvre et du voyageur l'image de celui qui était venu dans le monde, et que le monde n'avait pas connu. Théodulfe consacre à cette vertu chrétienne un long et beau chapitre qui révèle à quel point l'esprit de fraternité et de charité publique avait pénétré cette société nouvelle. « Il faut, écrivait-il, avertir les chré« tiens d'aimer l'hospitalité, de ne refuser asile à personne, « et quand ils auront reçu l'étranger sous leur toit, de « n'en accepter jamais aucun salaire, à moins que par « hasard l'hôte qu'ils auront reçu ne leur offre quelque « présent. Vous leur direz donc comment beaucoup « d'hommes justes furent agréables à Dieu en exerçant « l'hospitalité, selon la parole de l'apôtre : C'est ainsi que « plusieurs ont plu au Seigneur, et ont reçu des anges « à leur foyer. — Et ailleurs : Soyez hospitaliers de bon « cœur. Et le Seigneur lui-même dira dans son jugement :

---

(1) *Le septième jour*, par M. l'abbé MÉTHIVIER, doyen d'Olivet.—C'est un bonheur pour moi de citer ce livre charmant, et d'offrir ce faible hommage de ma reconnaissance à mon premier et vénéré maître.

« J'étais étranger, et vous m'avez reçu. Donc, que tous
« ceux qui pratiquent l'hospitalité sachent bien que c'est
« le Christ qu'ils reçoivent dans leurs hôtes. Toutefois, ce
« n'est pas une hospitalité, c'est une barbarie et une
« cruauté de ne recevoir l'étranger dans notre maison
« qu'après s'être fait payer le prix de son passage, et de
« faire servilement, pour les biens de ce monde, ce que
« Notre-Seigneur a commandé de faire pour mériter le
« ciel (1). » Il n'appartenait qu'au christianisme de faire
de l'hospitalité comme de la charité un commandement
nouveau, immense, universel, qui permît à tout homme
perdu, loin de sa patrie, dans ces immenses forêts d'une
contrée inculte, d'aller frapper le soir à la porte du pauvre
comme à celle du riche, sûr de trouver partout le foyer
de la famille pour s'y réchauffer, et la main d'un frère pour
le servir.

Le reste de l'instruction de Théodulfe est consacré à
rappeler aux prêtres les autres grands devoirs de morale
et de christianisme qu'ils doivent apprendre aux peuples :
la sincérité dans les témoignages, la fidélité aux serments,
la probité dans les transactions commerciales, la chasteté
dans le mariage, l'autorité du commandement paternel, la
déférence du respect filial ; et par dessus tout, comme secours, comme expiation et comme récompense, le devoir
de la prière, de la confession, du jeûne, de l'aumône, de la
communion pascale et de la communion fréquente, dont il
parle comme saint François de Sales et Fénelon.

Le capitulaire de l'évêque d'Orléans porta bientôt ses
fruits au dedans et au dehors de son diocèse. Il de-

---

(1) *Capit.*, art. xxv.

vint une loi pour plusieurs églises. En 868, Hildegaire de Méaux l'adoptait tout entier, dans un synode, et le donnait à ses prêtres comme le meilleur code de discipline ecclésiastique. Nous le retrouvons aussi reproduit en grande partie dans les capitulaires de Rodolphe, archevêque de Bourges et primat d'Aquitaine en 840 (1). C'est ainsi que bientôt le doux génie de l'Évangile se fit place dans ce pays, et que des mœurs plus saintes prévalurent peu à peu au sein de l'Église gallicane. Dans le siècle suivant, un historien représente les évêques « occupés du bien des peuples,
« soutenant de leurs conseils la fortune de l'empire, sans
« rien relâcher de la rigueur du sacerdoce. Comme autant
« de chérubins qui s'animeraient du battement de leurs
« ailes, ils s'excitaient du spectacle de leurs vertus; ils
« faisaient tressaillir la terre aux louanges de Dieu, et
« gouvernaient avec vigueur, dans la prospérité comme
« dans l'adversité, les nations confiées à leur garde (2). »

(1) BALUZE, *Miscellanea sacra*, t. II, et *Gallia christiana*, t. III.
(2) *Vita S. Meinwerk Padebornensis*, apud Boll., 5 Jul.

CHAPITRE V.

THÉODULFE FONDATEUR DES ÉCOLES PUBLIQUES.

I. État des lettres dans la Gaule franque sous les Mérovingiens. — Circulaire de Charlemagne pour le renouvellement des études. — Des trois espèces d'écoles : cathédrales, monastiques, presbytérales.

II. Théodulfe établit les écoles publiques dans son diocèse. — Écoles presbytérales gratuites : leur influence et leur enseignement.

III. École de Saint-Aignan, école de saint Liphard ou de Meung-sur-Loire, école de Sainte-Croix d'Orléans. — Le grammairien Wulfin, écolâtre à Orléans. — Ses œuvres. — Épître de Théodulfe à l'école d'Orléans.

I.

Dans l'étude que nous avons faite du capitulaire de Théodulfe, il est un article important que nous avons omis au chapitre précédent, pour lui donner ici un développement plus étendu. C'est celui par lequel l'évêque d'Orléans institue des écoles dans son diocèse, et seconde ainsi dans la Gaule franque la renaissance littéraire dont il fut un des ouvriers les plus actifs.

Implantées de bonne heure dans le sol Gaulois par la conquête romaine, les lettres y avaient eu des fortunes diverses. Protégées par l'Église, elles avaient subjugué les barbares eux-mêmes, et on les avait vu aimées et cultivées avec plus de passion souvent que de bonheur par les Mérovingiens. Mais cela ne dura pas. Ce calque maladroit des mœurs des vaincus parut aux vieux Sicambres une dégradation et une servitude. Une réaction eut lieu. L'Austrasie revendiqua la rude et populaire royauté du pavois. Les fils de Mérovée perdirent le pouvoir, et on ne leur laissa, avec le mépris des peuples, que le vain titre de rois, le nom de fainéants, et le hochet des lettres pour charmer leurs loisirs.

Alors la barbarie reprit ses droits parmi nous; les arts disparurent dans des luttes sanglantes, et d'épaisses ténèbres redescendirent encore sur le pays des Francs.

Un de nos chroniqueurs, le moine Frédegaire, contemporain de Charles Martel, remarque la décadence des études et même de l'esprit humain au VIII° siècle, et il l'attribue à la vieillesse du monde : « Le monde se fait vieux, dit-il, « et voilà pourquoi la pointe de l'esprit s'émousse parmi « nous. Aussi n'y a-t-il personne de nos jours qui puisse « ou qui ose même se comparer aux orateurs qui ont « précédé (1). »

Ce moine se trompait. Le germe d'une prochaine et splendide renaissance se cachait sous les décombres de la société bouleversée, et ce qu'il prenait pour le crépuscule d'une longue nuit était l'aurore d'un jour meilleur.

C'était nécessairement par l'instruction publique que devait commencer la régénération. A peine Charlemagne,

---

(1) DUCHESNE, Collect., t. I, p. 74. « Mundus jam senescit, ideoque prudentiæ acumen in nobis tepescit, nec quisquam potest hujus temporis nec presumit oratoribus præcedentibus esse consimilis. »

dans son voyage à Rome de l'année 786, eût-il reconnu l'éclat que donnait à l'Italie son activité scientifique et littéraire, qu'il écrivit à son retour une lettre circulaire à tous les évêques et à tous les abbés, pour leur demander de fonder des écoles, afin de hâter avec lui la résurrection des lettres dans son empire : « Il faut, leur disait-il, « choisir, pour l'enseignement, des hommes qui aient la « volonté et le pouvoir d'apprendre, ainsi que le désir « d'instruire les autres. Nous désirons que, comme de « véritables soldats de l'Église, vous soyez au dedans « pieux, doctes et chastes, c'est-à-dire vivant bien, et au « dehors savants, c'est-à-dire parlant bien. Ne négli- « gez pas d'envoyer des copies de cette lettre à tous « vos suffragants et dans les monastères. Au lecteur, « salut (1). »

D'autres capitulaires rédigés dans le même sens suivirent celui-là, et la réponse des évêques ne se fit pas attendre. On vit bientôt s'élever de nombreuses écoles, à côté des églises, dans les grandes abbayes, jusque dans les humbles presbytères de campagne, et former ainsi, du Weser jusqu'à l'Ebre, une sorte de voie constellée dans la nuit orageuse de ce siècle à demi-barbare.

Trois espèces d'écoles remplaçaient, en effet, depuis le VIe siècle, les anciennes écoles municipales des villes savantes de la Gaule. C'étaient en premier lieu les écoles *cathédrales* qu'on appelait aussi écoles *épiscopales*, parce qu'elles étaient placées sous la direction immédiate de l'évêque. A côté fleurissaient les écoles *monastiques*, où, comme nous l'avons dit, les religieux enseignaient les sept

---

(1) PERTZ, *Mon. German. historic.*, t. III, p. 52.

arts libéraux. Puis, plus ou moins nombreuses selon le zèle de l'évêque, et plus ou moins prospères selon la réputation du maître, s'élevaient, sous le toit modeste du curé de campagne, les écoles *presbytérales*, où le prêtre enseignait les lettres élémentaires à des enfants choisis. Mais, il faut le remarquer, sauf de rares exceptions, ces écoles étaient tout ecclésiastiques. Ce n'est pas que l'Église ait songé quelquefois à confisquer la science à son profit. Loin de là. Toute son histoire dément ces exclusions. Mais quand la barbarie était venue tout briser, alors elle avait dû se retirer forcément, emporter dans son sein ce dépôt menacé, et attendre l'apaisement des passions ignorantes pour distribuer aux hommes les trésors littéraires qu'elle n'avait, après tout, conservés que pour eux. Cela se fit sous Charlemagne; mais, jusqu'à cette époque, la science, comme nous dirions, ne s'était pas encore sécularisée, et s'il n'est pas vrai de dire, comme quelques-uns l'avancent, que la restauration des lettres par Charlemagne n'eut d'autre objet que l'éducation des clercs, je dois avouer du moins que le nombre était petit des évêques et des moines qui ouvraient aux laïcs cette fontaine d'eau vive à laquelle l'évêque d'Orléans allait les inviter à s'abreuver à longs traits.

II.

C'est ainsi qu'il s'exprime dans la première partie de son capitulaire concernant les études: « Si quelqu'un des « prêtres veut envoyer à l'école son neveu ou tout autre « de ses parents, nous lui permettons de l'envoyer à l'é-

« glise de Sainte-Croix, ou au monastère de Saint-Aignan,
« ou de Saint-Benoît, ou de Saint-Liphard, ou de tout
« autre des monastères confiés à notre gouverne-
« ment (1). »

Or, cette permission était considérable. De ces écoles privées, annexées à chaque église abbatiale ou collégiale, l'évêque fait tout à coup des écoles publiques, dont il ouvre les portes à tous ceux qu'y appelle le goût de l'étude ou le choix du clergé. Selon la remarque de Lecointe, le privilége accordé ici par Théodulfe ne peut avoir d'autre sens (2); et c'était déjà un pas immense de fait vers un meilleur avenir que cette extension donnée à l'enseignement public, et cette émulation entretenue entre les maîtres par la concurrence des écoles, et entre les écoles par le libre choix et la préférence éclairée des disciples.

Mais c'est principalement dans l'article suivant que nous voyons l'évêque semer à pleines mains l'instruction gratuite parmi toutes les classes de la société barbare. « Que les prêtres, y est-il dit, tiennent des écoles dans les

---

(1) Théod., *Capit.*, art. xix, *Ad quas scholas mittere consanguineos suos possint, si velint.* « Si quis ex presbyteris nepotem suum aut aliquem consanguineum ad scholam mittere vult, in ecclesia Sanctæ-Crucis, aut in monasterio Sancti-Aniani, aut Sancti-Benedicti, aut Sancti-Liphardi, aut in cæteris de his cœnobiis quæ nobis ad regendum concessa sunt, ei licentiam id faciendi concedimus. »

(2) Dom Chazal, *Histor. Cœnobii Floriac.*, t. II, p. 65. « Cointius observat scholas episcopales in cathedrali Sanctæ-Crucis, cœnobiales in monasterio Sancti-Benedicti et in aliis, sic tum fuisse institutas ut privatæ, non publicæ essent, quando quidem præsbyterorum nepotibus ac consanguineis loco privilegii concessum est ab episcopo. Has ergo scholas uti publicas agnoscit Theodulfus, aliàs frustra licentiam concederet ad eas adeundi nisi adventitii in illas admitterentur. »

« bourgs et les campagnes ; et si quelqu'un des fidèles
« veut leur confier ses enfants pour leur faire étudier les
« lettres, qu'ils ne refusent point de les recevoir et de
« les instruire, mais qu'au contraire ils les enseignent
« avec une parfaite charité, se souvenant de ce qui a
« été écrit : Ceux qui auront été savants brilleront
« comme les feux du firmament, et ceux qui en auront
« instruit plusieurs dans la voie de la justice luiront
« comme des étoiles dans toute l'éternité. (DAN., XII, 3.)
« Et qu'en instruisant les enfants ils n'exigent pour cela
« aucun prix, et ne reçoivent rien, excepté ce que les pa-
« rents leur offriront volontairement et par affection (1). »

Ici il n'y a plus de distinction de personnes, il n'y a plus d'exclusion. « Il s'agit bien, remarque M. Guizot, « des fidèles en général, du peuple, et non seulement du « peuple des villes, mais du peuple des campagnes, le « plus négligé en fait d'instruction (2). » L'enseignement que demande l'évêque d'Orléans sera donné à tous, et de plus il sera donné à tous gratuitement : la science est à ses yeux une sorte de sacrement de l'intelligence dont on ne peut trafiquer sans simonie coupable. Enfin, il n'est pas

---

(1) THEOD, *Capit.*, art. XX, *Ut scholas ipsi habeant in quibus fidelium parvulos gratis erudiant.* « Presbyteri per villas et vicos scholas habeant, et si quilibet fidelium suos parvulos ad discendas litteras eis commendare vult, eos suscipere et docere non renuant, sed cum summa charitate eos doceant, attendentes illud quod scriptum est : *Qui autem docti fuerint fulgebunt quasi splendor firmamenti; et qui ad justitiam erudiunt multos, fulgebunt quasi stellæ in perpetuas æternitates.* (DAN., XII, 3) Cum ergò eos docent, nihil ab eis pretii pro hac re exigant, nec aliquid ab eis accipiant, excepto quod eis parentes charitatis studio sua voluntate obtulerint. »

(2) M. GUIZOT, *Hist. de la civil. en France*, XXIIIe leçon.

dit qu'il ne s'agisse ici que de l'instruction primaire ; c'est l'enseignement des lettres dans toute son étendue, sans restriction aucune : *ad discendas litteras.*

Chaque enfant de village peut donc venir s'asseoir à l'école presbytérale, sans craindre de sa pauvreté ni honte, ni refus. Chaque presbytère devient un petit séminaire d'où l'on passe dans le grand, qui se tient ordinairement dans le palais de l'évêque. C'est là que se recruteront les écoles des grandes villes et des grandes abbayes. C'est de là que les curés amèneront chaque année aux synodes diocésains les clercs qu'ils ont formés à la science sacerdotale et aux cérémonies du culte (1). C'est de là que sortiront pendant le moyen âge ces vigoureux enfants des vilains qui iront porter aux universités et dans les monastères cette sève de vie, cette jeunesse d'âme, cette ardeur de sentiments, cette énergie de pensée qu'ils auront puisées dans cette éducation par le prêtre et la nature. Que de générations dévouées et laborieuses se sont formées à ces humbles écoles ! Que de flammes se sont allumées à ce foyer ! que de vertus y sont écloses ! Et de nos jours encore, quel prêtre ne se retourne avec l'attendrissement de la reconnaissance vers le modeste presbytère où il apprit les premiers éléments d'une langue sacrée, sous le regard paternel et encourageant d'un vieillard ? Il y a là quelque chose que rien ne remplace. Il y a une tradition de plus de onze cents ans ! Il y a un dévoûment qui ne se pèse pas au

---

(1) THEOD. *Capit.*, art. XXVI. « Louis-le-Débonnaire ordonna également que les curés amenassent aux assemblées diocésaines quelques-uns de leurs élèves les plus distingués, pour que l'on pût juger publiquement de leurs progrès. » (*Capitul.*, lib II. addit., ç. V, p. 1157, apud BALUZE, in *Concil. Paris*, VI, lib. I, c. XXX.

poids des choses de ce monde ! Et au milieu d'un siècle qui a le noble souci de répandre de plus en plus l'instruction dans le peuple, et de donner gratuitement la lumière aux esprits, il est bon de le dire : l'Église a eu l'honneur de cette initiative; notre temps ne fait que reprendre bien parcimonieusement la pensée des conciles (1). Et ce qu'il attend encore de la prospérité de ses finances et du perfectionnement de ses lois, un évêque le demandait, il y a onze siècles, au dévoûment et au désintéressement de ses prêtres.

III.

Et j'ai le droit d'ajouter aussi qu'il l'obtint.

Nous connaissons déjà la longue prospérité de l'école de Saint-Benoît. L'histoire des autres écoles, bien que moins éclatante, ne nous est pas cependant entièrement inconnue.

Celle de Saint-Aignan s'élevait à l'est de la ville d'Orléans, près du vieux monastère fondé en 504 sur le tombeau de l'évêque dont il avait pris le nom. Charlemagne aimait ce sanctuaire visité par les princes et les saints, et où Geneviève avait prié avant le roi Gontran. Il l'avait lui-même fait reconstruire et orner; il y était venu s'agenouil-

---

(1) PERTZ, *Conc. germ*, p. 65. « Et non solum servilis conditionis infantes, sed etiam ingenuorum filios adgregent, sibique socient; et ut scholæ puerorum fiant... » *Conc. Cabilonense*, ann. 813 : « Episcopi scholas constituant, in quibus et litterariæ solertia disciplinæ et sacræ scripturæ documenta discantur. » *Conc. Paris.*, VI, ann. 827. *Conc. Aquisgran.*, ann. 816. *Meldense*, 815. *Saponariense*, 859.

ler plus d'une fois ; il y avait substitué aux moines relâchés soixante chanoines fervents auxquels il confia le service de l'église et l'enseignement de l'école ; il les avait comblés des dons de sa munificence, et entre autres largesses, il leur avait donné une île de la Loire que l'on connaît encore sous le nom d'*Ile-Charlemagne*. Foulque en était alors l'abbé ou le doyen, et c'est sans doute à cet homme célèbre par son savoir comme par ses vertus que Théodulfe commit le gouvernement de l'école qu'il venait de rétablir sur de plus larges bases (1).

De là, en descendant le cours de la Loire, à quatre lieues au-dessous de la ville d'Orléans, et presque en face de Notre-Dame de Cléry, s'élève une belle et majestueuse église, reproduisant dans ses formes régulières et grandioses les types les plus parfaits de la première époque de l'architecture ogivale. C'est là qu'au VIe siècle, un magistrat célèbre, d'abord cénobite au monastère de Mici, était venu chercher une plus grande solitude auprès d'une fontaine que l'on vénère encore, entre les vertes collines qui forment le lit du fleuve et qui avaient valu à ce lieu pittoresque le nom de *Magdunum*, que nous retrouvons encore dans celui de Meung-sur-Loire. L'ermite s'appelait Liphard. Les légendes nous apprennent que lui aussi avait chassé

(1) LEMAIRE, *Histoire du pays d'Orléans et de l'Orléanais* — HUBERT, chan. de Saint-Aignan, *Antiquités historiques de l'Église royale de Saint-Aignan*, p. 82. Théodulfe nous apprend que l'abbaye de Saint-Aignan lui était soumise, et une charte du temps de Louis-le-Débonnaire rapportée par Hubert, le qualifie abbé du monastère de Saint-Aignan : « Venerabilis vir Theodulfus Aurelianensis ecclesiæ archiepiscopus et abbas monasterii Sancti-Aniani confessoris. » (*Ex Tabulario ecclesiæ Sancti-Aniani.*)

de cette terre païenne le serpent de l'idolâtrie qui infectait de son souffle les contrées d'alentour. Le saint prêtre se vit bientôt entouré de disciples ; des cellules sortirent des ruines d'un château détruit par les Vandales, et ce fut l'origine d'un monastère d'abord, et d'une ville ensuite. Le monastère, sans doute, était dégénéré du temps de Théodulphe, car l'évêque d'Orléans y érigea un chapitre de chanoines réformés, qu'il mit en possession de l'église abbatiale. Il leur confia aussi l'école monastique (1), qui s'étendait sans doute sur le flanc du coteau que couronne de nos jours l'ancienne maison de campagne des évêques d'Orléans.

Nous avons retrouvé aux archives de cette ville une charte datée de Meung et signée de Théodulfe (2). Meung était-il déjà le lieu de plaisance des évêques, et le savant prélat aimait-il à y venir visiter le chapitre et l'école que lui-même y avait établis? Nous ne savons rien de plus sur cette institution; nous ajouterons seulement que c'est dans la même ville que résida, jusqu'à la révolution, le séminaire diocésain, comme pour ne pas laisser prescrire sur cette terre historique les traditions studieuses de l'école de saint Liphard.

Nous sommes mieux instruits de ce qui concerne l'école de Sainte-Croix. Elle était attenante à l'église cathédrale bâtie par saint Euverte. On sait qu'au moyen âge nos pères aimaient souvent à rapprocher ainsi les monuments publics qui représentaient toute la vie de la cité : l'église,

---

(1) V. HUBERT, *Hist. du pays de l'Orléanois*, mss, p. 617.
(2) Voyez au frontispice le *fac simile* de cette charte, et son texte complet à la fin du volume.

l'Hôtel-Dieu et le palais de justice. L'école était du nombre de ces édifices sacrés ; elle s'élevait dans l'enceinte de ces quartiers silencieux, sombres, fermés chaque soir, et qu'on appelait le cloître, où résidaient les prêtres, l'évêque au milieu d'eux.

Plus que les autres, l'école de Sainte-Croix était en grand renom parmi toutes les écoles épiscopales de France. Elle devait cette gloire, non seulement à la grande célébrité de son évêque, mais à celle presque égale de l'écolâtre savant qui la dirigeait, et dont l'histoire a conservé le nom. Il s'appelait Wulfin, et comme Théodulfe, il était Goth d'origine ; mais, suivant l'usage prétentieux de son temps, l'érudit s'était cru dans l'obligation de joindre à son nom barbare un pseudonyme savant, et il avait choisi le nom d'un homme célèbre chez les Goths d'Italie : l'infortuné Boëce. D'ailleurs, Wulfin Boëce jouissait dans tout l'empire d'une grande réputation de science et de talent. Il était en relation avec les beaux esprits du siècle de Charlemagne. Il connaissait intimement le diacre Florus, qui lui dédiait un poème. On a encore de lui la vie de saint Junien de Mairé (1), écrite dans une prose élégante et ornée, et un contemporain loue son talent des vers dans ce reproche aimable : « Pourquoi gardes-tu ce

---

(1) Dom MABILLON, *Acta SS. ordinis S. Bened.*, t. I. Le prologue de cette vie ne manque pas d'une certaine emphase rhétoricienne. Voici comme l'auteur y parle de lui même : « At ego homo ab stirpe Romanâ penitùs alienus, et Geticæ Sarmatum gentis originem trahens, quibus magis barbara initio sermonis garrulitas exstitit quam latinæ eloquentiæ notitia, quamvis ab ipsis infantiæ rudimentis, inter grammaticos rhetoricosque, non minimè nutritus fueram, sed ingenii tarditas et naturalis quodam modo segnities nequaquam eloquentem creavit... »

« long silence, ô mon frère ? pourquoi as-tu cessé si vite
« de nous aimer ? En vérité, il faut bien du temps à ta
« muse pour laisser couler tes vers semés de fleurs (1). »

Il paraît en effet que Wulfin était poète, et Théodulfe lui rend le même témoignage. Aussi était-ce surtout à la poésie latine qu'il exerçait ses jeunes disciples d'Orléans. Ceux-ci, encouragés par l'exemple du maître, adressaient quelquefois des pièces choisies à l'illustre prélat, qui prenait plaisir à ce commerce d'esprit, et qui ne dédaignait pas de répondre par d'autres vers aux vers de la jeune école. Mais la sollicitude d'un vaste diocèse ne lui laissait pas beaucoup de loisirs pour la poésie, et l'on comprend fort bien que la correspondance devait souvent en souffrir.

Cette ardente jeunesse se crut ainsi frustrée de sa plus belle récompense. Wulfin et ses élèves osèrent en adresser à Théodulfe lui-même des reproches respectueux, et se plaindre dans leurs vers du silence de sa muse. On ne sait ce que contenait l'épître de l'école ; mais il faut bien croire qu'elle était éloquente, puisque, malgré les approches de la fête de Pâques, malgré le poids des années dont se plaint le vieillard, l'évêque se crut obligé de faire une réponse en vers à l'aimable sommation de ceux qu'il appelle ses frères et ses enfants.

Il fut bien inspiré, car cette lettre d'excuse peut passer pour une de ses pièces les plus parfaites. Ce qui l'anime et

---

(1) Apud Sirmund., *Not. ad Theod.*, carm. XIII, lib. II, p. 1061, ab incerto auctore.

Quid, rogo, frater, agis tam longa silentia servans ?
Quove tibi nostri tam cito pulsus amor ?
Certè, tanta tuæ tam florida carminis musæ
Haud parvâ, ut pateant, indiguere morâ.

ce qui en fait le charme, ce n'est pas le badinage spirituel et malin de l'épicurien Horace, s'excusant légèrement de sa paresse à écrire sur ses goûts d'insouciance, sur les embarras de Rome, sur le besoin de jouir des délices de Tibur. C'est la gravité douce et souriante d'un vieillard, la charité sereine d'un pasteur des âmes qui se plaint à ses enfants du fardeau qui l'accable, et qui doit rendre compte à Dieu et à son peuple du temps que lui raviraient ces délassements frivoles :

« Plusieurs fois, écrit-il (1), vous m'avez envoyé des
« vers délicieux. Ceux que j'ai reçus aujourd'hui m'ont
« particulièrement charmé ; j'y trouve un vrai plaisir ; je
« loue votre zèle ainsi que votre travail, et je vous en-
« courage à faire mieux encore. Plus vos succès seront
« grands, plus notre joie sera grande, et j'aime à voir
« chaque jour les progrès que vous faites.

« Quant à moi, je ne sais plus faire aujourd'hui ces
« vers qui autrefois coulaient de ma veine facile, et je me
« mets tout en sueur pour composer des chants qui ne
« me satisfont pas. C'est donc bien en vain que vous m'en
« demandez ; maintenant de nouveaux soins forcent ma
« muse à se taire. Hélas ! ce qu'il me faut, ce ne sont pas

---

(1) Théod., lib., carm. XII, *Cur modo carmina non scribat.*

Carmina sæpe mihi, fratres, pergrata tulistis :
  Et nunc quæ fertis, credite, valde placent.
His delector enim, vestri studiumque laboris,
  Conlaudo, et moneo vos potiora sequi.
Crescitis in melius, nobis hinc gaudia crescunt :
  Ut magis atque magis id faciatis amo.
Qui ex facili pridem poteram depromere versus,
  Æstuo, nec cudo, ut volo, dulce melos.
Quæritis hoc, quando novus hic successit habendus
  Usus, nostram Erato qui reticere facit.

« des poésies et des vers cadencés, ce sont bien plutôt
« des larmes d'expiation. Le Christ, mon amour, ne me de-
« mandera pas des vers à son jugement; mais il me de-
« mandera compte du progrès qu'auront fait les ouailles
« qu'ils m'a commises. Aussi bien, je n'ai plus qu'un dé-
« sir : c'est de prier pour elles et pour mes propres égare-
« ments. Dieu ne me fera pas un reproche de n'avoir pas
« fait de vers. Jeunes enfants, ces jeux sont de votre âge;
« pour nous, nous nous y sommes assez livrés jadis, et
« le prix que vous cherchez, il y a longtemps que nous
« l'avons gagné.

« Etudiez donc, mes frères, pour être savants sans
« doute, mais surtout pour devenir un jour les concitoyens
« des habitants des cieux. Voici que revient la grande so-
« lennité aimée des âmes pieuses. Elle ne nous laissera
« guère de temps pour faire des vers. Laissons là ce souci
« pour célébrer ce grand jour dans toute notre allégresse;
« après cela, reviendra le temps de composer des chants.

 Sunt mihi nunc lacrymis potius deflenda piacla,
  Carmina quam lyrico nempe boanda pede.
 Non amor ipse meus Christus mea carmina quæret,
  Sed mage commissi grandia lucra gregis.
 Pro quo, proque meis orare erratibus opto,
  Carmina ni pangam, crimina nulla gero.
 Ludite vos pueri, metrica sat lusimus arte :
  Præmia quæ cupitis jam mihi parta manent.
 Discite sic fratres, docti ut possitis haberi,
  Et fieri socii civibus æthereis.
 En veneranda piis tanti sollemnia festi,
  Nos mundo non multum versificare sinunt.
 His ita præmissis, festum hoc celebremus ovantes,
  Aptius edendi carmina tempus erit.
 Annua sic etiam venerauter festa colamus,
  Continua ut nobis det sine fine Deus.

« Ainsi, puissions-nous célébrer cette fête avec tant
« d'amour, que Dieu nous accorde un jour une place dans
« ces fêtes qui ne finiront point.

« Quant à toi, Wulfin, je te dois mes compliments pour
« les vers qui chez toi semblent couler de source. Reçois
« donc, cher ami, mes mille actions de grâces ; il n'ap-
« partient qu'à Dieu de t'en récompenser un jour selon
« tes mérites. »

Il n'est pas impossible de surprendre dans ces vers quelques réminiscences de la poésie d'Horace, et quelques traits de ressemblance avec l'épître à Florus. Mais le luth du poète, en passant des mains du favori de Mécène dans celles d'un évêque, a été monté sur le mode sublime d'une philosophie que n'avaient pas entendue les ombrages de Tibur. Entre ces deux poésies, il y a le Calvaire. La sagesse de l'évêque, ce n'est pas la sagesse qui conclut au plaisir et se jette de langueur dans les bras d'Épicure ; c'est la sagesse chrétienne qui aspire au ciel, et qui s'age-nouille aux pieds sanglants du Christ pour les baiser de ses lèvres, pour les arroser de ses larmes. Si l'évêque se retire du banquet des muses pour céder, lui aussi, sa place à de plus jeunes, ce qui l'invite à la retraite, ce n'est pas la satiété, c'est la voix du devoir et celle plus impé-rieuse encore d'un pieux amour. S'il renonce à chanter les joies et les grandeurs de ce monde qui passe, c'est qu'il en est d'autres auxquelles l'a convié le Christ son amour, et qu'en célébrant les fêtes de la terre, il a entrevu celles de l'éternité.

> Nam, Wulfine, tibi debentur præmia laudum,
> Cujus ab amne fluunt metrica docta bene.
> Hinc tibi multiplices agimus, carissime, grates :
> Præmia pro meritis rex Deus ipse dabit.

CHAPITRE VI.

THÉODULFE ÉDITEUR & CORRECTEUR DES LIVRES SAINTS.

I. Transcription et révision des manuscrits au IX⁰ siècle. — Renaissance et progrès de la calligraphie et de la peinture des manuscrits au temps de Charlemagne.

II. Bible de Théodulfe conservée au Puy. — Richesse bibliographique de cette Bible. — Examen critique du texte. — Ses différences avec la Vulgate.

III. Préface et épilogue en vers par Théodulfe. — Comment il faut étudier les livres saints.

IV. Psautier présenté par Théodulfe à Gisla. — Épître dédicatoire. — Les princesses au temps de Charlemagne. — Bibliothèque de Théodulfe.

I.

Il ne suffisait pas, pour la restauration des études en France, d'établir des écoles, ni même d'y appeler des maîtres distingués et des disciples nombreux. Il fallait commencer par mettre entre les mains des uns et des autres les modèles anciens devenus de plus en plus rares et de plus en plus incorrects. Ce fut la grande préoccupation de Théodulfe, et nous n'hésitons pas à placer au nombre des services les plus considérables que ce siècle ait rendus à l'avenir la transcription fidèle et la révision sévère des livres de l'antiquité sacrée et profane.

Or, il en était temps, car le mal était profond. Du VI° au VII° siècle, ces livres étaient tombés aux mains de possesseurs et de copistes si ignorants, que les textes étaient devenus presque méconnaissables. Une foule de passages étaient intervertis, mutilés, confondus ; les feuillets étaient dans le plus grand désordre; toute exactitude d'orthographe ou de grammaire avait disparu. Il fallait déjà, pour comprendre, une véritable science, et elle manquait davantage de jour en jour (1).

Une rénovation devenait donc imminente. Elle fut provoquée par tous les bons esprits secondés par le prince lui-même. Dans un capitulaire de 788, Charlemagne commande la révision attentive de tout le texte sacré, « ne « pouvant souffrir, comme lui-même s'exprime, que dans « les lectures divines, au milieu des offices, il se glissât « des mots barbares et des solécismes discordants. » Il chargea de ce soin le diacre Paul Warnefried. Lui-même mit la main à l'œuvre, et ses historiens nous l'ont représenté, dans sa vieillesse, s'exerçant la nuit à transcrire les livres de la loi, d'une main plus habituée à manier sa Joyeuse et à porter le sceptre, qu'à tracer de beaux caractères.

L'exemple porta ses fruits. Bientôt, autour de lui, un peuple de copistes exhume, transcrit, relie, et enlumine les manuscrits des anciens. Loup de Ferrières en fait venir de Rome même, qu'il fait transcrire jusque dans l'Alle-

---

(1) M. Guizot, *Hist. de la civilisation en France*, t. III, leçon XXII, p. 177.

magne. Alcuin offre au roi une Bible magnifique ornée d'un frontispice en or, et enrichie de peintures (1). Un grand nombre de manuscrits datent de cette époque, et sont remarquables par une perfection inconnue au siècle précédent. Au lieu de l'écriture corrompue du passé, on a repris les belles lignes de l'écriture romaine (2). Les copies se multiplient; l'émulation se met entre les monastères; l'art de transcrire devient une source de gloire, une œuvre bénie de Dieu, et méritant le ciel; on en racontait dans l'intérieur des cloîtres des choses merveilleuses. L'illustre saint Colomban, averti par le Seigneur du jour de sa mort, avait voulu copier jusqu'à ses derniers moments le livre du Psautier; et comme il achevait le psaume XXXIII°, en écrivant ces mots : *Redimet Dominus animas sanctorum suorum*, Dieu l'avait rappelé, pour lui donner au ciel la récompense promise au bon serviteur. On parlait aussi d'une Bible conservée à l'abbaye de Kildare et enrichie de peintures d'une telle perfection, que l'on disait qu'un ange était venu conduire, chaque nuit, la main de l'écrivain (3). Ces miniatures naïves relevées par des lettres d'or dans les livres de ce temps, seront la première page de l'histoire de la peinture religieuse au moyen âge. Un jour ces vignettes, qui sont de petits tableaux, fourniront les types de ces figures mystiques, idéalisées, mais recon-

(1) Cette Bible d'Alcuin porte pour titre : *Biblia sacra ex versione sancti Hieronymi codex scriptus manu celeberrimi Alcuini*. Ce précieux volume a été adjugé aux enchères publiques, à Londres, avant 1838, à M. Giordet, pour 4,500 livres sterling.

(2) M. Guizot, *Hist. de la civil. en France*, leçon XXII. — M. Ampère, *Hist. de la litt. jusqu'au IX° siècle*. — M. Vailly, *Éléments de paléographie*.

(3) M. Ozanam, *Le Christianisme chez les Francs*.

naissables encore, chez les moines italiens de Florence et de Fiesole, qui furent les premiers maîtres de Raphaël (1).

C'était particulièrement, comme on voit, sur les livres saints que se porta d'abord ce travail de transcription, de correction et d'ornementation, de même qu'au XVI⁰ siècle les éditions de la Bible furent le principal produit de l'imprimerie et de la philologie renaissante. Ainsi le premier souci du siècle de Charlemagne fut la révision des sacrés monuments de sa foi (2). L'évêque d'Orléans y eut une part ; et tandis que Loup de Ferrières, quelques années plus tard, s'occupait d'éditer Salluste, Quintillien et même le commentaire de Donat sur Térence, à vingt lieues de là, dans la même province, Théodulfe venait de donner une édition de la Bible que le temps respectueux nous a conservée comme un des plus précieux monuments bibliographiques de cette époque.

II.

En visitant le trésor de la cathédrale du Puy, à côté des souvenirs et des offrandes des rois, l'antiquaire s'arrête avec le saisissement d'une pieuse curiosité devant un riche volume écrit dans un caractère qui date de dix siècles. C'est la Bible de Théodulfe, la plus ancienne qui soit dans nos collections françaises, celle de Charles-le-Chauve lui étant postérieure de plus d'un demi-siècle (3).

(1) M. Rio, *Poésie de l'art. — Peinture.*
(2) M. Ampère, *Hist. litt. de la France avant le XII⁰ siècle.*
(3) Je suis redevable de tous ces détails bibliographiques sur la bible de Théodulfe à la notice de M. Ph. Hedde insérée dans les *Annales*

Une tradition locale prétend que Théodulfe lui-même en fit hommage à Notre-Dame du Puy en Velay, dont le pèlerinage était en grande dévotion depuis le voyage de Charlemagne dans ces contrées. D'autres ajoutent même, sans beaucoup de fondement, que l'évêque l'écrivit dans sa prison d'Angers et l'offrit à la Vierge en mémoire de sa délivrance (1).

Quoiqu'il en soit, c'était une offrande digne de sa piété et de sa reconnaissance. Le manuscrit, tel qu'il est conservé aujourd'hui, compose un grand volume de 347 feuillets de beau et fort vélin, partie blanc, partie teint de pourpre ou de violet. Tout l'ouvrage, excepté les pages d'ornements, est disposé sur deux colonnes, sans ponctuation, sans division de versets, avec de nombreux sigles ou abréviation, et écrit tout entier en caractère roman, dans lequel se distinguent les grandes majuscules, l'onciale, la minuscule mélangée de cursive et d'une extrême finesse. De grandes capitales en or et en argent, le Psautier tout entier et les quatre évangiles en caractères d'argent avec onciales d'or, les grandes colonnes coloriées, les titres de chaque livre encadrés dans des canons historiés, enfin tout le luxe d'ornementation connue à cette époque, rehaussent l'éclat de cette Bible véritablement monumentale (2).

de la Société d'agriculture, arts et sciences du Puy pour 1857-1858 (Puy, 1859), in 8°, p. 168-224, analysée par Francisque-Michel. — *Recherches sur les étoffes de soie, d'or et d'argent* (Paris, 1852), t. 1, p. 69. — Voyez aussi *Gallia christiana*, t. II, p. 692.

(1) V. à la bibliothèque du Puy, frère Théodore, ermite en 1693, et plus anciennement encore le P. Odo de Gissey, en 1623.

(2) *Notice* de M. Phil. Hedde, loc. cit. « Ces canons représentent un portique à arcade cintrée soutenue sur deux colonnes de l'ordre co-

CH. VI. THÉODULFE ÉDITEUR

En outre, pour prémunir ces ornements en relief du frottement des pages, l'évêque, suivant l'usage de son temps, avait intercalé dans les feuillets de son livre des tissus choisis parmi les plus précieux et les plus moelleux de son époque. Il en reste encore cinquante-trois aujourd'hui parfaitement conservés, et qui paraissaient des produits de l'industrie orientale dans ces temps reculés (1).

Une précieuse reliure ornée d'or et de pierreries, comme

---

rinthien, et divisée elle même en arcades plus petites avec des colonnes sveltes de différents métaux et de différentes couleurs. L'archivolte du grand arc, bordée de chaque côté par un large filet d'or reposant sur un fond rouge, est peinte de divers ornements, tels que disques, croix pattées, mosaïques, grecques, etc., disposés sur un fond de couleurs diverses. Les colonnes sont jaspées ou marbrées ; quelquefois l'or et l'argent s'y trouvent réunis et produisent l'effet du porphyre, du portor et des agathes les plus riches. A la retombée extérieure du grand arc et de chaque côté, une console bordée d'un filet d'or supporte un oiseau dont le plumage varié est encore relevé par des filets dorés produisant des reflets admirables ; ces oiseaux paraissent appartenir aux espèces des aigles, des ibis, des autruches, des geais, des coqs, des faisans, des paons et des pigeons, mêlés de quelques oiseaux de fantaisie. »

M. Ampère (*Hist. littér. de la France*, t. III, p. 283) cite plusieurs manuscrits des livres saints écrits dans le même temps sur vélin pourpre, en lettres d'or, et avec la même richesse d'ornementation.

On peut comparer ce qui est dit ici de la Bible de Théodulfe avec ce que l'on voit dans l'évangéliaire de Charlemagne conservé au musée des souverains. Ce manuscrit fut peint à Rome par Gottschalck, sur l'ordre de Charlemagne et de Hildegarde, en l'année 791. Un *fac simile* du frontispice à colonnes a été gravé dans la *France carlowingienne* de MM. Bordier et Charton, t. I, p. 203.

(1) *Notice* de M. HEDDE, p. 193. « …. Les uns sont des crêpes de chine avec des bordures de cachemire broché espouliné par crochetage à la méthode indienne et persane, les autres des tissus unis ou même façonnés de diverses matières telles que la soie, le coton, le lin, le poil de chèvre, le duvet de chameau de la plus grande finesse, et toutes ces

Théodulfe l'atteste lui-même dans ses vers (1) entourait ce recueil, et cette enveloppe de velours rouge apparaît encore sous la nouvelle couverture qui l'a remplacée. Tout ce luxe faisait partie de la religion des peuples. L'évêque ne croyait pas que l'on pût entourer de trop d'honneur les saintes lettres que le ciel avait envoyées à la terre, et que la religieuse antiquité plaçait dans le tabernacle, à côté du corps même du Dieu de vérité.

Mais un point qui appelle toute notre attention, c'est l'examen critique du texte même de cette Bible et de sa conformité, soit avec la Vulgate, soit avec les éditions antérieures.

Théodulfe donne à croire, au début de la préface en vers de son livre, qu'il collationna sa nouvelle édition sur les textes originaux de l'hébreu et du grec : « Tout « ce que le style attique et latin a pris de l'hébreu, vous « l'avez en entier dans ce livre, cher lecteur (2). » La connaissance de ces langues n'était pas rare alors. Celle du grec s'était répandue dans l'Occident avec les émigrés que chassait de Constantinople l'hérésie des iconoclastes, et il est raconté que des clercs syriens et grecs aidaient

---

matières si souples qui entrent aujourd'hui dans la confection des schalls de cachemire. » Ne serait-il pas curieux de trouver entre les feuillets de ce livre sacré une page intéressante de l'histoire de l'industrie dans ces siècles lointains ?

(1) THEODULFI, episc., carm. I, lib. II.
    Nam foris hoc gemmis auro splendescit et ostro,
    Splendidiore tamen intùs honore micat.

(2) THEOD. episc., lib. II, carm. I, v. 1.
    Quidquid ab hæbreo stylus atticus atque latinus,
    Sumpsit, in hoc totum codice, lector, habes.

Charlemagne dans la correction du texte évangélique qui fut l'œuvre de sa vieillesse.

Une critique plus savante présida donc alors à la révision des saintes Écritures, et prépara ainsi celle qu'accomplirent dans le XVIe siècle Pie IV, Sixte V et Clément VIII. L'évêque d'Orléans a-t-il adopté l'édition d'Alcuin? Il ne m'a pas été possible de m'en assurer; mais on a remarqué de notables différences entre le texte de Théodulfe et celui de la Vulgate. C'est ainsi qu'au lieu de l'ancienne version italique conservée par l'Église dans sa prière publique, il a pris la traduction des psaumes de saint Jérôme, moins répandue, mais plus fidèle. Divers passages ont subi des modifications d'une moindre importance (1). Mais ce que nous ne pouvons passer sous silence, c'est la suppression d'un texte considérable de l'épître de saint Jean, relatif aux trois divines personnes de la Trinité : « *Tres sunt qui*

---

(1) C'est ainsi qu'au livre des Nombres, VIII, 2, nous lisons dans la Vulgate : *Loquere ad Aaron et dices ad eum cùm posueris septem lucernas, candelabrum in australi parte erigatur. Hoc igitur præcipe ut lucernæ contrà Boreum è regione respiciant ad mensam panum propositionis, contrà eam partem quam candelabrum respicit lucere debebunt.* Tout ce qui est ici indiqué ne se trouve ni dans le texte hébreu, ni dans la version des Septante, ni dans le texte samaritain, ni dans la paraphrase d'Onkélos. C'est une note marginale qui a passé dans le texte, et que Théodulfe a supprimée. Au second livre des Rois, VIII, 6, nous lisons simplement dans la Vulgate : *Et de Bere et de Beroth, civitatibus Adareret tulit rex David æs multum nimis.* — A ces mots, le manuscrit de Théodulfe ajoute : *De quo fecit Salomon omnia vasa aurea in templo...* explication supprimée par Bellarmin comme étrangère au texte, bien qu'on la retrouve encore dans la Bible de Robert Etienne de 1545. On sait que Bellarmin fut chargé par les papes de la révision des saints livres, et que lui-même avoua au savant Luc de Bruges qu'il n'avait pu faire toutes les corrections jugées nécessaires.

« *testimonium dant in cœlo: Pater, Verbum et Spiritus-*
« *Sanctus, et hi tres unum sunt*. (Joan., I, ep. 6 et 7.) Il
« y en a trois qui rendent témoignage dans le ciel : le
« Père, le Verbe et le Saint-Esprit, et ces trois ne sont
« qu'un. »

On sait que ce verset manque, non seulement ici, mais dans un grand nombre d'exemplaires anciens du Nouveau Testament. Toutefois, cette omission ne peut infirmer en rien l'autorité du texte et son authenticité, si l'on prouve qu'elle est relativement récente, très-explicable, et particulière à une seule famille de manuscrits.

Pour comprendre quelque chose à cette explication, il faut d'abord savoir que l'exégèse moderne classe en quatre familles les manuscrits bibliques, selon les analogies qui révèlent entre eux une communauté d'origine (1). Ce sont les familles asiatique, africaine, alexandrine et bysantine. Elles ne sont pas de même date ; une d'elles est plus ancienne que les autres, plus rapprochée des sources, et pour cette raison plus autorisée : c'est la famille africaine. Or, cette édition-mère contient intégralement le verset contesté ; tous les anciens pères, Tertullien, Cyprien, Fulgence, Victor de Vite le citent intégralement, de sorte que s'il est absent dans les autres éditions, ce n'est que postérieurement qu'il a disparu, et par une altération manifeste du texte original, le seul authentique.

Cet éclaircissement suffit évidemment pour venger l'autorité du texte omis par Théodulfe. Il peut être cependant

---

(1) Ces familles, réduites d'abord à deux par les protestants Bengel et Griesbach, furent portées au nombre de quatre par Hug, professeur à l'université catholique de Fribourg, et son disciple Scholz, de l'université de Bonn.

curieux d'examiner comment il fut supprimé par lui et avant lui dans les familles de manuscrits postérieures. Sa grande ressemblance avec le verset précédent suffirait à elle seule à nous rendre compte d'un oubli des copistes, quand même on ne pourrait pas en rendre responsables, avec vraisemblance, les premiers hérétiques anti-trinitaires, et en particulier les disciples d'Ebion et de Cérinthe.

De cette source corrompue sortirent les éditions fautives et incomplètes. Les éditions latines redigées sur celle d'Afrique gardèrent le texte intact, et c'est le plus grand nombre; les autres le supprimèrent ou ne le connurent pas. Théodulfe fut ainsi trompé par ses modèles, et l'on reconnaît dès lors sur quel fond reposent les hardies assertions de Michaëlis, de Griesbach, de Cellerier, de Vegscheider, et plus anciennement de Richard Simon, qui ne voyait dans ce texte qu'une interpolation faite précisément du temps de Charlemagne (1).

III.

Dans la préface en vers que Théodulfe mit en tête de sa Bible, l'évêque d'Orléans commence par dresser le canon des livres saints. Malgré la sécheresse inséparable d'une semblable nomenclature, ces vers didactiques ont une concision et une énergie qui accuse la touche d'un esprit vigoureux. Chaque écrivain sacré, chaque prophète, chaque

(1) Richard Simon, *Histoire critique du Nouveau Testament*, Rotterdam, 1699, partie II, ch. 9.

apôtre y est caractérisé par un trait profond ou délicat qui résume sa vie ou qui révèle son génie. L'imagination du poète y reluit quelquefois et sème des fleurs choisies sur ce sujet aride. Mais, bientôt sorti de cette étroite prison, et sentant le champ s'élargir devant lui, le langage de Théodulfe retrouve sa solennité et son autorité pour chanter les beautés de la sainte Écriture. Il y a un enthousiasme vrai et une poésie élevée dans les paroles suivantes :

« ... Tels sont les livres des deux Testaments, semblables
« à deux routes qui se réunissent et n'en forment plus
« qu'une pour nous conduire au ciel (1). C'est l'éternel
« aliment des cœurs qui nourrit sans cesse, sans jamais
« l'apaiser, la faim de la justice ; c'est le sacré breuvage
« qui coule des sources profondes du paradis : plus vous
« y puisez, et plus vous ressentez la soif du bien. C'est
« aussi la trompette qui, retentissant dans tous les coins
« du monde, appelle le genre humain aux royaumes
« célestes ; c'est enfin la lumière éclatante qui chasse
« les ténèbres mortelles de l'erreur, et fixe les pieds de
« notre âme dans le chemin de la vérité... Précieuse loi
« de Dieu ! plus brillante que les astres, plus pure que

(1) Théod., lib. ii, carm. i.
  Hoc Testamenti veterisque novique sub uno
   Calle patens bivium ducit ad alta poli.
  Hic cibus æterno satiat præcordia pastu,
   Justitiæque famem, quo mage habetur, alit...
  Hæc lux horrendas errorum decutit umbras,
   Quâ retinent mentis te via recta pedes.
  Sunt hic jura Dei tenebris nudantia mundum,
   Splendidiora astris, candidiora nive...
  Lex pretiosa Dei est, quid enim pretiosius illâ,
   Quam dat fons vitæ, lux et origo boni ?

« la neige ! Quel bien est préférable à cette loi sacrée
« qui descend à nous de la lumière essentielle et de
« l'origine de tout bien ? Elle seule contient la science
« efficace, la science qui surpasse toutes les autres
« sciences, la science incomparable. Vouloir la comparer
« à la sagesse de l'homme, c'est vouloir comparer le
« ciel avec la terre. Tout ce que l'on apprend aux écoles
« de ce monde coule à pleins bords de ce livre sacré.
« Tout ce qu'il y a de puissance dans la raison hu-
« maine, comme tout ce qu'il y a de beauté dans les
« arts, jaillit de cette source et n'est qu'un écoulement
« de ce fleuve divin. »

Il ajoute plus loin :

« Saint livre ! qui pourrait dire sa force et sa beauté ?
« On l'ouvre sans crainte, on le lit sans ennui, car en
« lui rien qui repousse, ni rien qui rebute. C'est le pain
« des forts, c'est le lait des petits enfants ; il a la force
« du vin, la douceur de l'huile ; il est pour tous le livre
« du salut, et plus on le médite, plus on le trouve aimable.

>   Est doctrina potens, superansque scientia cunctas,
>   Cui valet æquari nulla sub axe poli.
>   Cui si quam cupias sensu conferre vel arte,
>   Ut cœlo tellus, hæc ità cedet ei.
>   Quidquid in ingenuis mundanâ discitur arte,
>   Artibus, hic currit liberiore viâ.
>   Quod ratione viget, vel quidquid amatur in illis,
>   Hoc à fonte meat, hujus ab amne fluit.

>   . . . . Quis singula fando,
>   Expediat, decus hoc queis cluit atque viget ?
>   Quæ non clausa metum, fastidia non dat aperta :
>   Non hic deterret, non ibi vilis inest...
>   Fortibus est panis, pusillis lacteus humor...
>   Curat more meri, ritu demulcet olivi.

« Que dirai-je enfin? humble dans son langage, sublime
« dans son sens intime, il appelle les peuples aux de-
« meures éthérées, et nous initie aux mystères de cette
« vie qui ne doit pas finir. Il éteint l'amour des choses
« de ce monde; il allume celui des choses célestes et
« tourne l'élan de nos âmes vers un bien supérieur. »

Je ne veux pas justifier ce qu'il peut y avoir au début
de ce poème d'entassements d'images et de répétitions
oiseuses. On pourra bien trouver que le poète appartient
plus à l'école d'Ovide qu'à celle de Virgile. Mais il est
un côté par lequel il échappe à toute comparaison avec
ce qui l'a précédé : c'est son originalité toute chrétienne,
c'est cette poésie nouvelle qui n'a pas ses aïeux à Athènes
et à Rome, qui doit peu à l'école, mais qui doit tout à
la foi; poésie de grandes pensées plus que de belles paroles, qui a laissé les marbres froids du Parthénon et de
l'Apollon palatin pour gravir les sommets de la sainte
Sion, pour se réfugier dans la religieuse lumière de la
cathédrale chrétienne.

Il faut le reconnaître à la louange de Théodulfe, c'est
une grande nouveauté au milieu d'un siècle emporté dans
les voies d'une renaissance profane, d'avoir pressenti dans
le christianisme des beautés dignes des chants des poètes
comme de la méditation des saints. Sans doute, il restera
encore beaucoup à faire. Il faudra encore un grand nombre
d'années pour que la poésie prenne solidement pied dans
ce pays des âmes qui est le champ préféré de notre litté-

<pre>
    Quid ? quod ad æthereas populi vocat agmina sedes,
        Et vita associat non peritura tibi ?
    Quâ mundanus amor refugit, crescitque supernus,
        Vertit et ad melius corda legentis opus.
</pre>

rature, et vers lequel l'évêque d'Orléans cherche déjà à porter son vol. Le christianisme sera depuis longtemps roi des intelligences qu'il ne sera pas encore entré en possession du domaine des lettres. Mais cette souveraineté inaugurée ici et longuement contestée aura enfin son règne, sa prospérité, ses conquêtes. Ce n'est encore qu'un germe, mais un germe fécond ; et il adviendra de lui comme de ces précieuses semences que la Providence confie aux vents et aux tempêtes. Portées par les orages, mais suivies partout par le regard de Dieu, elles tombent bien souvent sur le chemin, sur la pierre ou dans les épines qui les laissent périr ; mais elles trouvent enfin une bonne terre qui les reçoit et leur fait porter cent pour un.

Nous venons d'étudier ce que je pourrais appeler la partie dogmatique de cette introduction poétique de la Bible. Ce qui suit est une sorte d'exhortation morale dans laquelle l'écrivain quitte le livre pour s'adresser au lecteur. Sa parole redescend des régions élevées et théoriques où elle habitait tout à l'heure, pour prendre, en s'abaissant vers nous, un accent d'onction pénétrante qui est un autre côté de son éloquence (1) :

« O toi, qui veux te livrer à cette sainte lecture, com-
« mence par élever ton âme à Dieu, et adresse-lui ta
« prière. Demande-lui de venir à toi dans sa divine clé-
« mence, de verser dans ton cœur ce nectar de sa pa-
« role et de fixer sa demeure au fond de ce sanctuaire.

---

(1) Théod., lib. I, carm. I.
Cui qui lecturum totis te nisibus addis,
Quisquis es, intentâ poscito mente Deum.
Ut tua clementer cum hoc nectare corda revisat,
Cumque hoc inhabitet pectoris antra tui.

« Ouvre pour le recevoir la porte de ton âme, afin que
« toute tache disparaisse devant la splendeur de ses saintes
« clartés. Demande qu'avec la loi vienne habiter en toi
« l'auteur de la loi. Loin de toi le faste orgueilleux, les
« illusions de la gloire, l'amour insensé d'une louange
« mondaine. L'esprit saint ne s'abaisse pas à ces âmes
« hautaines, et il n'a que du dégoût pour ces corps avilis
« sous le poids de l'iniquité. Que ton esprit soit donc
« humble, ton cœur droit, ta vie innocente, ton travail
« ardent, ta piété active. Médite cette sainte loi le jour et
« la nuit ; porte-la dans ton cœur, dans tes mains, sur tes
« lèvres ; qu'elle repose toujours avec toi sur ta couche,
« qu'elle frappe la première tes yeux à ton réveil, qu'elle
« soit sans cesse suspendue à ton cou, pressée entre tes
« bras, assise sur tes genoux ; qu'elle veille à ton chevet
« pendant le temps de ton repos, et qu'elle revienne à
« toi quand le sommeil vient à fuir tes paupières. Et ce
« n'est pas seulement pour devenir plus savant, c'est pour
« devenir meilleur que tu dois l'aimer ; car si la science
« est bonne, la justice est encore meilleure. Ne te lasse
« donc pas de cette étude ; que ton âme s'y retrempe en

> Hâc veniente, tuæ pandatur janua mentis,
>   Quâ nitidante, omni sorde carere queat.
> Hospitium quo prestet ei qui condidit illam,
>   Cum lege hanc adeat legis et ipse dator.
> Non te pervadat fastus, non gloria fallax,
>   Non vanæ aut vacuæ sit tibi laudis amor....
> Crebra sit in sancta tibimet meditatio lege,
>   Instato monitis nocte dieque suis.
> Hanc gere corde, manu, proprio non desit ab ore....
>   Hanc colla, hanc genua, hanc brachia curva vehant.
> Ad caput hæc sedeat, solito dùm tempore stertis,
>   Dumque fugit somnus, te petat illa celer.

« y revenant sans cesse par une douce habitude. Ce
« que l'esprit ne saisit que légèrement au passage,
« une lecture assidue le fixe dans la mémoire. C'est
« comme un sentier que la cognée a ouvert dans
« l'épaisseur des bois, et qui, souvent foulé par les
« pieds du voyageur, ne tarde pas à devenir un chemin
« large et facile. »

Qui de nous, en lisant ces lignes éloquentes, ne s'est rappelé les enseignements de saint Jérôme à son jeune élève Népotien ? Qui ne s'est rappelé ces paroles de Bossuet : « Toute notre consolation doit être de lire ces « lettres qui nous viennent de la patrie. Nous en devons « baiser mille et mille fois les sacrés caractères, et sur- « tout nous en devons nuit et jour ruminer le sens. » Et ailleurs : « Donc, mes sœurs, passons les jours et les nuits « à méditer la loi du Seigneur. N'ayons plus désor- « mais d'autre breuvage que cette sainte et immortelle « liqueur (1). »

Voilà la vraie doctrine, la doctrine amoureuse, la doctrine complète, lumière pour l'esprit, chaleur pour le cœur. Misérables discuteurs et sceptiques que nous sommes, ces grands hommes ont raison, et ils ont raison contre nous. Il n'est pas difficile de reconnaître dans ce livre le monument d'histoire, de législation, de morale et d'éloquence le plus étonnant qui soit sous le ciel ; mais Dieu

Non solùm ut doctus, sed et ut sis justus amato,
Eminet unum alio cùm sit utrumque bonum...
Ne citò labatur, vires sibi colligat usu,
Lectio crebra tenet mens quod acuta capit,
Semita sic cœso dumosæ robore silvæ,
Dùm teritur, crebrò sit via lata pede.

(1) BOSSUET, Sermon pour le IIe dim. après l'Épiphanie.

ne l'a pas écrit pour charmer nos esprits; il s'est proposé d'abord de gagner nos âmes. Ne nous contentons pas de ce vain et stérile hommage : cherchons-y autre chose que la science séparée ; cherchons-y la science qui se tourne à aimer la science des saints. Malheur, a dit Byron dans un de ces rares instants où les rayons de la foi perçaient les ombres froides de son scepticisme, malheur à celui qui ouvre ce livre pour douter (1)! Malheur, dirai-je aussi, à celui qui n'y cherche que la pâture de l'orgueil, les vaines discussions de la philologie, les subtilités de l'exégèse, les artifices du langage, et même les beautés stériles de la poésie ! C'est que, selon la parole de l'ancien et grand évêque que nous étudions, la doctrine ne vaut pas l'amour, et la science ne vaut pas la vertu. Heureux sans doute celui qui peut comprendre; plus heureux encore celui qui sait aimer ! Heureux qui n'a jamais touché ce livre vivant sans l'adoration de la foi et sans le tressaillement de la reconnaissance ! Heureux qui l'a baisé de ses lèvres tremblantes, qui l'a quelquefois arrosé de ses larmes, qui s'est mis à genoux devant Dieu caché sous les lettres, qui un jour, et dans le meilleur jour de sa vie, s'est dit avec regret : La majesté des Écritures m'étonne, la sainteté de l'Évangile parle à mon cœur ! Plus heureux qui en a fait la règle de son âme, le code de ses devoirs, le confident de ses joies, le baume de ses douleurs, le gardien de ses espérances ; qui, après avoir épuisé toutes les coupes, ne veut plus d'autre breuvage que cette liqueur immortelle; qui, après avoir lu tous les livres des hommes, se retourne vers celui-ci par un dernier regard, et du fond d'un cœur que rien n'a pu remplir, lui dit cette parole

(1) Byron, sonnet écrit sur une Bible.

d'irrévocable amour : « Et à quel autre irions-nous, ô mon
« maître? vous avez les paroles de la vie éternelle ! »

Ces sentiments furent ceux qui inspirèrent le poëme que
nous avons cité.

Quand l'édition ou la transcription de la Bible fut
faite, Théodulfe se réserva d'y joindre l'épilogue, comme
il avait fait de l'introduction. Cette autre pièce de vers,
moins longue que la première, sert elle-même de préface
à un tableau chronologique de l'histoire biblique, attribué
à Isidore de Séville. De plus, cet appendice comprend un
opuscule sur l'interprétation des mots hébreux, sorte de
vocabulaire dont on fait honneur à Méliton de Sardes.
Toute la science du temps avait donc été appelée à con-
courir à cette œuvre sacrée. « C'est un petit travail, dit
« cependant Théodulfe avec une grande modestie, c'est
« un petit travail que j'ai composé pour l'amour de celui
« qui parle dans ce livre. Ce n'est qu'une corbeille de
« fleurs ; mais elle en contient autant qu'il en vient dans
« les grandes prairies. » Il ne parle de lui que pour implorer de ceux qui liront son ouvrage une prière au Dieu
qui efface les péchés et qui donne le ciel à ceux qui l'ont
bien servi :

« Chaque fois, lecteur, que vous prendrez cet ouvrage
« et que vous lirez et relirez ces vers, daignez, je vous
« prie, vous souvenir de moi.

« Chaque fois que vous reviendrez à ce manuscrit et
« que vous parcourrez ces riches feuillets préparés par
« mes soins, rendez-moi la juste récompense de mon tra-
« vail.

« La récompense que je vous demande, c'est que vous

« imploriez pour moi le maître du tonnerre, qu'il daigne
« m'accorder un pardon salutaire, et qu'il me fortifie par
« son appui.

« Qu'il éloigne de moi tous les maux et m'accorde
« tous les biens, et me rende avec vous participant de
« l'éternelle félicité.

« Qu'il règle mes mœurs, qu'il affermisse mon espé-
« rance, qu'il corrige mes actions, afin que par son se-
« cours mon âme puisse arriver au salut.

« Que ce Dieu clément me purifie de tout péché; qu'a-
« près ma mort il me donne une place au-dessus des
« astres, et que mon âme soit digne de se confondre
« parmi les chœurs célestes, par un bienfait de Celui
« qui seul donne aux enfants de la terre de s'élever jus-
« qu'aux cieux. »

Puis en finissant il ajoutait :

VIVE DEO FELIX PER PLVRIMA TEMPORA, LECTOR,
THEODVLFI NEC SIS IMMEMOR ORO TVI

EX
PLI   CIT
LIB

FINIS ADEST OPERI, HIS QVIBVS EST PERAGENTIBVS ACTVM
SIT PAX, VITA, SALVS, ET TIBI, LECTOR, AVE.

« Vivez en Dieu, cher lecteur, vivez heureux pendant
« longtemps, et n'oubliez jamais, je vous prie, Théodulfe.

« Le livre est fini.

« Ici se termine l'ouvrage. A ceux qui l'on conduit à
« sa fin, paix, vie et salut, et à toi, lecteur, adieu ! »

IV.

Ce que Théodulfe venait de faire pour la Bible, il le fit pour un livre qui est la fleur de la poésie sacrée, et l'hymne du genre humain. Il fit une édition corrigée du Psautier. Comme lui-même nous l'apprend, il plaça en regard deux textes différents : l'ancienne version italique, qui est restée notre Vulgate, et la version de saint Jérôme, qui devait être pour l'autre un éclaircissement et un commentaire. Puis il prodigua sur le manuscrit tout le luxe de la calligraphie, et, comme on l'appelait alors, de la peinture. Il le relia précieusement, l'enrichit au dehors d'ornements d'or et d'argent, pour en faire un présent qui fût digne à la fois d'une grande solennité et de la personne royale qui en reçut l'hommage.

En ce temps-là, vivait à la cour de Charlemagne une princesse qui en faisait le charme par ses grâces, son esprit et surtout sa vertu. Elle s'appelait Gisla, dont, par corruption, nous avons fait Gisèle, et c'était une des filles bien-aimées du grand roi, qu'elles accompagnaient partout où il allait, et qui faisaient l'ornement des champs de Mai, des triomphes et des fêtes de cette cour chevaleresque. Ornée de tous les dons de l'intelligence, Gisla passait alors pour une des lumières de l'école palatine, où elle suivait les leçons du célèbre Alcuin. Même elle entretenait une correspondance toute scientifique avec le savant homme qui l'appelait sa fille. Si mes conjectures, fondées sur les vers qu'on va lire, ne sont pas trompeuses, Gisla, à cette époque, allait être mariée à un noble seigneur qui se nommait Erik, et qui était peut-être l'Erik, duc de Frioul, que nous verrons plus tard porter victorieusement la guerre chez les Huns.

La cour était donc en fête. Les peuples et les nobles venaient en foule présenter leurs dons et leurs hommages aux noces de la princesse. L'évêque vint à son tour, son Psautier à la main, et l'offrit à Gisla. Il le lui dédia comme un mémorial de ses devoirs, comme un sage conseiller, auprès duquel la jeune épouse pourrait puiser, dans les chants inspirés d'un grand roi, de graves leçons et d'illustres exemples. C'est ce qu'il lui recommande dans une pièce de vers pleine de vœux pour elle, qui commence comme une dédicace, qui continue comme un dithyrambe, et se termine enfin comme un épithalame (1).

(1) Dans cette épître charmante, l'évêque, comme Alcuin, se nomme le père de cette âme, dont sans doute, lui aussi, gouvernait les études ou dont il dirigeait la conscience.

Je ne sais sur quels fondements de nombreux auteurs ont prétendu que Gisla était sa fille selon la nature, sur quoi ils ont bâti la supposition d'un mariage de Théodulfe avant son entrée dans les ordres sacrés. Mais pourquoi cette Gisla serait-elle différente de la princesse de ce nom que notre poëte a célébrée ailleurs dans ses vers? Est-il une seule des paroles de cette épître qui ne puisse s'appliquer à une filiation spirituelle, quand, d'ailleurs, on sait que le moine Alcuin s'intitule aussi le père des princesses royales qui reçoivent ses leçons? On pourra alléguer l'assertion d'Eginhard, qui prétend que Charlemagne ne voulut marier aucune de ses filles, pour n'avoir pas à se séparer d'elles. Mais comment concilier avec cette assertion le mariage certain d'Angilbert avec Berthe, le mariage projeté de Rotrudh avec Nicéphore, et celui d'Emma avec ce même Eginhard, raconté, non seulement dans la chronique un peu suspecte de Lorisheim, mais dans la correspondance authentique de Loup de Ferrières? Je ne puis donc souscrire à l'opinion gratuite et bizarre qui fait de Gisla la fille de Théodulfe.

Encore moins puis-je admettre l'hypothèse étrange de ceux qui, par une thèse pour le moins inutile, changent le nom d'Erik en celui de

A Gisla.

« Gisla, que Dieu bénisse, recevez ce religieux présent
« de la main de Théodulfe, votre père. Car c'est pour vous
« l'offrir que j'ai fait copier ce Psautier, que vous voyez
« resplendissant de l'éclat de l'or et de l'argent. Pour
« que le texte rendît mieux le sens de l'hébreu, j'ai fait
« mettre en regard l'ancienne édition et la version nouvelle
« la première revue seulement par saint Jérôme, la se-
« conde faite par lui, mais toutes deux remplies d'admi-
« rables pensées...

« Ne cessez d'étudier ce livre béni, revenez souvent à
« lui comme à l'ami de votre âme, soumettant fidèlement
« toutes vos pensées aux siennes. Que cet instrument
« sacré retentisse dans votre sein ; que son harmonie rem-
« plisse votre cœur ; que ce soit le *plectrum* et le sistre
« que vous portiez toujours. Faites de sa mélodie votre
« plus doux plaisir. Vous y trouverez ensemble le son
« de la harpe et celui de la lyre. Chantez, lisez ces
« hymnes ; ils feront monter en vous les flammes du
« saint amour, et si vous êtes fidèle à prier et à lire, vous
« parlerez à Dieu, et Dieu vous répondra (1). »

Suaveric, et font de celui-ci un neveu de Suaveric, ancien évêque d'Orléans, apparemment pour le plaisir d'assortir deux conjoints de race
épiscopale.

(1) Théod., lib. III, carm. IV, *Ad Gislam*.
  Gisla, favente Deo, venerabile suscipe donum,
   Quod tibi Theudulfus dat pater ecce tuus.
  Nam tibi psalterium præcepi scribier istud,
   Argento atque auro quod radiare vides.
  Quo prior hebræo concordat pagina verbo,
   Editio ut prisca est, mox habet indè sequens,

On ne s'étonnera pas de ces admirations pour un livre qui était le manuel de la piété de nos pères, dans un temps surtout où les rois eux-mêmes le récitaient chaque jour, l'enchâssaient dans l'or et les pierres précieuses, le citaient dans leurs lois, et l'emportaient avec eux jusque dans la tombe.

Mais à une jeune épouse, il fallait d'autres conseils. Il est des positions dans lesquelles l'ascétisme peut avoir ses excès ; dans lesquelles la vie de prière peut devenir parfois une illusion de la paresse, qui se soustrait par là à la vie d'action. Gisla n'est pas une vierge dévouée aux mystiques contemplations du cloître; c'est une grande princesse, qui doit se faire pardonner sa fortune royale par de grands bienfaits ; ce sera bientôt une mère de famille qui aura pour premier devoir, comme disait Fénelon, « une « maison à régler, un mari à rendre heureux, des enfants « à bien élever (1). » Voilà pourquoi le sage directeur de son âme, dans une page qui laisse pressentir la raison supérieure de l'archevêque de Cambrai, finit par la ramener de la prière au travail, et de son Psautier à sa quenouille :

« Donnez aux pauvres d'une main libérale ; soyez digne

> Quas bene Hieronymus hanc transfert, corrigit illam,
> Sensibus egregiis utraque, crede, nitet.
> . . . .
> Hoc te dulce melos recreet, hæc tympana plecte,
> Hæc sonet harpa tibi, perstrepat ista lyra.
> Hoc modò cantando, modò pertractando recurre,
> Quo mage divinus hinc tibi crescat amor.
> Assiduè si ores, tibi si sit lectio crebra,
> Ipsa Deo loqueris, et Deus ipse tibi.

(1) Fénelon, *De l'éducation des filles*, chap. I.

« dans vos mœurs, sage dans votre conduite. C'est par ce
« moyen que vous plairez à Dieu. Appliquez-vous aux
« ouvrages de laine ; occupez-vous sans cesse du soin de
« votre maison, pour gagner de la sorte le cœur de vos
« serviteurs et de votre mari. Laissez-lui toujours le gou-
« vernement de votre maison, et que vos actions tendent
« toutes à cette fin..... Chaste épouse, vivez heureuse et
« florissante avec votre chaste époux, et qu'une génération
« d'enfants sortis de vous fasse votre bonheur. Vivez
« doucement, Gisla, auprès de votre Érik, et qu'avec
« l'aide de Dieu vous atteigniez ensemble une heureuse
« vieillesse. Puissiez-vous voir aussi, dans vos derniers
« jours, les enfants de vos enfants venir auprès de vous,
« vous entourer en foule, et que Dieu vous donne la béné-
« diction des anciens patriarches. Enfin, que l'espérance,
« l'honneur, la foi, la piété, la concorde, la vertu, la grâce
« et la paix de Dieu soient avec vous toujours. Adieu (1). »

On est fondé, ce me semble, à voir dans ces paroles des
vœux adressés dans une fête nuptiale.

---

(1) THEOD., lib. III, carm. IV.
> Sit tibi larga manus, mores compti, actio prudens,
> Undè creatori ritè placere queas.
> Sit lanæ studium, sit cura domestica semper,
> Mens tua quo famulos mulceat atque virum.
> .... Casta vige, conjux longum cum conjuge casto
> Et vos effectus lætificet sobolis.
> Suaveque, Gisla, tuo feliciter utere Erico,
> Cumque illo felix dante senesce Deo.
> Sitis avi et proavi, petat ut vos turba nepotum ;
> Det donum hoc vobis qui dedit hoc patribus.
> Spes, decus, ordo, fides, pietas, concordia, virtus,
> Gratia, paxque Dei sint tibi semper. Ave.

Mais, indépendamment de cette circonstance, ces vers ont une beauté et une vérité qui est de tous les temps. J'aime cette riante idylle, jetée comme un sourire parmi ces grands récits de l'épopée carlovingienne. Le regard, fatigué d'études souvent arides et de guerres sanglantes, se repose avec délices sur la simplicité d'une cour barbare qui rappelle la cour de ces rois familiers de la Bible ou d'Homère, alors que les princesses allaient, comme Rébecca, puiser de l'eau aux fontaines, ou, comme Nausicaa, venaient laver elles-mêmes leurs voiles à la rivière. Que notre délicatesse ne s'offense pas de voir le poète donner de tels conseils à une grande princesse (1). N'était-ce pas

(1) On ne trouvera peut-être pas ici sans plaisir une pièce de saint Grégoire de Nazianze, parfaitement analogue à celle de Théodulfe. Elle est adressée à une jeune fille sur le point de se marier, et le poème commence par ces paroles de grave tendresse :

« Olympias, ma fille, reçois de Grégoire ce précieux présent de noces ; il t'offre ce qu'il a de plus précieux, les conseils d'un père.

« Vénère d'abord Dieu, après lui ton époux, la lumière de ta vie, le guide de ta pensée ; que ton cœur ne mette d'amour et de joie qu'en lui seul.

« Étant femme, n'aie ni les soins ni l'orgueil de l'homme ; ne te glorifie ni de ta noblesse ni de l'éclat de tes habits, ni de ta sagesse. La première sagesse est d'obéir aux lois du mariage. Cède à ton époux, s'il est en colère ; s'il est affligé, relève-le par de douces paroles et de bons avis.

« Associe tes joies et tes douleurs à ses joies et à ses douleurs ; aie ton sentiment, mais laisse la victoire à celui de l'homme.

« Est-il dans la peine, partage cette peine. Car pour celui qui souffre, il n'y a pas de plus doux remède que la consolation d'un ami.

« Occupe tes mains au fuseau et à la laine ; médite les choses saintes ; laisse à ton époux les affaires du dehors...

« Que ta maison soit pour toi toute la ville ; que ta promenade soit de ne pas être vue. J'excepte tes proches, s'ils sont honnêtes, les prêtres du Seigneur, et les blancs vieillards, meilleurs et plus utiles que la jeunesse. » (GREGOR. NAZ., *Poème à Olympias*.)

le temps où la reine Berthe filait? N'était-ce pas le temps aussi où le roi Charlemagne réglait, par un capitulaire, le prix des œufs vendus dans sa basse-cour? Ne savons-nous pas, d'ailleurs, par le récit d'Eginhard, qu'il avait voulu que ses filles apprissent à travailler la laine, à manier la quenouille, à tourner le fuseau (1)?

Ne nous y trompons donc pas. Pour avoir une image de cette cour primitive, il ne faut pas regarder les magnificences grandioses de Versailles; il conviendrait mieux de représenter quelque chose d'intermédiaire entre les châteaux royaux de la renaissance et ces immenses fermes comme celle de Braine, où les rois de la première race tenaient leur cour barbare, et qu'ils préféraient aux plus belles villes de la Gaule.

Nous ne savons rien des autres manuscrits revus et publiés par l'évêque d'Orléans. Ce qu'il nous en apprend, c'est qu'il recueillit, dans l'or et les pierreries, une collection de saints livres à laquelle il donna le nom de bibliothèque. Mais ce mot, dans la latinité du siècle de Charlemagne (2), signifie simplement le Nouveau et l'Ancien Testament, et il ne s'agit pas, en effet, d'autre chose dans les deux inscriptions qu'y plaça Théodulfe pour rappeler tout le prix de ce trésor sacré. Sur l'une, il était dit :

---

(1) EGINHARD, *Vita Karoli Magni*, cap. XIX, trad. de M. Teulet, p. 27. On sait que la tradition a donné à la mère de Charlemagne le surnom de *Berthe la Fileuse*. — Sur l'administration intérieure de la maison royale, et sur les soins domestiques auxquels la reine devait personnellement présider, voir le capitulaire *De Villis*, dans Baluze, t. I, col. 331 et suiv.

(2) DUCANGE, *Gloss.*, Bibliotheca Bibliorum liber, seu utrumque Testamentum vetus et novum. — BELETUS, cap. LX. — DURANDUS, lib. VI, Rational., c. 1, n° 27, etc.

« Je suis la Bibliothèque, et je porte la loi ancienne
« et nouvelle... Qui que tu sois, qui me visites, souviens-
« toi de Théodulfe, dont le zèle m'a ornée, qui me ché-
« rit, qui m'a fait briller au dehors de l'éclat de l'or, de
« l'argent et des pierreries, et dont la main m'a corrigée
« et m'a polie (1). »

Sur un autre côté, on lisait ces vers :

« Toi qui veux être bon, viens à moi, car je suis la
« sainte loi de Dieu. Je suis la voie, la lumière, la science
« et la vérité ; et celui qui me prend pour guide possède
« un flambeau qui ne s'éteindra pas. Je mène au royaume
« des cieux ; je découvre la fausse sagesse du monde ; je
« possède le secret de toutes choses. Use de moi, lec-
« teur, et fixe tes enseignements dans ta mémoire (2). »

Enfin, il terminait par la recommandation de se laver les mains avant de les porter sur ces riches volumes.

On serait tenté de sourire de ce respect superstitieux pour des œuvres de patience plutôt que de génie, si on ne distinguait, à travers ce respect, un culte pour le Livre qui est le livre de Dieu et l'histoire de nos destinées. Puis, qui peut se défendre d'un sentiment d'admiration et de reconnaissance, s'il vient à se rendre compte de ce qu'il a fallu de courage persévérant, de longanimité héroïque, de labeurs et de temps, pour réviser ces textes, corriger ces mots, peindre ces caractères, et nous transmettre intacts ces titres de noblesse divine ? Qui, dès lors, ne comprend l'amour de jeune mère que la science portait à ces premiers fruits d'un long enfantement ? Qu'on juge de l'ardeur

(1) Theod., lib. vi, carm. xxvii.
(2) Theod., lib. vi, carm. xxviii.

de cet enthousiasme par ces lignes que dictait, deux siècles auparavant, le vieux Cassiodore, rédigeant encore, à quatre-vingt-dix ans, un traité de l'orthographe, dans sa riante retraite de Vivaria. J'aime à finir cette étude sur la transcription des livres au IX⁰ siècle par cette page du vieillard, la plus utile peut-être qu'une main d'homme ait tracée, si l'on considère ce qu'elle a fait écrire et ce qu'elle a sauvé :

« Heureuse application, étude digne de louange que
« celle du copiste ! Prêcher par le travail des mains, ou-
« vrir, de ses doigts, les langues muettes ; porter silen-
« cieusement la vie éternelle aux hommes ; combattre de
« la plume les suggestions du mauvais esprit, ô glorieux
« spectacle à qui sait le contempler ! Un roseau taillé, en
« roulant sur l'écorce, y trace la parole céleste, comme
« pour réparer l'injure de cet autre roseau dont fut
« frappé, au jour de la Passion, la tête du Sauveur. Lisez
« donc les auteurs qui traitent de l'orthographe ! Ajoutez à
« ces soins l'art des ouvriers qui savent couvrir les livres,
« afin que la beauté des saintes lettres soit rehaussée de
« l'éclat du vêtement, imitant en quelque sorte la para-
« bole du Seigneur, qui invite les élus au festin du ciel,
« mais qui les veut parés de la robe nuptiale (1). »

(1) Cassiod., *De Institut. divini Script.*, lib. I.

CHAPITRE VII.

THÉODULFE PASTEUR & CIVILISATEUR DE SES PEUPLES.

I. Seconde instruction de Théodulfe à ses prêtres. — Pénitence publique au temps de Charlemagne. — Code pénitentiel de Théodulfe. — Lois contre la violence et l'impureté. — Adoucissement et épuration des mœurs.

II. Sacramentaire ou rituel de Théodulfe. — Administration de la pénitence. — Esprit de mansuétude de Théodulfe. — Tableau de l'Extrême-Onction : derniers moments des chrétiens.

I.

Le premier capitulaire de l'évêque d'Orléans contenait, en substance, toute la loi de l'Evangile dans ses applications aux devoirs de la vie. Théodulfe publia une autre instruction pour donner à cette loi une sanction et un secours. Sa lettre n'est en effet qu'un code pénitentiel dans la première partie, et un sacramentaire ou traité de l'administration des sacrements dans la seconde.

A l'époque de Théodulfe, l'Eglise gallo-franque se

préoccupait beaucoup de régulariser les peines canoniques.

L'affaire méritait toute son attention. Cette législation disciplinaire n'était pas seulement le thermomètre infaillible sur lequel on pouvait compter les degrés où descendait le mal et où s'élevait le bien ; mais elle trouvait encore sa raison d'être dans les devoirs de l'homme envers les autres hommes. Il n'importait pas peu au bien de la société que le bon exemple fût placé dans la même lumière que le scandale, et que l'expiation fût aussi solennelle que l'avait été la prévarication. Or, tel était le but de la pénitence publique, forte police des âmes, qui, servant de contre-poids à la corruption romaine ou barbare, maintint pendant longtemps chez les peuples chrétiens ce niveau élevé de la morale publique qui est le plus beau fruit du christianisme et la plus belle marque de sa divinité.

Depuis quelque temps un relâchement général s'était introduit dans cette discipline ; les péchés occultes n'y étaient plus soumis, et ces adoucissements, comme souvent il arrive, n'avaient fait que hâter la ruine de cette institution salutaire.

Le siècle de Charlemagne, qui releva toutes choses, ne pouvait manquer de relever celle-là. Ce fut l'objet du zèle d'un grand nombre d'évêques et le souci principal de tous les conciles. Celui de Rheims, en 813, éclaircit les points obscurs de ces réglements pénitentiaux et en décida les points litigieux. Plus tard, celui de Paris (829) signale, dans les codes alors en vigueur, des articles erronés ou contradictoires aux canons anciens. En l'année 813, l'archevêque Ebbon écrit à Halitgaire, évêque de Cambrai, pour lui demander un pénitentiel qui devint une règle désormais invariable pour toute la province. Halitgaire obéit, et son livre mérita d'arriver jusqu'à nous (1).

L'instruction de Théodulfe l'avait précédé de dix ans à peu près, et ce n'est pas le moins remarquable de ses ouvrages. La forme en est grave, le mouvement varié, le style ferme, la latinité pure, l'esprit miséricordieux avec fermeté, et indulgent sans faiblesse. Un plan mal arrêté et des transitions brusques feraient croire çà et là à des interversions ou à des lacunes dans le texte. Mais l'ordre ne tarde pas à se recomposer devant un examen plus approfondi, et l'on parvient à saisir sans peine la suite de ces prescriptions où l'autorité du maître est tempérée par la bonté condescendante du pasteur.

Une sorte de préface rappelle d'abord au prêtre le devoir de s'instruire pour instruire les autres : « Mettons « notre soin, ô prêtres bien-aimés, à apprendre, à rete- « nir, à bien appliquer ce que nous devons savoir, nous « particulièrement, qui avons le gouvernement des âmes « et qui sommes par là égaux et de même rang (2). »

Mais pour s'asseoir avec autorité sur ce tribunal, la science importe moins que la pureté. L'évêque ajoute donc :

« Que les prêtres soient bien avertis de rester eux-« mêmes étrangers aux attraits de la chair, de prêcher « leurs peuples, non seulement par la parole, mais en-

---

(1) HALITGARII, Camer. episc., *De ordine pœnitentium*, lib. v, apud Galland, *Biblioth. veterum patrum*, t. XIII, p. 531.

(2) BALUZE, *Miscellanea*, t. II, p. 99. — « Quamobrem omni mentis circumpectione satagendum, o dilecti sacerdotes, ut in discendo laborem adhibeamus et in retinendo quod didicimus usum impendamus, maximè nos qui regiminis locum tenemus et similes ejusmodi ordinis nostri. »

« core par l'exemple d'une vie éloignée de toute fornica-
« tion, de toute luxure et de toute souillure. Qu'ils se
« préparent devant Dieu, par la pureté du corps et par
« celle de l'âme, à recevoir la confession des fidèles avec
« des conseils pleins de douceur (1). »

L'évêque revient encore en plusieurs autres endroits sur le même sujet. Ce point était essentiel : tous tant que nous sommes, nous ne voulons déposer les aveux de nos misères que dans le sein d'une chasteté respectueuse ; nous ne voulons pas une tache dans les mains d'où le pardon descend sur nous, dans le sein où nous allons cacher notre rougeur et abriter nos faiblesses.

C'est après ces avis longuement motivés que l'évêque déclare nettement son dessein de rétablir les peines canoniques sur les bases posées par l'Eglise primitive. « Les
« péchés capitaux et mortels devront être pleurés pu-
« bliquement, selon l'autorité des Pères et des Canons.
« Nous ne nions pas pourtant qu'une satisfaction accom-
« plie en secret ne puisse expier les fautes mortelles... Le
« mode de pénitence sera donc abandonné au choix du
« prêtre. Mais le prêtre devra peser et comprendre avec
« discernement les règles des Saints-Pères, pour indiquer
« à celui qui s'est confessé la pénitence conforme à ces
« règles. Car il n'est pas de fondement plus solide que
« l'autorité des Pères et des canons. » Puis il entre en

---

(1) BALUZE, *Miscellanea*. — « Admonendi sunt sacerdotes et instruendi ut primùm ipsi ab omni stimulatione carnis sint alieni, et nunc plebibus sibi subjectis et verbis prædicent et exemplum ostendant ut ab omni se fornicatione et ab omni luxuriâ et pollutione abstineant. Mundo se corpore et mente Deo præparent de confessionibus fidelium accipiendis, consiliis blandis. »

matière et détermine les peines qui doivent être infligées aux crimes les plus fréquents de ce temps et de ce pays.

L'homicide y occupe la première place ; l'impureté y occupe la seconde.

Ce qui dominait alors, c'était le droit de la force. Le meurtre chez les Francs n'était puni que d'une amende pécuniaire, extrêmement légère s'il ne s'agissait que de la vie d'un serf ou d'un vaincu. Les lois de Charlemagne, se reconnaissant impuissantes à modifier ces mœurs, n'avaient fait qu'élever un peu la composition qui mettait le sang à prix (1). Ce fut donc l'Église qui se réserva la tâche d'apprendre à ces hommes le vrai prix de la vie de l'homme. Elle fit fléchir la tête à ces soldats farouches qui ne connaissaient d'autres juges que l'épée, et les agenouilla pendant de longues années, pieds nus, sans linge, sans autre nourriture que le pain et le sel, privés du droit de porter les armes, à la porte de ses temples, comme des exilés et des lépreux.

« Si quelqu'un a commis l'homicide volontairement,
« par violence ou par embûches, qu'il se soumette à une
« pénitence perpétuelle. Si le meurtre a été commis pu-
« bliquement par un laïc, que celui-ci dépose les armes
« et tout insigne militaire, qu'il fasse satisfaction pu-
« blique, et qu'ainsi, pendant quarante jours, il se tienne
« à la porte de l'église et qu'il prie. Ce temps passé dans
« le jeûne au pain et à l'eau, qu'il soit pendant cinq ans
« privé de la communion ; qu'après ces cinq années il
« soit reçu seulement à la communion des prières, mais

(1) Apud BALUZE, capitul. triplex., ann. 802, art. II.

« qu'il ne puisse faire les saintes offrandes ni participer
« au corps du Seigneur. Ce n'est qu'après avoir persé-
« véré pendant quatorze ans dans cette pénitence qu'il
« sera reçu à la pleine communion de prières, et à la
« fin de sa vie, on pourra l'admettre à l'Eucharistie comme
« viatique (1). »

Telle est la règle déterminée par Théodulfe, lequel ne fait, du reste, que se conformer aux canons de son temps (2). Malgré son dessein de s'en tenir à la sanction fixée par les Saints-Pères, son décret en diffère cependant quelque peu par une mitigation plus miséricordieuse de la peine canonique (3). Il la fixe donc à quatorze ans pour l'homicide volontaire, à sept ans pour le meurtre commis sans intention formelle, à dix ans pour l'adultère, à cinq ans pour la fornication, à sept ans pour le parjure, à sept ans pour le vol, dont trois ans de jeûne au pain et à l'eau.

C'est à cette rude école que ces hommes violents apprirent ce qu'ils savaient le moins : le respect de la vie

---

(1) « Homicidium si quis voluntariè vel per insidias fecerit, jugi se pœnitentiæ submittat; et si hoc publicè actum constat, si laicus deponat arma et omnem secularem militiam, et publicè satisfaciat, ità ut quadraginta diebus extrà ecclesiam foris ad hostium oret; quibus in pane et aquâ exactis, à communione orationum quinquennio removeatur, post quinquennium tantum in orationum communionem recipiatur, non offerat, non corpus Domini attingat; in quo perdurans quatuordecim annos, tunc ad plenam communionem cum orationibus recipiatur; circà exitum vitæ hanc consequatur humanitatem ut viaticum accipiat Eucharistiam. » (Apud BALUZE, cap. tripl., ann. 802, art. II.)

(2) HALITGARII, *Pœnit. et conc.*

(3) Saint Basile marque deux ans pour le larcin, sept pour la fornication, onze pour le parjure, quinze pour l'adultère, vingt pour l'homicide, toute sa vie pour l'apostasie.

et de la personne d'autrui. C'est ainsi qu'une horde de soldats devenait peu à peu un peuple policé. Et quand, les mains encore rouges de sang, ils venaient s'humilier sous le cilice et la cendre, déposer leurs armes, implorer les prières des veuves et des orphelins, ils pouvaient comprendre qu'il y avait une loi supérieure à celle de la force brutale ; et qu'ils le sussent ou non, il n'était pas moins vrai qu'ils élevaient d'un degré la conscience publique, et qu'ils enfantaient dans leurs larmes des mœurs plus douces et un avenir plus pur.

Et certes, il en était besoin. L'on peut s'en convaincre, en voyant dans la seconde partie de ce code disciplinaire la nature des péchés impurs contre lesquels sont décrétées les peines canoniques. Je n'ai ni le désir ni le triste courage d'entrer dans le détail de ces crimes contre nature. Mais, s'il est permis de juger un siècle par le tableau de ses plaies morales, on saura ce qu'il faut penser de la pureté de cette race vierge dont le christianisme, dit-on, vint si fâcheusement arrêter l'essor. On verra à quelles mœurs il avait affaire et de quelle ruine il fallait tirer les âmes immortelles (1).

Après avoir prescrit ces règles pénitentielles, Théodulfe enseigne aux prêtres de son diocèse comment ils doivent administrer aux peuples les trois grands sacrements de la Pénitence, de l'Extrême-Onction et de la Communion en viatique, embrassant ainsi toute la vie chrétienne, depuis sa réparation dans la pénitence, jusqu'à sa transformation divine dans l'Eucharistie.

Tel est l'objet de la seconde partie de cet ouvrage.

(1) OZANAM, *Civilis. chrét. chez les Francs*, p. 414.

II.

Théodulfe nous transporte au saint tribunal, et il nous initie au mystérieux jugement qui va s'y préparer entre l'âme et Dieu. Le pécheur est aux pieds du prêtre qui va l'entendre. Remarquez par quelles paroles de tendre charité l'évêque recommande d'accueillir ce cœur brisé, de relever cet enfant prodigue !

« Si le prêtre, dit-il, voit le pécheur honteux et rou-
« gissant confesser et découvrir les péchés qu'il a faits,
« qu'il l'encourage et lui dise : Mon frère, bien des fois le
« Seigneur nous exhorte à recourir au remède de la con-
« fession sincère. Ce n'est pas que Dieu ait besoin de
« notre aveu, lui qui sait tout ce que nous faisons, ce
« que nous disons et ce que nous pensons ; mais nous ne
« pouvons être sauvés sans confesser avec componction ce
« que nous avons commis ou omis envers lui. Le démon
« est fâché de nous voir avouer nos fautes, et il désire
« nous les faire cacher ; car celui qui s'accuse lui-même
« de ses péchés, le diable ne pourra pas l'accuser plus
« tard au jour du jugement. Mais il faut pour cela qu'a-
« près s'être confessé, il efface ses péchés et n'y retombe
« plus ; car, sachez bien, mon frère, que ce remède salu-
« taire n'est pas fait pour vous porter à de nouvelles
« offenses, ni pour rouvrir vos cicatrices par de nouvelles
« blessures (1). »

---

(1) THEODULFI, *Ad presbyteros*. — V. aussi OZANAM, *Civilis. chrét. chez les Francs*, p. 414. On trouve presque la même exhortation dans un rituel du temps. « Libellus de ecclesiasticis disciplinis collectus ex

Après cette exhortation puisée aux sources mêmes de l'esprit évangélique, le rituel de Théodulfe nous fait pénétrer dans tous les détails de la confession volontaire. Parmi tous les péchés qui y sont spécifiés, il en est quelques-uns qui ont trait aux mœurs et aux superstitions de ces temps d'ignorance, comme d'avoir avalé des philtres enchantés, et d'avoir mangé la viande d'une bête morte de maladie ou tuée par une autre. Cette dernière faute était une infraction aux lois sanitaires que l'Église avait faites dans l'intérêt des peuples : « Nos pères, a
« remarqué déjà Châteaubriand, étaient des barbares à qui
« le christianisme était obligé d'enseigner jusqu'à l'art de
« se nourrir (1). »

Avant de faire descendre sur la tête du coupable le pardon du Seigneur, Théodulfe met encore sur les lèvres du prêtre des paroles pénétrées de l'onction des saints livres et déjà remplies d'espérance et de joie :

« Mon frère, toute la pénitence consiste à se repentir
« des crimes passés et à éviter les péchés dans l'avenir, à
« s'exercer au travail, aux veilles, aux prières, aux jeûnes,
« aux aumônes, au pardon des ennemis ; car ce que de-
« mande le Seigneur, ce n'est pas la longue durée de la
« pénitence, comme il l'a déclaré par son prophète :
« Quand tu seras converti et que tu auras gémi, alors tu
« seras sauvé. Et encore : Convertissez-vous à moi, et
« moi je reviendrai à vous. C'est ainsi que le Seigneur
« miséricordieux ne veut pas la mort du pécheur, mais qu'il

jussu D. Rathbod Trevericæ urbis episcopi à Reginone quondam abbate prumiensis monasterii. » Art. 300, ordo ad dandam pœnitentiam.

Il y est dit de même : « Pœnitentem affectuose alloqui debet sacerdos his verbis : frater, noli erubescere tua peccata confiteri, etc. »

(1) *Génie du Christianisme,* livre VIII, chap. VII.

« se convertisse et qu'il vive. Il a dit dans son Évangile :
« Il y aura plus de joie dans le ciel sur un seul pécheur
« qui fait pénitence, que sur quatre-vingt dix-neuf justes
« qui n'ont pas besoin de pénitence. Au jour où le pé-
« cheur se convertira devant moi, j'effacerai toutes ses
« iniquités.

« Voyez donc, mon frère, par tous ces témoignages,
« quels sont les remèdes des péchés, et sachez que
« vous n'obtiendrez véritablement le pardon qu'en vous
« convertissant de cœur. Faites-vous donc de tous vos
« péchés un fardeau qui soit toujours devant vos yeux,
« parce qu'une oraison assidue et un gémissement con-
« tinuel sont plus agréables à Dieu qu'une pénitence
« longue, mais sans ferveur (1). »

Le juge impose alors au coupable agenouillé la peine proportionnée aux fautes qu'il a avouées. Cette peine doit être impartialement la même pour toutes les conditions. Il y avait une exception cependant, et, chose admirable! cette exception était faite en faveur de l'esclave. Pour lui seul les conciles stipulaient la remise de la moitié de la peine canonique (1). Les maux de la servitude leur paraissaient sans doute une ample compensation aux rigueurs de l'expiation volontaire. Il ne fallait pas marcher sur le roseau déjà brisé, et d'ailleurs l'Église, mère particulièrement des pauvres et des petits, n'était-elle pas l'épouse de celui qui, étant Dieu, avait pris la forme de l'esclave?

(1) Théod., *Capit.*, *Ad presbyteros.*
(1) Schannati, *Concilia Germaniæ*, t. II, et le pénitentiel de Halitgaire dans *Martène*, t. II, page 45, ord. II. « Quand les esclaves viendront à vous, est-il dit, vous ne les chargerez pas d'autant de jeûnes que les riches : imposez-leur seulement la moitié de la peine. »

« Quand tout cela est fait, ajoute Théodulfe, que le
« prêtre récite sur l'homme réconcilié les sept psaumes
« de la Pénitence avec les oraisons du sacramentaire, et
« qu'il l'absolve en paix. »

L'évêque passe ensuite au rit de l'Extrême-Onction,
et le tableau qu'il en fait nous offre un intérêt d'un genre
différent, mais non moins touchant que celui de la Pénitence. Outre la solennité qui environne toujours le lit de
l'agonisant, cette ancienne liturgie a une beauté qui lui
est propre, et qui vient de la pompe auguste dont l'Église
latine, comme encore l'Église grecque, entouraient alors le
sacrement des mourants.

Il est raconté par Sulpice Sévère que saint Martin, sentant venir sa dernière heure, se fit mettre sur la cendre et le
cilice. Et comme ses disciples le priaient de souffrir qu'on
plaçât du moins un peu de paille sous lui, il leur répondit : « Mes enfants, il ne convient pas à un chrétien de
« mourir autrement que sur la cendre, et je pécherais si
« je vous donnais un autre exemple (1). »

C'est encore dans ce lugubre appareil de pénitence que
mouraient les chrétiens du temps de Théodulfe. Voici ce
qu'il prescrit pour l'administration de l'Extrême-Onction
et du saint viatique au fidèle sur le point de rendre son
âme à Dieu :

« On commencera, dit-il, par conférer au malade le
« sacrement de pénitence. Puis, si la maladie le permet,

---

(1) Sulpicii SEVERI, *Vita S. Martini.* « Non decet, inquit, Filii,
« Christianum nisi in cinere mori; ego si aliud vobis exemplum re-
« linquo, peccavi. »

« après qu'on lui aura lavé le corps, on le revêtira d'ha-
« bits blancs, on le portera à l'église, et on l'étendra à
« terre sur un cilice couvert de cendre.

« On portera vers lui la croix et l'eau bénite, et trois
« prêtres venant à lui diront le capitule : Paix à cette
« maison et à ceux qui l'habitent. Paix à ceux qui y en-
« trent et à ceux qui en sortent au nom du Seigneur. Le
« prêtre ensuite versera l'huile sainte dans l'eau bénite
« en disant cette antienne : Vous me laverez, Seigneur,
« avec l'hyssope, et je serai purifié ; vous me laverez,
« et je serai plus blanc que la neige (1).

« Puis, après l'oraison, on mettra de la cendre sur la
« tête et sur la poitrine du malade en forme de croix en
« disant : Tu mangeras ton pain à la sueur de ton
« front, jusqu'à ce que tu retournes à la terre d'où tu es
« sorti. Tu es poussière, et tu retourneras en pous-
« sière.

« Ensuite on commencera sur lui les sept psaumes de
« la pénitence. Alors, s'il se peut, que le malade se
« tienne à genoux, la tête inclinée ou le corps entière-
« ment prosterné.

« Après les litanies et l'oraison, pendant que les clercs
« chantent les psaumes et les antiennes, le prêtre fera
« sur lui, avec l'huile sainte, les quinze signes de croix,
« sur le cou, sur le front, sur les yeux, sur les narines,

---

(1) Il est possible qu'il y ait là une lacune dans le texte. L'auteur parle d'abord de trois prêtres administrant le sacrement dans l'Église. Puis, tout à coup, il n'est plus question que d'un seul prêtre, et toutes les prières supposent que la cérémonie se fait à la maison du malade.— D'ailleurs, dans l'Eglise latine, ce sacrement fut conféré tantôt par plusieurs prêtres, tantôt par un seul. (D. CHARDON, *Histoire des Sacrem.*, p. 750, édit. Migne).

« sur les lèvres, sur les oreilles, sur la gorge, sur la poi-
« trine, sur les deux mains, sur les deux pieds... Et à
« chaque fois il dira : Je t'oins au nom du Père, du
« Fils, et du Saint-Esprit, afin que la prière de la foi te
« sauve, et que le Seigneur te soulage, et si tu es dans
« le péché, pour qu'il te soit remis.

« Les vêtements du malade oints d'huile sainte ne se-
« ront pas ensevelis avec lui ; et s'il vient à guérir, ils se-
« ront lavés dans une eau pure et pourront lui servir en-
« core...

« Quand le malade a reçu les onctions accompagnées
« de prières, le prêtre doit l'exhorter à réciter l'Oraison
« dominicale et le Symbole, à remettre son esprit entre
« les mains de Dieu, à se munir du signe de la croix, et
« à faire aux vivants ses derniers adieux.

« Qu'après cela le prêtre lui donne la paix et le com-
« munie en disant : « Que le corps et le sang du Sei-
« gneur te remette tous tes péchés et te garde pour la vie
« éternelle ».

L'oraison étant achevée, que le prêtre dise à la fin :
« Bénissons le Seigneur. Que tous répondent : Rendons
« grâce à Dieu. C'est ainsi que tout se termine. Le
« lendemain, et les sept jours suivants, le prêtre le visi-
« tera, et fera sur lui les prières convenables (1). »

(1) THÉOD. « Primitùs autem infirmo pœnitentia detur. Deindè, si
permiserit infirmitas, abluto corpore, albis vestibus induatur, et in
ecclesiam deportetur, et jaceat in cilicio superjecto cinere. Portetur
ibi crux et aqua benedicta... Si potest, infirmus stet genibus flexis et
capite inclinato, sive omni corpore prostratus... Uncto vero infirmo cum
orationibus, jubeatur à sacerdote orationem dominicam et symbolum
dicere et spiritum suum in manus Dei commendare et signaculo crucis
se munire, et viventibus valedicere... In crastino et usque ad septem

De ces lignes si simples et de ces prescriptions cérémonielles ressortent cependant de solennels enseignements et un grand spectacle. Qu'on se représente donc cet homme vêtu de blanc, porté par ses enfants ou par ses amis sur le pavé de l'église, à genoux ou prosterné sur le cilice et la cendre, ayant devant lui la croix, autour de lui les prêtres qui oignent pour le combat cet athlète du Christ, et là, faisant ses adieux à tout ce qu'il a aimé, puis recevant enfin sous les voiles mystiques Celui que tout à l'heure il va contempler sans voiles et face à face. Voilà ce que ceux-là seuls sont capables de bien comprendre qui ont vu le chef-d'œuvre du Dominiquin, la dernière communion de saint Jérôme, quand l'homme du désert, se soulevant à demi, et étendant vers l'hostie radieuse ses bras décharnés, la salue de son regard, et semble, de ses lèvres haletantes et entr'ouvertes, adresser à la mort ces paroles sublimes qui furent son adieu à ce monde : « *Veni, columba mea, amica mea, indica mihi quem diligit anima mea, ubit pascat sponsus meus, ubi cubet Christus meus.* Viens, ma colombe, mon amie; montre-moi celui que chérit mon âme; montre-moi où se nourrit mon époux, où repose mon Christ ! »

dies visitet cum sacerdos, et fundat super eum orationes ad hoc congruentes ».

Ces oraisons ont été retrouvées dans un manuscrit de la bibliothèque de Catane, par le cardinal Barbarin. Elles sont d'une grande beauté et suivies d'une hymne saphique pour la guérison du malade.

V. les mêmes rits dans le *Pontifical* d'Egbert, arch. d'York, ch. VI; — le *Concile d'Aix-la-Chapelle* de 836, ch. V; — de Mayence, 847, ch. XXVI; — Hincmar, 10e capit., etc.

CHAPITRE VIII.

THÉODULFE PRÉDICATEUR.

I. Caractère de la prédication au IXᵉ siècle. — Sermon de Théodulfe sur l'orgueil et la concupiscence. — A qui fut-il adressé? — Théodulfe moraliste.
II. Sermon de Théodulfe pour la fête de Noël. — Comment il s'inspire des Pères. — Son amour pour les petits.

I.

Il nous est resté de l'évêque d'Orléans deux fragments de sermons qui méritent une étude spéciale. Ces deux sermons sont courts et problablement incomplets; mais s'ils ne suffisent pas à établir que Théodulfe fut un grand orateur, ils prouvent du moins, par le seul fait de leur conservation, qu'il était regardé comme un homme éloquent, et qu'il prêcha dignement l'Évangile de Dieu.

Ils peuvent également nous donner une idée de ce qu'était alors la prédication, parole en général plus touchante qu'élevée, plus morale que littéraire, pétrie de la subtance des saintes Écritures, pleine d'abandon et de familiarité, aspirant beaucoup moins à charmer les esprits qu'à convertir les cœurs, action religieuse plus que puissance oratoire, telle enfin qu'on la voit apparaître dans les sermons qui nous ont été conservés de saint Éloi, et que nous la retrouvons, deux siècles après, dans les sermons de saint Bernard.

Le premier des discours de l'évêque d'Orléans est un simple entretien sur les vertus chrétiennes et sur les vices principaux de notre nature mauvaise. Il y est traité tour à tour de l'orgueil, de l'impureté, de la sensualité, et de l'affinité de ces trois vices entre eux.

Puis, vers la fin, l'évêque s'étend sur les devoirs monastiques, et le grand développement qu'il donne à ce point me permettrait de croire que le discours fut prononcé dans quelque monastère de son diocèse.

Était-il adressé aux religieux de Saint-Benoît-sur-Loire, et ne faudrait-il voir dans ces paroles simples qu'une de ces conférences familières que faisait l'abbé à ses cénobites, selon les prescriptions de la règle bénédictine? L'évêque parlait-il aux chanoines de Saint-Aignan, aux religieux de Saint-Mesmin, ou bien à ceux de l'ancien couvent de Saint-Laurent-des-Orgerils, près du bourg d'Avenum (1)? Nous ne saurions le dire. Mais nous pouvons du moins apprécier dans ces lignes la profondeur du regard que Théodulfe porte au fond de l'âme humaine pour en sonder les mystérieux abîmes et en illuminer les ténèbres coupables.

Voyez, par exemple, avec quelle finesse le moraliste sacré analyse l'orgueil et ses suites impures:

« Du péché d'orgueil, l'âme descend souvent dans les
« abominables désordres de la chair, car un vice dépend de

(1) Aujourd'hui Saint-Laurent, dans la ville même d'Orléans.

« l'autre. De même, en effet, que l'orgueil de l'esprit nous
« mène aux avilissements des passions, de même l'humi-
« lité de l'âme est la sauvegarde de la chasteté. Il arrive
« plus d'une fois que Dieu abat la superbe secrète de
« notre esprit par des chutes éclatantes et honteuses. Je
« ne veux d'autre preuve de cette corrélation que
« l'exemple du premier homme. Il ne se fut pas plus tôt
« élevé contre Dieu en s'enflant d'orgueil, qu'il sentit l'ai-
« guillon de la chair, et rougit pour la première fois.
« Bien souvent le diable attaque le chrétien par l'un et
« l'autre de ces vices : au dedans par l'orgueil, au dehors
« par la volupté. Mais le serviteur de Dieu, se tenant, sans
« dévier, entre ces deux écueils, évite si bien la volupté
« qu'il n'y a pas place à l'orgueil, et redoute tellement
« l'orgueil qu'il ne succombe pas à la volupté.

« C'est principalement par ces deux péchés que le dé-
« mon a établi son règne sur le genre humain, s'emparant
« ainsi de l'homme entier, de l'esprit par l'orgueil, de la
« chair par la luxure. C'est ce que fait entendre le Sei-
« gneur quand, s'adressant à Job en parlant du démon :
« Il dort à l'ombre, dit-il, dans sa retraite de roseaux,
« parmi des lieux humides. (Job, XL, 16). Ces roseaux
« désignent la vanité de l'orgueil, et ces lieux humides la
« corruption du cœur.

« Arrachons donc d'abord les fornications de notre
« cœur, pour qu'elles ne paraissent pas dans nos œuvres.
« Ceignez-vous les reins au-dessus des mamelles,
« comme dit le prophète (Isaïe, XXXII), c'est-à-dire déra-
« cinez la passion dans votre cœur. Quand le démon pré-
« sente à l'âme ébranlée l'attrait de la volupté, mettez-
« vous devant les yeux les jugements de Dieu et les feux
« éternels : la pensée de ce brasier éteindra les ardeurs

« d'une passion coupable. Je sais bien que c'est Dieu qui
« donne la continence; mais demandez, et vous recevrez.
« On obtient tout de Dieu quand on frappe à son cœur
« avec les gémissements silencieux du cœur.

« Combien donc est aimable la beauté de la chasteté
« qui a des joies plus douces que les joies de la chair!
« La chasteté, c'est un fruit de suavité; c'est la beauté
« immaculée des saints; c'est la santé du corps, c'est la
« sérénité et la paix de l'âme (1). »

Rendez à ce morceau le mouvement et le développement oratoire qui lui donnait sa forme et sa vie; replacez-le sur les lèvres de l'évêque lisant et commentant le texte sacré qu'il tient entre les mains; mettez-le dans la chaire autour de laquelle les moines recueillis ou le peuple fidèle se pressent en grande foule, et vous trouverez que ceci n'est dépourvu ni de verve, ni de philosophie; qu'une haute raison préside à cette pensée, et que la poésie elle-même n'en est pas absente. L'orateur, en

---

(1) Théod., *Fragmenta sermonum*, edidit Lucas d'Achery, *Spicileg.*, t. V, p. 117. Hæc verò Theodulfi esse, tum stylus docet, tum quoque, quia initium capitularium ejus sub finem adjectum est. Sic. Fabricius, *Bibliot. med. et inf. latinitatis*.

« Ex culpâ superbiæ plerumque in abominandam carnis immunditiam itur; nam alterum pendet ex altero. Sed sicut per superbiam mentis itur in prostitutionem libidinis, ità per humilitatem mentis salva fit castitas carnis..... Quandò ergò impulsu dœmonum mens ad delectationem fornicationis impellitur, divini judicii etiam et æterni tormenta incendii ante oculos proponantur... A Deo datur continentia, sed petite et accipietis. Tunc autem tribuitur quando Deus interno gemitu pulsatur. Amanda est pulchritudo castitatis, cujus gustata delectatio dulcior invenitur quàm carnis. Castitas enim fructus suavitatis est, pulchritudo inviolata sanctorum, sanitas corporis, securitas mentis. »

deux mots, signale tout ce qui fait notre fond misérable, le combat à outrance, le combat éternel de la chair et de l'esprit. Il analyse le fond mauvais de notre cœur, qui est l'amour désordonné de nous-mêmes. Il en saisit et distingue les deux formes qui correspondent à la double nature de l'homme, l'égoïsme de la matière ou sensualité, l'égoïsme de l'esprit ou orgueil. Il en parle comme saint Paul (*Epist. ad Ephes.*, IV, 18, 19), et il conclut enfin comme Montaigne : « O la vile créature que l'homme, et « abjecte, s'il ne se sent soulevé par quelque chose de « céleste. »

Tels sont les sujets éminemment pratiques dans lesquels se renferme la prédication de Théodulfe, comme se renfermait celle de ses contemporains : « Les prédica- « teurs, disait saint Césaire d'Arles, lorsqu'ils s'élèvent à « l'interprétation des mystères, ressemblent aux anges « qui montent vers le ciel ; lorsqu'ils répandent la parole « divine sur les hommes, ils sont pareils aux anges qui « descendent l'échelle céleste. » Théodulfe appartient à cette dernière classe. La morale occupe dans son enseignement plus de place que le dogme ; le temps n'était pas encore venu où la raison demanderait à la foi compte de ses croyances, et peut-être n'était-ce pas l'instruction religieuse qui manquait le plus à ces hommes de la Gaule centrale que la lumière évangélique avait visités de ses premiers rayons. Ce que cherchait l'évêque et ce qui importait en effet, c'était l'éducation morale de ces Francs arrogants et de ces Gallo-Romains dissolus, égarés les uns et les autres dans les voies de passions raffinées ou barbares.

II.

J'insisterai davantage sur le second de ces fragments, parce que le talent de persuasion de Théodulfe y est plus manifeste. De plus, le sujet en est mieux déterminé, soit par lui-même, soit par les circonstances. C'est une exhortation que le pasteur adressait à son peuple d'Orléans dans la touchante solennité de Noël.

On était donc au soir de cette belle fête, ou peut-être même c'était dans la nuit sainte, si chère à tout chrétien, si particulièrement chère au cœur de nos pères. La foule se pressait sous les voûtes de l'église cathédrale, au chant naïf des cantiques et des psaumes. Réconciliés avec Dieu et nourris ce jour-là même de l'Eucharistie, ils se tenaient recueillis sous les yeux du Pontife, qui se sentit ému à la vue de cette foule religieuse et purifiée. Promenant donc ses regards sur cette immense assemblée de pauvres et de riches, d'hommes et de femmes, de vierges et de veuves, de maîtres et d'esclaves, agenouillés ensemble aux pieds du saint berceau, il se laissa aller aux élans de son cœur et les exhorta à la persévérance dans les mots simples et tendres que je rapporte ici :

« Mes frères, rappelez-vous bien que le péché peut en-
« core vous séduire et vous entraîner. Vos fautes sont
« effacées ; mais n'allez pas perdre le prix du sang du
« Christ. N'allons pas souiller la robe de notre âme par
« les taches de l'iniquité, de la rapine et de la concupis-
« cence. Nous étions à terre, nous voici relevés ; nous

« étions blessés, nous voici guéris. Désormais, nulle
« excuse. Car, qui que nous soyons, le diable peut nous
« tenter, mais non nous violenter ; il peut tâcher de nous
« séduire, il ne peut arriver à nous contraindre ; il peut
« nous attirer, mais non nous entraîner.

« Dans ce jour donc, mes frères, en l'honneur de l'en-
« fantement de la bienheureuse Marie, laissez-moi m'adres-
« ser aux vierges, aux hommes, aux femmes, aux veuves,
« aux puissants, aux pauvres, aux esclaves. Car il n'y a
« devant Dieu nulle autre distinction que celle des mé-
« rites (1). »

« Ecoutez-moi donc, ô vous qui, par la grâce de Notre-
« Seigneur Jésus-Christ, êtes vierges dans vos corps ;
« c'est à vous que je parle. Je vous en avertis, il faut
« vous efforcer d'être vierges dans vos cœurs. Gardez vos
« corps de manière à ne pas perdre vos âmes. Puis ré-
« jouissez-vous de ce don si précieux que vous a fait le
« Christ ; mais réjouissez-vous dans l'humilité, pleurez
« dans l'amour, rendez grâces à Dieu qui vous a donné de
« porter en vous les joies de l'innocence. Réjouissez-vous
« enfin, car viendra un jour où vous suivrez l'Agneau
« partout où il ira. Mais pour cela, il faut, comme le veut
« saint Jean, que le mensonge n'ait point de place sur vos
« lèvres, que vous priiez pour votre persévérance, afin
« que les plaisirs d'un siècle séducteur ou le démon ja-

_____

(1) THEODULFI, *Fragmenta sermonum*, apud LUC D'ACHERY, *Spicil.*,
t. V, p. 117. — In edit. recent., t. I, p. 254, Fragm. II, *De omnibus
ordinibus hujus seculi*. « ... Nunc ergò propter partum beatæ Mariæ,
sit mihi sermo ad virgines, sive ad viros, sive ad feminas, sive ad vi-
duas, sive potentes, sive pauperes, sive servos, non est apud Deum nisi
meritorum discretio. »

« loux ne vous ravissent pas ce don si magnifique, n'obs-
« curcissent pas cette lumière, ne ternissent pas cet
« éclat. Combattez fortement; ne perdez pas un bien qui
« ne se retrouve plus; qu'un moment de plaisir ne vous
« ravisse pas la sainteté de votre corps, et que le vil
« appât d'une beauté corruptible ne flétrisse pas la beauté
« d'une âme immortelle. Ne cédons pas la victoire à la
« concupiscence. Celui qui m'écoute demeurera fidèle;
« celui qui ne m'écoute pas perdra son trésor et le perdra
« pour toujours.

« Maintenant, je m'adresse à vous qui êtes mariés,
« et je vous avertis de vivre dans la chasteté. C'est en vi-
« vant ainsi pendant de longues années avec son époux,
« qu'Élisabeth obtint, dans sa vieillesse, un fils qui rendit
« illustre la sainteté de sa mère, et qui convertit par sa
« prédication un grand nombre d'infidèles.

« Et vous, qui êtes veuves, écoutez-moi aussi. Gardez-
« bien votre viduité; ne parlez pas trop, soyez silencieuses
« et attendez le Seigneur, qui prend sous sa défense la
« veuve et l'orphelin. La bonne veuve est celle qui se plaît
« dans la prière, dans l'humilité et l'aumône. Si elle n'a
« pas de quoi faire la charité, qu'elle en ait du moins la
« volonté et l'intention sincère. Femmes, ne médisez pas,
« ne jurez pas, et veillez sur vos paroles. »

Se tournant alors vers ceux qui étaient prosternés, en expiation de quelque faute publique, et sur lesquels les portes
du temple allaient se fermer bientôt, il leur parla ainsi :

« Et vous, ô pénitents, qui avez accepté et qui accom-
« plissez la pénitence dans l'Église, persévérez dans les
« larmes, et abandonnez-vous à une sage tristesse. Qu'est-
« ce à dire une sage tristesse? C'est-à-dire ne recherchez
« pas les choses de ce temps, mais la rémission des péchés

« et la béatitude éternelle. C'est là la vraie prière et la
« vraie pénitence. Ne laissez pas tomber à terre vos
« larmes inutiles. Mais, plutôt, écoutez cette parole du
« prophète : J'ai répandu mes larmes devant votre face, ô
« mon Dieu ! » (*Psal.*, LV, 9.) Maintenant, en effet, vous
« devez aimer Dieu, et passer désormais de la crainte à
« l'amour. Ne lisons-nous pas de la femme pécheresse
« qu'il lui a été beaucoup pardonné, parce qu'elle a beau-
« coup aimé ? (Luc, VII, 47.) Voilà aussi pourquoi vous
« devez aimer beaucoup le Dieu qui vous attend, et qui
« ne vous épargne qu'afin de vous laisser le temps de faire
« pénitence (1).

« Et maintenant, c'est à vous que je m'adresse, ô
« pauvres ! pauvres qui mendiez, pauvres qui vivez des au-
« mônes des chrétiens, je vous le dis : consolez-vous !
« Votre tribulation se changera en allégresse, votre dou-
« leur en joie. Ah ! ne vous plaignez pas de ce que vous
« demandez votre pain ; et ne murmurez pas pour cela
« contre le Seigneur. Car il est juste et bon dans toutes
« ses œuvres. S'il vous a fait pauvre, mon frère, c'est afin
« que, supportant l'indigence, vous gagniez ainsi la vie
« éternelle. Si, au contraire, il vous a fait riche, c'est
« afin que donnant de votre abondance, vous rachetiez
« vos péchés par l'aumône. Soyez donc patients ; attendez
« le Seigneur (2) ! »

---

(1) THEODULFI, *Fragment. sermon.*, II, *De omnibus ordinibus hujus seculi*, loc. cit. « Nunc jam ad vos loquor, pœnitentes, qui pœnitentiam in ecclesiâ accepistis et agitis, perseverate in fletu, in compunctione doctè plangite.... Non cadant ad terram inanes lacrymæ vestræ.... Vos modo satis debetis amare Deum, et de timore jam ad dilectionem transire. »

(2) THEODULFI, *Fragm. serm.*, II, loc. cit. « Nunc verò ad vos sermo est, pauperes. Vos dico pauperes quia mendicatis, qui de eleemosynis

Parmi ces pauvres mendiants, et au-dessous d'eux, se tenaient les esclaves.

Ils étaient encore nombreux à cette époque. Il y avait pourtant des siècles que l'Église travaillait à l'abolition de l'esclavage. On l'avait vue, de toute la force de ses doctrines, de toute l'autorité de ses conciles, lutter contre le droit atroce de vie et de mort, réprimer sévèrement la brutalité des maîtres, ouvrir aux esclaves les temples pour asile, les couvrir de l'inviolabilité de l'habit monastique, leur donner entrée dans les ordres sacrés, garantir la liberté et l'indissolubilité de leurs mariages, stipuler pour eux la liberté de conscience, leur assigner des terres (1), affranchir elle-même ceux qu'elle employait à son service, et user ainsi, sans douleur et sans bruit, cette chaîne odieuse rivée au pied de l'homme qui, laissé à lui-même, ne l'eût brisée peut-être que pour en frapper la tête de ses anciens tyrans. Dans ce mouvement généreux d'émancipation, Orléans semblait même être un centre influent. Depuis le premier concile national de France, réuni dans ses murs, au plus fort de la conquête et de la violence barbare (511), cette Église n'avait cessé, dans toutes ses assemblées, de stipuler hautement en faveur de l'esclave qui était alors le vaincu de la veille.

Les hommes qui étaient là, aux pieds de Théodulfe, ne

Christianorum vivitis, consolamini ; tribulatio vestra convertetur in lætitiam, et dolor vester in gaudium..... Et ideo patientes estote, exspectate Dominum. »

(1) Concile de Worms, tenu en 868. — Concile d'Epaone (aujourd'hui Abbon), canon 348, 39, en 817. — Cinquième concile d'Orléans (649). — Quatrième concile de Tolède (633). — Troisième concile d'Orléans, canon 13 (838). — Quatrième concile, can. 13 (541). — Concile d'Agde, en Languedoc, can. 7 (506).

le savaient pas peut-être, mais l'évêque le savait bien. Il savait aussi que ces pauvres déshérités de la famille humaine s'étaient assis le matin, au même rang que leurs maîtres, à la table du Dieu qui se donne également aux esclaves et aux rois. Il se souvenait que lui-même avait, sans distinction, déposé le pain de vie sur les lèvres de tous. Aussi bien, c'est pour tous qu'il revendique librement les droits inaliénables de la dignité humaine, si tristement méconnus des plus grands philosophes de l'antiquité. Se tournant donc vers ces frères souffrants de l'Enfant-Dieu, fait esclave comme eux, il les console d'abord, les exhorte doucement, puis, à la fin, les relève noblement en ces termes :

« Et vous enfin, écoutez ma parole, esclaves, vous tous
« qui avez des maîtres selon la chair, vous tous qui
« subissez la condition de l'esclavage. — Obéissez à vos
« maîtres, aimez-les de cœur ; ne les servez pas parce qu'ils
« ont l'œil sur vous, mais remplissez votre devoir avec
« amour. Car c'est le Seigneur qui a établi vos maîtres pour
« vous commander, comme vous pour leur obéir. Servez-
« les bien ; vous en recevrez le prix, et si vous êtes bons,
« vous vaudrez mieux que des maîtres mauvais. Ce qui
« fait aux yeux de Dieu la différence des âmes, ce n'est pas
« la noblesse, ce n'est pas la naissance : ce sont la vertu
« et les œuvres (1).

« Maintenant, c'est assez. J'ai dû parler à tous, puisque

---

(1) THEODULFI, *Fragm. serm.*, II, loc. cit. « Etiam ad vos mihi sermo est, servi, quicumque dominos carnales habetis, quicumque servili conditionem habetis. Obedite dominis vestris, diligite ex corde.... Si boni fueritis, meliores estis dominis malis. Quia apud Dominum anima unius cujusque non est de nobilitate discernenda, sed opere ; nec genere, sed actione. »

« c'est pour tous que le Christ est mort. Conservez dans
« vos âmes ce que je viens d'y semer, pour que je re-
« cueille en vous le fruit de ma parole, et que tous, un
« jour, vous soyez introduits dans les régions célestes où
« le bon grain doit être rassemblé par le Dieu miséri-
« dieux qui vit et règne dans les siècles des siècles.
« Amen. »

C'est là tout ce qui nous reste de la prédication de Théodulfe. Ce qui, dans Mabillon, fait suite à ce sermon n'est plus du même auteur. C'est un fragment d'une lettre de saint Augustin, ou, selon d'autres, de saint Jérôme au prêtre Didier, passage qui se trouve intercalé à cet endroit sans qu'on sache pourquoi, sans doute par la négligence ou par l'ignorance d'un copiste.

Mais ces débris informes, en nous faisant regretter le monument, nous permettent du moins d'en mesurer les proportions. Placée entre l'éloquence des Pères et la subtilité sèche de l'école, la parole de Théodulfe, pure, familière, sympathique, dépourvue de recherche, mais non pas d'élégance, forme comme un anneau de métal solide et fin entre l'âge des Pères et le siècle de la scolastique.

D'ailleurs, l'étude des Pères n'était pas étrangère aux prêtres de ce temps. C'était de leurs écrits que l'on extrayait, à l'usage du clergé, ces homéliaires, ou recueils de sermons, que les curés devaient lire et interpréter à leurs paroissiens. On ne s'inquiétait pas trop de savoir si cet auditoire barbare et rustique s'accommoderait bien de ce qui faisait les délices des auditeurs polis de Rome, de Milan, de Constantinople ou d'Antioche. Théodulfe dut puiser lui-même à cette source, et nous pourrions le deviner sans peine quand lui-même ne nous aurait pas appris qu'il faisait de ces auteurs sa principale étude (1). Le souffle de saint Ambroise a passé sur les pages que l'évêque consacre à la louange de la virginité. Peut-être la poésie de saint Méthodius a-t-elle aussi vivifié ces lignes.

Du reste, on aime à voir de quel honneur Théodulfe entoure la virginité dans ses exhortations. Il sent que c'est là la gloire, la force de la religion, et la plus belle fleur de l'arbre de la croix. Il lui a voué un culte comme à tout ce qui est beau, comme à tout ce qui est faible : les veuves, les pénitents, les pauvres et les serfs. Ce sont ceux-là, surtout, qu'il encourage, qu'il fortifie, qu'il relève vers le ciel par cette consolante et sublime parole : « Attendez le Seigneur, attendez le Seigneur ! »

(1) THEOD., lib. IV, carm. I, *De libris quos legere solebam*.

CHAPITRE IX.

THÉODULFE RESTAURATEUR DES ÉGLISES ET DU CULTE.

I. Mouvement général pour la construction des églises au IX⁰ siècle. — Inscriptions de Théodulfe sur les tombeaux des saints. — Du style épigraphique à cette époque.

II. Intérêt historique de ces inscriptions. — Autel à Saint-Aignan. — Eglise de Germigny bâtie par Théodulfe. — Sa mosaïque. — Ce qu'elle est aujourd'hui.

III. Fondations pieuses de Théodulfe à Orléans. — Hymnes. — Le *Vexilla regis* est-il de lui ? — Son zèle pour la célébration des fêtes ; ses vers sur Noël et sur Pâques.

I.

Dans la vie de Théodulfe, l'action occupe plus de place que la parole, et nous n'aurions pas donné une idée complète de son épiscopat, si nous ne montrions maintenant comment il assura par des institutions l'œuvre d'apostolat et de civilisation qu'il poursuivait dans ses capitulaires et dans ses discours. Nous allons donc le suivre faisant l'éducation divine de nos pères par l'assemblée dans le temple, par l'enseignement des cérémonies saintes, par le concert de la prière publique, par la poésie des cantiques, enfin par toute cette puissance qui enlève l'âme au monde inférieur et mauvais, et la soulève doucement vers la source invisible de toute beauté comme de toute sainteté.

Nous avons déjà vu Théodulfe prescrire au chrétien ses prières de chaque jour dans le premier capitulaire. Nous l'avons déjà vu, dans la même instruction, rendre à la maison de Dieu sa dignité et son respect. Il fit plus encore : il seconda vivement le mouvement qui fit sortir de terre, dans cette époque féconde, les plus remarquables monuments de la période carlovingienne. S'il n'était pas toujours et personnellement le promoteur de ces constructions religieuses, on le voit du moins intervenir souvent dans la solennité de la consécration de l'édifice. C'était le plus souvent à son talent de poëte que l'on faisait appel pour en rédiger l'inscription commémorative.

C'est ainsi que Fulrade, neveu du roi Pépin et abbé de Saint-Quentin en Vermandois, ayant fait reconstruire l'église de l'abbaye en 814, Théodulfe fut appelé, célébra dans ses vers la gloire du martyr dont les reliques reposaient dans la nouvelle église, et les trois inscriptions qu'il composa, au nom du noble abbé Fulrade, furent gravées en lettres d'or sur des tables de marbre.

Bien des années auparavant (774), Chrodegand, évêque de Metz, un des hommes éminents de ce siècle et l'ami de Théodulfe, avait fait bâtir dans le savant monastère de Lorishaïm une admirable basilique en l'honneur de saint Nazaire, dont le corps avait été envoyé par le Pape à cette abbaye. Le roi en personne présidait à la dédicace (1), et l'affluence était considérable. Théodulfe nous apprend que lui aussi se rendit à cette fête, et qu'il composa, pour être gravés sur le tombeau du martyr, des vers qui ne sont indignes ni du monument, ni de la circonstance :

« Aimable martyr, disait l'inscription, le Christ a ren-
« fermé tes membres dans cette tombe, tandis que ton
« âme a pris son vol vers le centre des mondes. Martyr
« bien-aimé, tu as illustré par tes belles actions les rives
« du Tibre, et maintenant tes ossements font la joie des
« bords du Rhin. Rome, tu as vu jadis les miracles de
« tes martyrs. Maintenant, c'est à toi, peuple germain,
« d'en repaître tes yeux. Saint illustre, tu as fait sortir
« d'une terre sauvage un temple digne des rois, et
« une cour brillante fleurit au milieu de ces syrtes dé-
« serts (2). »

(1) On lit dans Eginhard, *Annal.*, ann. 744 : « Charles, à son retour d'Italie, avait présidé à la dédicace de l'église de Saint-Nazaire, martyr, et à la translation des reliques du saint dans notre monastère de Lorisheim. Cette translation s'effectua l'an de l'Incarnation de Notre-Seigneur (774), le jour des calendes de septembre. » (Trad. de Teulet, p. 72.)
Ce passage, admis par D. Bouquet et les autres éditeurs, et rejeté par M. Pertz comme une interpolation postérieure à Eginhard, ferait remonter jusqu'en 774 le séjour de Théodulfe auprès de Charlemagne.

(2) Théod., lib. II, carm. X, *In sepulchro sancti Nazarii*.

   Martyr amœne, tuos hic Christus condidit artus,
    Et tua mens centri scandit ad alta volans.
   Tu tiberina tuis lustrasti littora gestis,
    Et nunc Rhenicolas ossis honore beas.
   Roma, favente Deo vidisti in martyre signa,
    Nunc germana cohors cernis id istud opus.
   Aulica sylvestri delubra in rure locasti,
    Martyr, et in vacuis syrtibus aula micat.
   Nazarium vocitat hunc florem natio cuncta,
    Nam nazar Hæbreâ flos benè lingua vocat.

J'insiste trop peut-être sur ces inscriptions, qui ont perdu de nos jours une grande partie de leur importance; mais le style épigraphique faisait alors une partie considérable de la littérature de la chrétienté; Alcuin en couvrait les murs de son monastère de Tours. C'est que, comme l'a remarqué un critique moderne, à partir de Charlemagne, tout le monde semble atteint d'une fièvre de vers, d'une contagion poétique. Tout le monde compose des inscriptions pour les églises, pour les autels. On versifie pour les fêtes de chaque saint; on écrit surtout une quantité innombrable d'épitaphes (1). Cette génération, qui venait d'apprendre à lire et à écrire sur les genoux de l'Église sa mère, était impatiente, comme le sont tous les enfants, de faire l'essai de ses forces et de laisser sur la pierre son image et son nom.

II.

Mais c'est, avant tout, au point de vue de l'histoire que ces petites poésies peuvent être instructives. Quelques-uns de ces vers de l'évêque d'Orléans déterminent la date de plusieurs églises de son diocèse. C'est ainsi que nous savons qu'il dédia un autel à saint Aignan, patron de sa ville épiscopale.

L'inscription portait :

« Dieu tout-puissant, Théodulfe te consacre cet autel;
« sois, Seigneur, favorable à mes vœux. Qui que vous

---

(1) M. AMPÈRE, *Hist. litt. de la France avant le XII° siècle*, t. III, p. 213.

« soyez, qui viendrez ici, et vous, Aignan, très-saint Pon-
« tife, souvenez-vous de votre pauvre serviteur (1). »

On n'est pas bien fixé sur le lieu de cet autel. Quelques-uns l'ont placé auprès de Saint-Benoît, à Saint-Aignan-des-Gués ; mais il est plus probable qu'il s'agit de l'autel de Saint-Aignan-le-Jaillard (2), ancien prieuré de l'abbaye de Fleury, petit village situé à peu de distance de la ville de Sully, et par conséquent à peu de distance de la pauvre chaumière d'où quatre siècles plus tard devait sortir l'évêque qui bâtit Notre-Dame, et qui fut une des gloires de l'église de Paris.

De là, en descendant le cours de la Loire, entre Châteauneuf et Saint-Benoît, à deux milles seulement du monastère de Fleury, on trouve la petite église de Germigny-des-Prés, bâtie par Théodulfe et conservée en partie jusqu'à nous. Le village de Germigny, assis dans des prairies qu'arrose la petite rivière de la Simiare, était depuis longtemps un fief de l'abbaye, quand Théodulfe, épris de ce séjour, voulut y bâtir une église qui fit l'admiration de la contrée. Suivant son attrait pour tout ce qui était une renaissance de l'antiquité, l'évêque préféra le style byzantin au style roman, également employé dans les monuments de cette époque. L'église fut donc construite, non pas, comme on l'a cru, sur le modèle de la grande basilique élevée par Charlemagne à Aix-la-Cha-

---

(1) Théod., lib. II, carm. V, *In altare Sancti-Aniani*.
    Hanc tibi celsitonans aram Theodulfus adorno,
    At foveas votis rex Deus ipse meis.
    Quisquis es hanc cernens, et tu sanctissime Præsul,
    Aniane, exigui sis memor ipse mei.

(2) Mss dom Chazal, t. I, *Hist. cœnob. Floriac*.

pelle, mais seulement sur le plan de la chapelle intérieure du palais, moins vaste, mais enrichie des marbres et des sculptures enlevés à l'Italie.

L'historien latin de l'abbaye de Fleury épuise tous les termes de l'admiration en décrivant le sanctuaire bâti par Théodulfe. Voici ce qu'il en rapporte, en s'appuyant d'ailleurs sur le témoignage d'un ancien annaliste :

« Cette église était d'un travail si merveilleux, que l'on
« n'aurait pu trouver, dans toute la Neustrie, un monument
« qui pût égaler Germigny avant l'incendie qui le consuma.
« Et en effet, on apporta tant de soins à la construction de
« cette basilique voûtée, l'intérieur en fut tellement dé-
« coré de fleurs en gypse et en mosaïque, le pavé telle-
« ment enrichi d'emblèmes de marbre, que les yeux ne
« pouvaient se lasser de regarder toutes ces merveilles.
« Sur la tour où les cloches étaient suspendues, Théodulfe
« fit graver ces deux vers en caractères d'argent :

HÆC IN HONORE DEI THEODULPHUS TEMPLA SACRAVI
QUÆ DUM QUISQUIS ADIS, ORO, MEMENTO MEI.

« Moi, Théodulfe, ai consacré ce temple à la gloire
« de Dieu. Vous tous qui venez ici, souvenez-vous de
« moi dans vos prières (1). »

(1) Mss dom CHAZAL, *Hist. Cœnobii Floriac.*, cap. XIII. « In hac igitur villâ, inquit vetus chronographus, Theodulphus abbas et episcopus ecclesiam tam mirifici operis construxit, ut nullum in totâ Neustriâ inveniri posset ædificii opus quod ei, antequàm cremaretur, valeret æquari. Totam namque arcuato opere eamdem extruens basilicam, ita floribus gypseis atque musivo ejus venustavit interiora, pavimentum quoque marmoreo depinxit emblemate ut oculi intuentium vix gratâ satiarentur specie. Porro in matherio turris de quâ signa pendebant, hujusmodi inscruit versus argenteo colore expressa.... »

Une inscription, récemment découverte sur les tailloirs de deux piliers parallèles du chœur, nous apprend que ce fut le III des nones de janvier de l'année 806 que l'on célébra la dédicace de l'église, et que les peuples environnants s'y rendirent en foule pour admirer cette merveille de la France centrale.

On a peine à croire à tant d'enthousiasme, quand on voit maintenant cette pauvre église, enfouie, humide, envahie par chaque inondation de la Loire, dont elle garde les traces sur ses murs affaissés, dépouillés, verdâtres. L'incendie allumé par les bandes normandes a commencé cette ruine ; les guerres de religion l'ont continuée. La tour a disparu, les sculptures aussi ; une partie des anciennes murailles est tombée ; le chœur a survécu avec l'abside, et, au-dessus de l'autel, on peut voir encore la curieuse mosaïque qu'y avait fait placer l'évêque consécrateur.

A travers les profondes dégradations du temps, on peut y démêler les traits les plus caractéristiques de l'art byzantin au siècle de Charlemagne : les imperfections du dessin et particulièrement le défaut de proportion, la prédilection pour les figures longues et décharnées, les pieds et les mains démesurément longs, les larges fonds d'or, la profusion des ornements, et tous ces vêtements lourds et magnifiques, au choix desquels a dû présider un mélange de goût oriental et de barbarie (1). Le dessin, formé

---

(1) M. Rio, *De la poésie chrét.*, *Forme de l'art : peinture*, ch. I, p. 40. « Il y avait longtemps que la mosaïque était devenue d'un usage universel dans l'Église, portée par instinct à préférer ce qui approche le plus de l'éternité. Au IXe siècle, elle fut l'ornement obligé de toutes les belles églises. »

de petits cubes de verres de différentes couleurs, représente l'arche d'alliance avec quatre chérubins aux nimbes d'or et aux ailes déployées. Entre deux petits anges ailés, une main bénissante s'élève d'un nimbe plein, tandis que dans l'intérieur de l'arche entr'ouverte, on peut apercevoir les deux tables de la loi ou les deux Testaments. Au-dessous, sur un cordon demi-circulaire, on retrouve quelques mots de l'inscription suivante en majuscules romaines formées de cubes argentés sur fond d'émail bleu :

ORACULUM SANCTUM ET CHERUBIM HIC ASPICE SPECTANS
ET TESTAMENTIS EN MICAT ARCA DEI.
HÆC CERNENS, PRECIBUS STUDENS PULSARE TONANTEM
THEODULFUM PRECIBUS JUNGITO QUÆSO TUIS.

« Vois le lieu des oracles, les chérubins et l'arche
« resplendissante du Testament de Dieu.
« En contemplant ces choses, élève tes prières jus-
« qu'au Dieu du tonnerre, et joins-y, je t'en conjure, le
« nom de Théodulfe. »

Humble désir, vœu modeste et touchant de ces hommes généreux, qui bâtissaient des églises pour des générations inconnues ! Travaillant pour Dieu seul, quand leur œuvre était faite, ils s'en croyaient payés en regardant la croix reluire sur le faîte du sanctuaire élevé par leurs mains. Ils ne demandaient alors, avant de disparaître, que la faveur d'y graver leur nom sur une pierre, pour rappeler leur souvenir et solliciter des prières qui, là du moins, ne leur manqueraient pas.

Le vœu du pieux évêque put être exaucé, car la gloire

de son église ne s'éteignit pas avec lui, et bien des chrétiens vinrent s'y prosterner et prier. En 844, un concile provincial y fut convoqué par l'archevêque de Sens. Des chartes de l'empereur Charles-le-Chauve sont datées de Germigny. Le prince habitait sans doute le château que Théodulfe y avait fait construire, et où celui-ci venait se délasser de ses travaux apostoliques, comme plus tard Bossuet dans un Germigny plus célèbre. Il n'en reste aucune trace aujourd'hui, et Germigny n'est plus qu'un petit village ignoré, oublieux lui-même de son illustration et de son fondateur.

III.

Cependant, dans le sein même de la ville d'Orléans, l'évêque faisait plusieurs fondations pieuses qui devaient perpétuer son action dans cette ville.

Un point préoccupait spécialement son zèle. C'était la préservation de ce troupeau de vierges qui était la fleur et comme la forte sève de son diocèse. Outre celles qu'il établit en l'année 802 dans le monastère de Sainte-Marie-le-Puellier, il ouvrit un asile à celles qui restaient au milieu du monde, et qui devaient en être le sel et le parfum. Il fit donc bâtir, au sud de l'église de Sainte-Croix, un oratoire sous le nom de *Notre-Dame-des-Filles*, parce que, nous apprennent les archives d'Orléans, les jeunes filles de la ville y venaient faire leurs dévotions et chanter une messe pendant laquelle elles offraient des pains à bénir (1). Le sanctuaire chrétien s'éleva sur les fondements d'un ancien temple romain. Ce n'était pas la première conquête que le culte envahissant de la virginité faisait sur le culte ruiné de la dissolution païenne.

C'était vers ce temps-là que le prince et les évêques donnaient aux esprits une impulsion puissante vers la réforme religieuse, et concouraient ensemble à rendre au culte toute sa dignité et sa magnificence. La France, enrichie des dépouilles des nations, consacrait ses trésors à l'embellissement des autels du Dieu qui l'avait fait vaincre. Le commerce amical avec les Maures d'Espagne nous avait apporté quelque chose des merveilles du luxe oriental. Les relations avec l'Italie avaient naturalisé parmi nous le goût du beau. On crut que ces richesses et que ce progrès du goût devaient être mis d'abord au service de Dieu.

Dans la même pensée, Charlemagne intronise le chant grégorien dans la chapelle du palais. Déjà le roi Pépin, par reconnaissance pour le pape Zacharie qui l'avait sacré, avait ordonné que la liturgie des églises de France se conformât à l'*Ordo* romain. Charlemagne poursuivit la réforme de son père, non sans rencontrer les oppositions que présentaient sans cesse à cette révolution les habitudes prises, les traditions vivaces, et, par dessus

---

(1) LOTTIN, *Recherches pour servir à l'histoire d'Orléans*, t. I, année 800 et suiv. — Cet oratoire occupait l'emplacement actuel de la préfecture. Dès le IXe siècle, des chanoines remplacèrent les religieuses, et le saint asile changea son nom de *Sancta-Maria-Puellaris* en celui de Notre-Dame-de-Bonne-Nouvelle.

tout, le vif sentiment de la nationalité (1). Les cloches, d'invention encore récente, mêlaient leurs grandes voix à toutes les harmonies de la religion et de l'âme. L'orgue commençait à prêter son accompagnement à ces rudes gosiers qui, au rapport d'un contemporain, se pliaient avec peine aux inflexions variées des mélodies grégoriennes (2). La poésie renaissante faisait hommage à l'Eglise de ses premiers cantiques, et allait chercher une sorte de consécration aux pieds des autels. L'hymne *Veni Creator* date de cette époque, et on l'attribuait même à Charlemagne. D'autres poètes essayaient d'adapter leurs vers au chant nouvellement importé de Rome, et de toutes parts se relevait la pompe majestueuse de la prière publique.

Théodulfe ne pouvait demeurer en arrière de ce mouvement heureux, et il mit la main au travail général d'où la Jérusalem nouvelle devait sortir brillante de clarté.

Nous l'avons déjà vu réformant ou régularisant le rituel, réglant les saints offices, se faisant rendre compte de leur célébration, affectant même aux besoins du culte le tiers

---

(1) BALUZE, *Capit.*, conc. d'Aix-la-Chapelle, 789. — Walafride Strabon, mort en 849, montre que cette réforme ne put être universellement adoptée : « Galliarum Ecclesiæ suis orationibus utebantur, quæ adhuc à multis habentur. » — De là cette diversité de liturgies en usage dans les églises de France depuis le IXe siècle jusqu'au XVIe, et ces rites divers connus sous les noms de rite gallican, rite gallo-romain, rite romain pur.

(2) Monachus Engolismensis in *Vitâ Caroli*, cap. VIII, DUCHESNE, t. II, p. 75. — Walafride Strabon raconte qu'une femme fut tellement stupéfaite en entendant l'orgue pour la première fois, qu'elle en mourut :

Dulce melos tantùm vanas deludere mentes
Cœpit, ut una suis decedens sensibus, ipsam
Fœmina perdiderit, vocum dulcedine, vitam.

des revenus de chaque église. Nous le verrons bientôt rendre aux cérémonies du baptême toute leur symbolique signification dans un traité que nous étudierons. Le catalogue de ses œuvres, donné par Baluze, parle d'une explication du symbole de saint Athanase, composée par lui, et que les moines, ajoute-t-il, chantent tous les jours à prime. Il est fait aussi mention d'une explication mystique de ce qui se fait au sacrifice de la messe (1). Nous n'avons plus cet écrit. Nous sommes plus heureux pour l'hymne *Gloria, laus*, qui nous a été conservé en entier, et dont on chante encore quelques vers dans nos églises, le dimanche des Rameaux.

Une autre hymne d'un caractère différent, moins naïf, plus lyrique, pleine d'enthousiasme et de grandeur, est placée sous le nom de Théodulfe dans le bréviaire romain. C'est le chant triomphal du *Vexilla regis prodeunt*, plus généralement attribué à Fortunat de Poitiers. Cette dernière opinion est la plus vraisemblable. Outre les autorités sur lesquelles elle s'appuie, on ne peut rien trouver dans les œuvres de Théodulfe qui ressemble de près ou de loin au lyrisme de ces strophes, où le Christ

---

(1) *Hist. littér. de la France*, par Dom RIVET, t. IV, p. 445. « Dans un manuscrit de Fleury ou Saint-Benoist-sur-Loire, coté 240, et ancien au moins de 700 ans, on trouve à la page première et suivantes une courte explication du symbole en question, et, au feuillet 110, une autre petite explication de l'ordre de la messe et des prières qu'on y fait. Il y a beaucoup d'apparence que ce sont là les deux opuscules de Théodulfe dont parle l'auteur de ce catalogue. »

Je n'ai pu consulter ce précieux manuscrit. Il est allé sans doute, avec la plus grande partie de la bibliothèque de Fleury, enrichir la bibliothèque du Vatican.

nous apparaît faisant de sa croix son trône, et de son sang béni la pourpre de sa royauté :

> Arbor decora et fulgida
> Ornata regis purpurâ.

On ne trouve rien chez lui de semblable à ce cri qui rappelle celui que pousse à travers les mondes l'ange de l'Apocalypse proclamant l'entier accomplissement de l'œuvre de Dieu : *Factum est*, c'est fait !

> Impleta sunt quæ concinit
> David fideli carmine
> Dicens in nationibus :
> Regnavit à ligno Deus !

Je dois donc avouer que l'examen de toute la poésie de Théodulfe ne me fournit pas des armes assez solides pour revendiquer en son nom ce chant religieux, qui serait un de ses plus beaux titres de gloire.

Mais ce que nous avons vû de lui suffit bien pour nous faire comprendre l'attention qu'il portait à la célébration des fêtes chrétiennes. Dans ces grands jours, il prêchait lui-même, il présidait au chant, il veillait aux cérémonies, et il en recueillait pour lui-même des impressions de piété et de poésie qu'il traduisait ensuite dans ses vers :

« Voici donc revenues pour nos peuples, pour le clergé
« et les ministres sacrés, les joies de cette grande fête
« que chaque année nous ramène. Oh ! qui ne brûle du
« désir de porter ses hommages, ses louanges et ses
« vœux à ce Trésor d'une sagesse incommensurable ?
« C'est elle, c'est cette sagesse qui apporte à tous les

« âges des richesses qui ne périssent point; c'est elle qui
« fait descendre sur la terre la vérité, le Verbe dont la
« parole surpasse l'éclat des riches métaux et la splen-
« deur du jour. La lumière de ses vertus fait pâlir la
« beauté de toutes les perles que produisent la Lydie,
« l'Hespérie, la Bretagne, toutes celles qui parent le front
« de la cité sainte, de Rome, reine du monde.... (1). »

Je me figure que c'est le jour de la naissance du Christ
qu'il célébrait ainsi.

Le jour de Pâques, il exprimait de même son allégresse dans une pièce de vers appelée *Réciproques*, et qui
se distingue par une simplicité qui n'est pas sans charme :

« Ma muse, je t'en prie, chante aujourd'hui des vers.
« Chante une douce mélodie, chante, ô muse, je t'en
« prie.

« Dans ces fêtes magnifiques, rivalise avec moi pour
« chanter le Seigneur, afin que lui-même nous reçoive
« un jour dans ses fêtes magnifiques.

« Il est digne de nos chants; chantons donc, chantons
« tous ce jour glorieux; il est digne de nos chants.

« La mort est tombée vaincue quand le Christ est res-

(1 Theod., lib. vii, carm. xxiv, *Die solemni anniversario.*
Hic populis nostris, cleroque sacrisque ministris
Annua solemnis remearunt gaudia festi.
Nam quis non tantæ thesaurum ritè sophiæ
Laudibus ac votis venerari gestiat amplis ?
Et quo perpetuis ornantur sæcula gazis,
Aureus undè micat cœlesti dogmate sensus
Eloquium argenti superat lucisque nitorem
Virtutum cunctæ fuscantur gemmæ, etc.

« suscité; réjouissons-nous tous; la mort est tombée
« vaincue.

« L'enfer est tombé vaincu quand le Christ a visité les
« justes : son prince une fois défait, l'enfer est tombé
« vaincu.

« Il en a retiré les bons, il y a plongé les méchants,
« et, foulant aux pieds son ennemi, il en a retiré les
« bons.

« Ils s'en vont aux royaumes célestes, quittant le
« cruel Tartare, et, délivrés des ténèbres, ils s'en vont
« aux royaumes célestes.

« Reviens donc maintenant, ô ma muse, et crains
« d'ennuyer mes frères; hâte-toi, je t'en prie, reviens
« maintenant, ô ma muse.

« Dis, prélat, je te salue, et la tête penchée, le genou
« en terre, redis et redis encore : « Prélat, je te salue,
« adieu (1) ! »

(1) Theod., appendix, carm. vi, edita à J. Mabillonis in veter. ana-
lectis.

<pre>
Eia, Camœna, libens nunc dicito carmina, quæso
Nunc cane, posco, melos, eia, Camœna libens.
Festa decora satis nunc mecum promere certa,
Postmodò ut accipias festa decora satis, etc.
</pre>

CHAPITRE X.

THÉODULFE DÉFENSEUR & VENGEUR DE LA DISCIPLINE.

I. Démêlé de Théodulfe avec les moines de Saint-Martin de Tours. — Il leur redemande en vain un clerc réfugié au tombeau de Saint-Martin. — Du droit d'asile : ses bienfaits et ses abus.

II. Rixes entre les gens du monastère et les envoyés de Théodulfe. — Appel à l'empereur. — Lettre d'Alcuin à ses deux disciples Witzon et Friedgies, pour leur recommander cette affaire.

III. Lettre de Charlemagne condamnant les moines de Tours. — Théodebert est envoyé pour faire justice. — Plaintes d'Alcuin calomnié.

Un clerc de l'église d'Orléans s'était rendu coupable de fautes qui l'avaient fait condamner par l'évêque, et jeter dans la prison ecclésiastique. Vers l'année 802, le prisonnier parvint à tromper ses gardiens ; il s'enfuit d'Orléans, prit quelques gens avec lui, descendit secrètement la Loire, et alla se réfugier à Saint-Martin de Tours, espérant trouver là un asile inviolable contre les poursuites de son évêque.

De temps immémorial, l'église de Saint-Martin était en possession du droit d'asile ; et de tous les lieux de refuge qui étaient dans la Gaule, aucun n'avait acquis plus de célébrité que celui-là pendant le règne de la dynastie mérovingienne.

C'était assurément un magnifique hommage rendu à la sainteté que ce respect des barbares venant abdiquer leurs colères et courber leur front devant le sépulcre muet de l'apôtre de la France. C'était en même temps un puissant contrepoids à des excès inouïs de vengeance et de cruauté. Dans cette première période du moyen âge, où le sang et les larmes couvraient trop souvent la face de la terre, on devait à la religion de rencontrer des espèces d'oasis où tout était paix, espérance et consolation. C'était elle qui, après avoir fondé ces monastères et bâti les églises, interdisait aux haines sanglantes et aux luttes homicides d'en franchir jamais le seuil. Grâce à elle, enfin, les orages et les passions du monde s'arrêtaient au pied de ces enceintes sacrées, comme les tempêtes se brisent au pied des rochers qui abritent un port tranquille et sûr (1).

Aussi l'Église de France n'eut-elle rien de plus pressé que d'ouvrir ses basiliques à toutes les victimes, et de les y entourer de cette inviolabilité religieuse que la législation de Moïse avait consacrée et que l'antiquité païenne avait elle-même connue. Le premier concile national de la Gaule, tenu à Orléans en 511, avait intronisé cette sorte de droit public au plus fort des violences de la conquête franque (2) ; et l'on avait vu les codes barbares eux-

---

(1) M. Albert du Boys, *Histoire du droit criminel dans les temps modernes*, t. I, liv. II, ch. II.

(2) *Conc. Gall.*, 511 ; *Conc. Aurel.*, I, cap. I. « De homicidis et adulteris et furibus, si ad Ecclesiam confugerint, id constituimus observandum quod Ecclesiastici canones decreverunt, et lex Romana constituit, ut ab Ecclesiæ atriis vel domo episcopi eos abstrahere non liceat nec

mêmes sanctionner cette législation, et travailler au triomphe de cette maxime miséricordieuse : *Ecclesia abhorret à sanguine.*

Toutefois, il est facile de le comprendre, ce ne pouvait être là qu'un palliatif plein d'abus, inadmissible dans un état de choses bien réglé. Quand, avec Charlemagne, commencèrent à régner une justice plus égale et une police plus sûre, le droit d'asile, soustrayant le coupable à la vindicte des lois, devenait un désordre au lieu d'être un bienfait.

Aussi est-ce vers ce temps que nous voyons paraître les premières restrictions faites à ces priviléges. Les évêques eux-mêmes en avaient déjà donné l'exemple, ayant à leur tête l'illustre saint Boniface. Enfin, trois ans seulement avant l'événement que nous racontons, Charlemagne promulguait un capitulaire dans lequel il était dit : « Si les « homicides et les autres criminels qui ont mérité la mort « se réfugient dans l'église, on ne doit pas les y protéger, « ni leur donner aucune nourriture (1). » Nous verrons bientôt paraître, dans le même sens, d'autres lois plus formelles et plus décisives encore.

Cela n'empêcha pas le clerc d'Orléans d'être reçu et

---

altari consignare, nisi ad evangelia datis sacramentis de morte, debilitate et omni pœnarum genere sint securi.

Ce concile, tenu sous Clovis et du temps de saint Eusèbe d'Orléans, stipule aussi la liberté pour les esclaves (V. BALMÈS). Il est remarquable de voir l'Église à peine acceptée par les Francs commencer chez eux sa mission de civilisation et de charité.

(1) BALUZE, *Capit.*, t. I, art. VIII, Longobard., ann. 779, cap. VIII, Pertz, p. 36 : « .... Si absque voluntate pastoris ibidem introierit, tunc ipse in cujus ecclesiâ est, nullum ei victum donet, nec *alo* (sic) dare permittat.

protégé par les moines de Saint-Martin. Il ne paraît pas qu'il y songeât beaucoup à la pénitence, ni que le silence des cloîtres parlât bien efficacement à son cœur. Il était gardé dans une de ces maisons qui fermaient le parvis de la basilique. « La loi qui consacrait l'inviolabilité des asiles
« religieux voulait que les réfugiés fussent pleinement
« libres de se procurer toute espèce de provisions, afin
« qu'il fût impossible à ceux qui les poursuivaient de les
« prendre par la famine. Les prêtres de la basilique de
« Saint-Martin se chargeaient eux-mêmes de pourvoir des
« choses nécessaires à la vie leurs hôtes pauvres et sans
« domestiques. Le service des riches était fait par des
« hommes et par des femmes du dehors, dont la présence
« occasionnait de l'embarras et du scandale. A toute
« heure, les cours des parvis et le péristyle de la basilique
« étaient remplis d'une foule affairée ou de promeneurs
« oisifs et curieux. A l'heure des repas, un bruit d'orgies
« couvrant parfois le bruit des offices, allait troubler les
« prêtres dans leurs stalles et les religieux au fond de
« leurs cellules (1).

Si de pareils désordres ne signalaient pas, à l'asile de Tours, la présence du clerc fugitif, il est certain du moins qu'il n'avait pas cessé d'y donner les scandales qui avaient motivé sa condamnation (2).

L'abbé du monastère était dans ce temps-là le vénérable Alcuin, que le roi avait établi dans cette magnifique retraite, avec d'immenses domaines où l'on ne comptait pas moins de vingt mille serfs ou colons. Mais le vieillard, humilié de cette opulence terrestre, n'avait

(1) Aug. THIERRY, *Récits mérovingiens*, 3ᵉ récit, t. IIᵉ, p. 31.
(2) Basilicam contrà legem aggressus, et adhuc ut fertur, *perverse agere non cessans. (Epist. Caroli ad Alcuin.)*

ambitionné que la douceur de vieillir dans la solitude ; il s'était donc démis de toutes ses autres abbayes, afin de n'avoir plus qu'à « prier pour le roi, achever sa « carrière auprès des saintes reliques, et se préparer à « paraître devant le juge éternel (1). » Ses moines, moins détachés des choses de la terre, étaient loin d'imiter ces paisibles vertus. Ils ne profitèrent de l'indulgente bonté du vieillard que pour prendre sur son esprit un ascendant que l'âge rendait facile, l'engager dans la revendication d'un droit qui était devenu un abus, le faire intervenir dans une discussion qui devait le compromettre auprès du roi, troubler sa paix et empoisonner ses derniers jours.

II.

En effet, Théodulfe n'avait pas tardé à découvrir la retraite de son clerc. Il le fit redemander aux moines de Saint-Martin, qui refusèrent net. Mais un ordre du roi étant survenu, il fallut obéir, et le fugitif sortit, emmené par des hommes qu'avait envoyés l'évêque d'Orléans.

Ils suivaient lentement les bords de la Loire, quand des gens apostés sortent d'une embuscade, tombent sur la petite troupe, la surprennent, la dispersent, la mettent en fuite presque sans résistance, et reviennent triomphants à l'église de Saint-Martin, ramenant avec eux le clerc délivré, qui rentra dans l'asile de la basilique.

(1) *Epist. Alcuini ad Carol. Mag.*, 104, p. 154 ; 106, p. 157.

Ces violences indignèrent l'évêque d'Orléans. Il fit un appel à l'archevêque de Tours, et n'eut pas de peine à l'intéresser à une cause qui était la cause de tout l'épiscopat. Comptant alors sur son appui, il fait partir pour Tours huit principaux seigneurs de son diocèse, avec ordre de saisir et d'amener le coupable (1). Ceux-ci s'étaient fait suivre de plusieurs hommes d'armes, et après plusieurs journées de marche clandestine, ils arrivèrent à Tours, où l'évêque les reçut et se mit à leur tête.

C'était un jour de dimanche. Les seigneurs et le prélat entrent dans la basilique, pénètrent jusqu'à l'autel, et se disposent déjà à reprendre leur prisonnier dans l'enceinte sacrée.

Ils n'en eurent pas le temps. Un homme qui était de la suite du coupable avait crié au secours. Les frères, qui étaient alors au réfectoire, accoururent aussitôt. On se jette sur les cloches, et, dans cette confusion, moines et Orléanais donnent le signal d'alarme. Mais déjà une émeute éclatait au dehors et assiégeait les portes. Les mendiants de la ville et des bourgs voisins, tous ceux que l'on appelait les hommes de Saint-Martin, criant au sacrilége, envahissent l'église, profèrent de grandes menaces, et le sang aurait coulé si les moines, redoutant la colère du roi, et obéissant aux ordres d'Alcuin, n'eussent fait échapper les envoyés de Théodulfe et apaisé le tumulte qu'ils avaient excité (2). Mais ils persistèrent à ne rien relâcher de leurs priviléges, et gardèrent le réfugié. Celui-ci, alléguant l'exemple de l'apôtre saint Paul, en appela à César, et demanda à être conduit auprès de l'empereur Charles.

(1) *Alcuini epist.*, apud BALUZE. V. infra.
2) ALCUIN, *Ep.* CXVIII, Froben, t. I, p. 169.

De son côté, l'évêque d'Orléans n'eut pas plus tôt appris ces indignités, qu'il n'eut rien de plus pressé que d'écrire à Charlemagne pour lui rapporter ce qui s'était passé.

Nous n'avons plus sa lettre; mais le roi lui-même fut frappé de l'esprit de modération qui l'avait inspirée (1). Nous ne connaissons donc les faits que nous venons de raconter que par le récit d'Alcuin, naturellement intéressé à pallier les torts de ses religieux. Les plaintes de Théodulfe, exposées simplement et avec dignité, firent entrer l'empereur dans une grande colère. Ce fut bien pis encore, quand le lendemain il reçut les lettres des religieux, qui, loin de descendre à se justifier, prenaient contre Théodulfe le rôle d'accusateurs.

A ces lettres amères, Alcuin en avait joint une d'un ton plus calme. Elle était adressée à deux anciens disciples de son école de Tours, Candide et Nathanaël, alors en crédit à la cour impériale. Ces noms n'étaient que les pseudonymes savants de deux Saxons lettrés, Witzon et Friedgies, poètes et théologiens, connus de Théodulfe, qui a loué dans ses vers la science de ce dernier (2). L'épître de leur vieux maître était ainsi conçue :

« Albin à ses bien-aimés en Jésus-Christ Candide et
« Nathanaël, salut.
« Ma sollicitude et ma charité ne cessent de se porter
« sur vous à toute heure, mes chers fils, dans le désir
« que j'ai que vous soyez agréables à Dieu et à David

---

(1) *Epist. Karoli ad Albin.*, apud Mabill., *Ann.*, lib. xxvii, n. 16.
(2) Theod., lib. iii, carm. 1, v. 175-176.

« mon seigneur, et que vous donniez l'exemple de la
« bonne vie à ceux qui habitent avec vous dans le palais.
« Je vous ai déjà donné mes avertissements sur toutes ces
« choses dans l'école où vous fûtes élevés, et il n'y a pas
« longtemps que, sortis du nid paternel, vous avez pris
« librement votre vol dans les airs. Qu'on lise dans vos
« actions les enseignements que vous avez reçus de nous;
« que l'on voie renaître dans ses fils le père qui attend
« patiemment dans la crainte le jour de la mort. Puisse-
« t-il trouver en vous des successeurs, après vous avoir
« eus pour compagnons d'armes dans le service de Dieu.

« J'aurais bien des choses à vous écrire sur ce que
« vous devez observer. Mais vous savez comme moi que
« bien des fois déjà je vous ai donné mes conseils sur la
« conduite à tenir, et je n'ai pas cessé de vous les rappeler
« dans mes lettres. Aussi ne vous parlerai-je aujourd'hui
« que d'une chose d'un grand intérêt pour vous comme
« pour nous.
« Un différend s'est élevé, au sujet d'un clerc fugitif,
« entre le vénérable père et évêque Théodulfe, et vos
« frères de Saint-Martin, lesquels vous restent fidèlement
« attachés et font tous des vœux pour votre prospérité.
« Après avoir subi déjà plusieurs espèces de châtiments,
« le clerc, s'échappant tout à coup de sa prison, est venu
« se réfugier dans l'église du grand serviteur de Dieu
« saint Martin, confessant ses péchés, demandant la ré-
« conciliation, en appelant à César, et sollicitant la faveur
« d'être admis en sa présence. Nous l'avons rendu aux
« hommes dudit évêque; mais ces hommes ont allégué
« des embûches qu'on leur aurait dressées sur la route,

« et l'on dit qu'ils sont repartis, laissant leur captif s'en
« retourner au parvis de l'église.

« Tout cela était passé (1), quand des gens envoyés par
« le vénérable évêque arrivèrent en grand nombre, et
« dans un but hostile, comme le prouva l'événement.
« Parmi eux huit hommes du premier rang, notre évêque
« à leur tête, pénètrent dans l'église un jour de dimanche,
« pour en enlever le clerc incriminé, profaner la sainteté
« de la maison de Dieu, et porter atteinte à l'honneur
« que l'on doit au saint confesseur du Christ, Martin. En
« effet, se précipitant dans l'enceinte de clôture, ils chas-
« sèrent les frères à la face de l'autel. S'ils parlent autre-
« ment, ce sera pur mensonge, si bien même qu'aucun
« d'eux n'a fait une inclination de tête devant l'autel du
« Seigneur.

« Mais le bruit ne tarda pas à se répandre par la
« ville que l'ennemi était venu d'Orléans pour profaner
« l'asile de Saint-Martin; et ceux qui demeuraient dans
« les hameaux voisins l'ayant appris accoururent de toutes
« parts, de sorte qu'en peu de temps il se fit dans la
« ville un concours de mendiants prêts à prendre la dé-

(1). BALUZE, *Capit.*, t. I, appendix, p. 1445... « Sed ejusdem vene-
randi episcopi, his transactis, hostiliter venerunt homines, quàm plu-
rimi, ut compertum est ; sed octo primates homines cum episcopo
nostro, die dominico, in ecclesiam venerunt rapere reum et sanctitatem domus profanare, et sancti confessoris Christi Martini imminuere honorem. Irruentes si quidem intrà cancellos altaris expulerunt fratres antè faciem altaris. Si aliud dicunt omninò falsum ferunt, quia
illorum nullus caput tunc temporis inclinavit ad altare Dei. Sonuit quidem antè civitatem venisse hostem Aurelianensem ad profananda sancti
Martini suffragia ; quia sciebant commanentes ex villulis homines inde
venientes, concursus fuit in civitate subitò mendicorum ex omni parte
suum parati defensorem defendere. Timor et tumultus undique incre-

« fense de leur propre défenseur. En tout lieu régnaient le
« tumulte et la crainte. Nos frères arrachèrent des mains
« de tous ces gens les hommes de l'évêque, pour qu'on
« ne leur fît pas de mal, et ils expulsèrent le peuple de
« l'église.

« Je sais qu'on ne manquera pas de porter devant
« l'évêque bien des accusations contre nos frères : on
« exagèrera les faits, on en ajoutera même de controuvés,
« comme on en lisait dans les lettres. Voilà pourquoi,
« mes fils bien-aimés, je vous ordonne et vous prie ins-
« tamment d'aller vous jeter aux pieds de notre maître
« David, empereur très-équitable et sérénissime, afin de
« lui demander de pouvoir nous défendre devant l'évêque,
« s'il se présente, et de discuter avec lui. Vous lui de-
« manderez aussi s'il est juste d'enlever violemment de
« l'église un homme qu'on livre ensuite aux mêmes peines
« qui déjà l'ont contraint à la fuite ; s'il est juste que
« celui qui a fait appel à César ne soit pas conduit à César ;
« enfin s'il est permis qu'un homme qui regrette ses pé-
« chés et les confesse soit dépouillé de tout, jusques aux
« cordons de ses souliers. »

puit. De quorum manibus fratres nostri eripuerunt præfati episcopi homines ne quid mali paterentur, populumque foràs Ecclesiæ expulerunt.
Sed scio antè nominatum pontificem multas dicendas esse accusationes
contrà fratres nostros, et quæ gesta sunt exagerare, et plurima addere
quæ gesta non erunt, sicut in ejus legebatur litteris. Quapropter, filii
carissimi, præcipiendo præcipio vobis, ut prostrati veniatis antè pedes
Domini mei David, imperatoris æquissimi et serenissimi, postulantes,
episcopo veniente, locum defensandi et disputandi cum eo, si justum sit
ut vi raperetur de Ecclesia ad easdem pœnas reus de quibus aufugit,
et an æquum sit ut qui Cæsarem appellat, ad Cæsarem non adducatur;
et utrùm fas sit ut pœnitens et confitens scelera sua spolietur omnibus
bonis, usque ad corrigiam calceamenti.

L'éloquent abbé alléguait ensuite en faveur de sa cause les exemples sans nombre de la miséricorde du Christ dans l'Évangile. Il apportait en preuve de son droit toute la législation canonique et civile depuis Constantin jusqu'aux derniers temps. Insistant spécialement sur le premier concile d'Orléans, et citant son décret en faveur des asiles, il se retournait alors avec véhémence contre l'évêque Théodulfe :

« O évêque d'Orléans qui oses contrevenir à un concile
« d'Orléans ! lequel ne comptait pas moins de soixante-
« douze évêques ! Est-il juste et honnête qu'un évêque
« ose ainsi enfreindre lui-même les lois de sa ville épis-
« copale (1) ? »

Tout cela, selon l'usage, se terminait par l'éloge de l'empereur :

« Si vous dites ces choses à mon seigneur David, em-
« pereur très-chrétien, je connais son esprit plein de
« droiture et de piété, fidèle en tout aux commandements
« de Dieu. Il juge et décide toujours selon la volonté de
« N.-S. Jésus-Christ, et celle de ses saints. C'est ainsi
« qu'il mérite d'obtenir la béatitude éternelle et la béné-
« diction de la vie future pour lui et ses fils. »

---

(1) « O Aurelianensis episcopus contrà Aurelianensem synodum facere audet in quâ fuerunt episcopi, ut legitur, septuaginta duo. An æquum et honestum videri poterit ejusdem civitatis pontificem suæ propriæ civitatis auctoritatem infringere !

« Hæc si quidem omnia si Domino meo David imperatori Christianissimo leguntur vel verbis pacificis dicantur, scio sanctissimum illius animum et pietate plenissimum... et sibi erit merces perpetua in æternâ beatitudine et filiis suis benedictio sempiterna. » (BALUZE, Capit. t. I, appendix.)

III.

Alcuin avait raison de compter sur la justice de Charlemagne, mais il ne pouvait pas compter sur sa connivence et sa faiblesse. L'Empereur n'eut pas de peine à discerner, sous ces déguisements, la vérité des faits; mais il sépara la cause des religieux relâchés et violents de celle de leur bon et indulgent abbé. Il répondit donc aux moines de Saint-Martin une lettre pleine de blâme dans laquelle sa colère n'est tempérée, à la fin, que par sa bienveillance pour le vieillard son ami (1) :

« Au nom du Père, du Fils et du Saint-Esprit, Charles
« au maître Albinus et à toute la congrégation du mo-
« nastère de Saint-Martin.

« La veille du jour où votre lettre nous fut présentée,
« nous avions reçu les lettres de l'évêque Théodulfe,
« dans lesquelles il se plaint, non seulement de l'outrage
« fait à lui, à ses gens, à l'évêque de la ville, mais aussi
« du mépris de notre propre autorité. En effet, nous
« avons signé de notre nom et revêtu de notre sanction

---

(1) *Acta sanctorum ordinis Bened.*, sœc. IV, part. 1. « ... Pridiè quam ad nostram præsentiam à vobis missa fuisset epistola, adlatæ sunt nobis litteræ à Theodulfo episcopo missæ, querimonias continentes de inhonoratione hominum suorum, et non tàm illorum quàm episcopi hujus civitatis, vel contemptu jussionis imperii nostri. Quam jussionem de redditione cujusdam clerici de custodiâ ipsius elapsi, et in basilicâ Sancti-Martini latitantis, sub nostri nominis auctoritate conscribere jussimus... Sed cùm utrasque epistolas, vestram scilicet et Theodulfi nobis religere fecissemus, asperior multo nobis et cum iracundiâ composita

« l'ordre de livrer un clerc échappé de sa prison et réfugié
« dans la basilique de Saint-Martin. C'est cet ordre-là
« même dont vous nous avez renvoyé des copies, et dans
« lequel nous ne pensons avoir commis aucune injus-
« tice, comme vous semblez le croire. Mais nous étant
« fait relire les lettres de Théodulfe et la vôtre, la vôtre
« nous a paru bien autrement amère et emportée que celle
« de Théodulfe, et je n'y ai trouvé aucun des ménage-
« ments de la charité. Mais bien plutôt, prenant la défense
« du coupable, vous accusez l'évêque, et vous rejetez
« ainsi sur la tête d'un autre ce qui fait l'objet de votre
« propre accusation... Vous avez suggéré à cet homme
« de se porter lui-même accusateur, lorsqu'il était non
« seulement accusé, mais jugé, condamné devant le
« peuple de sa ville. Vous alléguez faussement l'exemple
« de saint Paul en appelant à César... L'apôtre fit cet
« appel avant d'être jugé... Mais ce clerc infâme, accusé,
« condamné, jeté en prison, échappé de prison, réfugié,
« contrairement à toute espèce de loi, dans une basilique où
« il n'aurait dû entrer qu'après avoir fait pénitence; là en-
« core, comme nous l'apprenons, ne cessant pas de vivre
« dans le crime; ce clerc, dites-vous, en appelle à César
« comme l'apôtre saint Paul. Eh bien! il n'ira pas vers

vestra quam Theodulfi videbatur epistola, et in nullo erga illum cari-
tatis condimento respersa. Sed potius quasi reum defendens et episcopum accusans, et sub velamine quodam celati nominis continens quod
vel posset vel admitti ad accusationem deberet.... Paulus enim apostolus à Judæis accusatus sed non judicatus, Cæsarem appellavit et adire
permissus est. Hic vero infamis clericus, et accusatus, et judicatus, et in
custodiâ missus, basilicam quam nisi post pœnitentiam ingredi non
debuerat contrà legem ingressus, et adhuc, ut fertur, perverse agere
non cessans, ut dicitis, sicut Paulus apostolus Cæsarem appellavit, sed
nequaquàm ut Paulus Cæsarem aditurus est. Illi enim apud quem accu-

« César, comme saint Paul. Il sera rendu, et tels sont nos
« ordres, à celui devant qui il a été accusé, à celui qui l'a
« jugé, qui l'a fait emprisonner, de la prison duquel il s'est
« échappé. Que ce soit lui qui le traduise à notre tri-
« bunal, pour qu'on y examine la vérité de ses discours.
« Il ne convient nullement que pour un homme semblable
« nous changions en quoi que ce soit nos premières
« ordonnances.

« Nous avons même lieu de nous étonner que vous
« vous soyez permis de transgresser nos ordres, lors-
« qu'il est si clair que ces ordres sont justes, et qu'il
« n'est permis à personne de les mépriser. Mais ce qui
« nous étonne plus que tout le reste, c'est que vous ayez
« prêté plus d'attention aux prières de ce criminel qu'aux
« arrêts de notre pouvoir, lorsque d'ailleurs il est évident
« que cet homme que vous protégez n'a fait autre chose
« parmi vous que d'en chasser l'amour de la concorde et
« d'y éteindre la charité. »

A la fin de la lettre, les réprimandes du roi devenaient plus directes, et en rendant justice aux vertus impuissantes du vénérable Alcuin, il déchargeait le poids de son indignation sur des moines violents et décriés.

satus, et à quo judicatus atque in custodiâ missus est, et de cujus custodiâ evasit, præcipimus ut reddatur, et ille eum ad nostram audientiam
sive vera sive falsa dicentem, adducat; quia non decet ut propter talem
hominem nostræ primæ jussionis ulla fiat immutatio... Vos autem qui
contemptores nostræ jussionis exstitistis, sive canonici, sive monachi
vocamini, ad placitum nostrum juxtà quod præsens missus noster
vobis indixerit, nobis vos adsistere scitote. Et quamvis ad nos missa
factæ seditionis vos excuset epistola, venite, et condignâ satisfactione
crimen vestrum eluite. »

Il ajoutait ainsi :

« Dans votre intérêt, et pour faire cesser ces bruits
« compromettants, nous vous avons donné un maître de
« notre choix ; nous l'avons fait venir des pays lointains,
« pour que, par ses paroles et ses avertissements, il vous
« fît rentrer dans le droit chemin. Sa grande religion au-
« rait dû vous donner l'exemple d'une bonne vie ; mais,
« ô douleur ! il en a été tout autrement, et le diable
« s'est servi de vous comme de ministres pour semer la
« discorde parmi ceux qui devaient vivre en frères, c'est-
« à-dire parmi les sages et les docteurs de l'Église...
« Pour vous donc qui avez méprisé nos ordres, moines
« ou chanoines, comme il vous plaira de vous faire
« appeler, sachez que vous devez comparaître à notre
« plaid, selon que vous le signifiera le présent envoyé. Et
« quoique votre lettre cherche à vous disculper du crime
« de révolte, venez nous faire une satisfaction légitime de
« la faute qu'on vous impute. »

On devine quelle fut l'issue de cette affaire. Un député de l'empereur, nommé Théodebert, arriva au monastère, et aidé des agents de l'évêque de Tours, il fit une enquête qui dura neuf jours ; il fit fouetter les uns, emprisonna les autres. Selon toute apparence, le clerc prévaricateur fut d'abord remis aux mains de son évêque ; les moines de Saint-Martin durent venir humblement protester au roi de leur soumission et de leur repentir ; et l'année suivante, 803, un édit était publié qui enjoignait au comte de chaque ville de saisir le coupable dans le lieu d'immunité, même sur le refus de la partie ecclésias-tique. Quant au Franc poursuivi pour une offense privée, l'asile le défend contre la vengeance de l'offensé, et il y est gardé comme un dépôt, pour être remis ensuite à la justice du prince (1).

Ainsi, Charlemagne ne conserve du droit d'asile que ce qui peut servir à l'extinction du droit barbare de la vengeance privée, sans consacrer ce qui n'était qu'une garantie d'impunité et une entrave au cours de la justice.

Toute cette affaire laissa une blessure profonde dans le cœur navré du vieillard Alcuin. Il savait que ses envieux ne l'épargnaient pas à la cour : il était l'auteur de la sédition ; lui et ses frères avaient reçu l'or du coupable ; il n'avait montré qu'incapacité, cupidité, orgueil. — Il voyait donc s'éteindre dans le déshonneur et le deuil une vie jusque-là entourée de gloire et d'amitiés augustes qui ne l'accompagneraient pas jusqu'à la tombe. Il en écrivit à l'empereur son maître une lettre émue, une protestation vive, mais trempée de larmes :

« Quant au tumulte qui s'est élevé dans l'église, je le
« dis devant celui qui lit dans les consciences, je ne l'ai
« ni connu, ni provoqué, ni voulu. J'avouerai même que
« de ma vie je n'ai été plongé dans un plus grand cha-
» grin pour le péché d'autrui. Ce serait bien en vain que
« j'aurais pendant si longtemps servi Jésus-Christ, si sa
« providence m'avait abandonné au point que dans ma
« vieillesse j'aie tramé un pareil sacrilége. Je le dis avec
« une pleine assurance : tout ce que la France possède
« d'or n'aurait pu me décider à favoriser ou à préparer
« un tumulte dans l'église du Christ. Pauvre et étranger,
« je crains Dieu dans ce monde ; je prépare mon âme
« au salut éternel ; vieux et malade, je dois redoubler

(1) BALUZE, *Capit.*, t. I, 803, art. 8.

« de vigilance aujourd'hui : je n'ignore pas que le jour
« de mon jugement approche. Effrayé par cette pensée,
« je me suis affranchi des bruits du monde pour servir
« tranquillement Dieu seul et lui offrir chaque jour mes
« larmes pour vous (1). »

(1) Epist. cxcv, Froben, t. I, p. 260. — V. aussi la thèse de M. Monnier sur Alcuin, p. 247.

CHAPITRE XI.

THÉODULFE THÉOLOGIEN.

I. Théodulfe au concile de Francfort, tenu contre l'adoptianisme. — Son épître dogmatique. — Épitaphe de la reine Fastrade, morte pendant le concile.

II. Théodulfe écrit sur la procession du Saint-Esprit. — Origine de la querelle du *Filioque*, entre les Latins et les Grecs. — Traité de Théodulfe *De Spiritu Sancto*, dédié à Charlemagne. — La théologie au IXe siècle.

III. Théodulfe écrit sur le Baptême. — Questionnaire de Charlemagne sur cet objet. — Réponse de Théodulfe adressée à Magnus, archevêque de Sens. — Traité *De ordine Baptismi*. — Belle interprétation des rites du Baptême.

IV. De l'intervention de Charlemagne dans les affaires religieuses. — Son origine, ses limites. — Le saint empire romain ; ses droits et ses devoirs.

La sphère d'activité de Théodulfe ne fut pas circonscrite dans les limites de son diocèse. Comme évêque, il avait le devoir de veiller sur le dépôt de la doctrine et de combattre l'erreur partout où elle se présentait. Comme théologien et comme docteur, il devait à l'Eglise universelle de consacrer ses lumières à la défense de la vérité.

Il ne faillit pas à cette partie militante de son ministère, et il prit vaillamment sa part de périls dans les combats qu'eut à soutenir l'Eglise de France contre les hérésies de ce temps.

I.

En effet, dès l'année 794, nous trouvons son nom à la tête des défenseurs de l'orthodoxie contre les erreurs de l'adoptianisme.

L'adoptianisme, suscité par deux évêques espagnols, Elipand de Tolède et Félix d'Urgel, n'était au fond qu'un nestorianisme déguisé. Il reposait tout entier sur cette distinction : qu'il y avait deux fils dans le Christ ; que le Christ en tant que Verbe, engendré de toute éternité, était bien véritablement fils de Dieu par nature ; mais qu'en tant qu'homme, né de la vierge Marie, il n'était fils de Dieu que par adoption.

Ainsi formulé, le débat de l'adoptianisme était de nature à éveiller chez les moins attentifs une sollicitude inquiète. Il se rattachait, par sa tendance, au grand et perpétuel effort du rationalisme, pour restreindre le surnaturel, et séparer Dieu de l'homme dans Jésus-Christ.

Il s'agissait là de tout le christianisme. Une fois admise, la séparation des deux natures dans ce nouveau sens, le Christ envisagé sous un de ces aspects n'était plus qu'un homme, une sorte de demi-Dieu élevé sur un autel, un mortel privilégié qu'une adoption divine, une filiation fictive, avait porté à ce haut degré d'honneur. Il n'y avait pas loin de là aux apothéoses païennes, et aux adorations sacriléges par lesquelles l'antiquité multipliait ses dieux. Il n'y avait pas loin non plus de ce langage à celui du rationalisme, qui croit assez faire pour Jésus-Christ que de saluer en lui un homme aimé de Dieu et choisi par lui pour être le représentant de sa sagesse et l'expression mortelle de sa sainteté. De sorte que, selon le côté ou tout divin ou tout humain que l'on pouvait considérer séparément en Jésus-Christ, la porte était ouverte ou aux superstitions du passé, qui prêtaient la divinité à des hommes, ou aux incrédulités de l'avenir, qui ne voyaient qu'un homme dans un Homme-Dieu.

Si ces questions religieuses sont toujours les questions vitales de l'humanité, à plus forte raison devait-il en être ainsi au IX° siècle, alors que la foi était la passion dominante des cœurs et la plus grande affaire des intelligences. Charlemagne ne pouvait y demeurer étranger. Il n'était à coup sûr ni un profond philosophe, ni, malgré les prétentions que l'étude avait éveillées en lui, un érudit théologien. Mais doué de ce sens élevé qui fait partie du génie du commandement, il savait « tout ce que peut « l'hérésie, combien elle est naturellement indocile et indé- « pendante, combien fatale à la royauté et à toute autorité « légitime (1). »

Outre ce sentiment des périls de la société qu'il gouvernait, il croyait que sa mission était, comme il disait, d'être le soldat du Christ, perpétuellement armé pour sa défense (2). Il l'accomplit sans défaillance jusqu'au bout, et ce fut la gloire de ce prince et de son temps d'avoir mis

---

(1) Bossuet, *Oraison fun. de la reine d'Angleterre.*
(2) « Perpetuus miles regnat in aulâ Dei. »

son ardeur, sa force et son intelligence au service des idées qui intéressent le plus l'honneur de Dieu et l'avenir de l'homme.

Charlemagne, s'adressant à l'Église gallicane, l'invita à se réunir dans une assemblée universelle de ses pasteurs, pour terminer la querelle de l'adoptianisme.

Au commencement de l'été de 794, dans la salle du palais de Francfort, qui n'était alors qu'une maison de campagne sur le Mein, appelée par les Allemands *Franconefurt*, ou passage des Francs, on vit arriver les deux légats du Pape, Théophylacte et Etienne, avec trois cents évêques de France et d'Italie, parmi lesquels était Théodulfe d'Orléans (1). Il s'y trouvait aussi plusieurs savants clercs d'un ordre inférieur, Alcuin à leur tête. Celui-ci fut même chargé par Charlemagne de réfuter l'hérésiarque. Mais, pénétré d'estime pour la science théologique de Théodulfe, il ne voulut pas publier son écrit avant de l'avoir soumis au savant prélat et à quelques autres évêques d'un mérite éminent : « Je vous « demande donc, écrit-il au roi, qu'un exemplaire de « ce livre soit envoyé au siége apostolique, et un autre « au patriarche Paulin d'Aquilée. Qu'il soit fait de même « à Richbon et à Théodulfe, afin qu'ils répondent cha- « cun de leur côté (2). »

La bibliothèque manuscrite de Montfaucon mentionne,

---

(1) FABRICIUS, *Biblioth. med. et inf. latin*, in Theodulfum : « Interfuit anno 794 concilio Francofurtensi contra Felicem. »

(2) ALCUINUS, in epist. *Ad. Carol. reg* : « Sed obsecro ut exemplarium illius libelli domno dirigatur apostolico; aliud quoque Paulino patriarchæ; similiter Richbono et Theudulfo episcopis, doctoribus et magistris, ut singuli per se respondeant. »

sous le nom de Théodulfe d'Orléans, une épître dogmatique que l'on présume être la lettre écrite par lui pour réfuter l'erreur de Félix d'Urgel (1). Nous n'avons plus maintenant ce traité théologique de l'évêque d'Orléans.

Mais, sur ces entrefaites, une conjoncture douloureuse lui fournit un sujet de témoigner son zèle au roi et de rendre utile son talent des vers. Tandis que Charlemagne travaillait à Francfort à la défense de la foi contre l'hérétique Elipand de Tolède, il eut la douleur de perdre la reine Fastrade qu'il aimait extrêmement. Elle mourut dans cette ville, l'an 794, laissant, selon Eginhard, la réputation d'une femme intrigante et impérieuse. Elle est cependant moins sévèrement jugée par d'autres historiens.

Théodulfe composa son épitaphe ; il y était dit :

« Ici repose le corps de l'illustre reine Fastrade, que
« la froide mort cueillit dans la fleur de sa vie. Noble
« épouse ici-bas d'un prince tout-puissant, elle est au-
« jourd'hui l'épouse plus noble encore d'un époux cé-
« leste. Le roi Charles, la meilleure partie de son âme,
« nous reste sur la terre. Puisse Dieu dans sa bonté lui
« donner de longs jours (2) ! »

Cet éloge s'accorde assez mal avec ce qu'Eginhard rap-

---

(1) MONTFAUCON, *Biblioth. mss.*, p. 1270, 1039 ; — D. CELLIER, *Auteurs sacrés et ecclésias.*, t. XVIII, p. 458.

(2) THEOD., lib. II, carm. XI.
Inclyta Fastradæ reginæ hic membra quiescunt,
De medio quam mors frigida flore tulit.
Nobilis ipsa viri thalamo conjuncta potentis
Sed modò cœlesti nobilior thalamo.
Pars animæ melior Carolus rex ipse remansit
Cui tradat mitis tempora longa Deus !

porte de Fastrade (1). Mais Théodulfe était poète, et il écrivait une épitaphe. La reine fut inhumée à Mayence dans l'église de Saint-Alban, où l'archevêque Riculfe faisait alors bâtir un monastère. On grava sur sa tombe les vers de Théodulfe; mais l'église de Saint-Alban ayant été brûlée, et les cendres de la reine transportées dans l'église métropolitaine, on y mit une autre inscription qui ne valait pas la première.

Les graves erreurs de l'adoptianisme étaient à peine condamnées, qu'une nouvelle querelle religieuse vint solliciter le concours de l'évêque d'Orléans. Les monuments mieux conservés nous permettront d'apprécier le rôle théologique de Théodulfe dans cet autre débat, qui mit aux prises, pour la seconde fois dans le même siècle, l'Église grecque et l'Église latine.

II.

Dans le troisième concile de Tolède tenu en 589, les Espagnols avaient fait au symbole de Constantinople la fameuse addition qui établit, contre les Grecs, que, dans la sainte Trinité, le Saint-Esprit procède du Fils aussi bien que du Père. La coutume s'introduisit en France de faire la même addition, de la réciter dans les prières, et même de la chanter dans l'office public.

---

(1) ÉGINHARD, *Vie de Charles*, chap. xx, *Annal.*, an 783. Le poète saxon, v. 134 et suiv., l'appelle:

  . . . . Regina sed atrox
  Ac sævum gestans animi Fastrada tumorem.

Une communauté de moines français, qui se trouvait dès lors établie en Palestine, au mont des Oliviers, y avait porté le même usage dans sa liturgie. Les Grecs de la Terre-Sainte y virent une innovation subreptice et dangereuse. Ils en prirent un sujet d'alarmes, et la jalousie venant à s'en mêler, un moine grec, nommé Jean, vint un jour trouver quelques moines latins et leur fit ces reproches : « Vous autres, Français, vous êtes des héré- « tiques, et il n'y a pas de plus grande hérésie que la « vôtre. » — Les Français répliquèrent ; la querelle s'envenima ; le moine grec ameuta le peuple contre les Latins, et le jour même de Noël, une troupe de fanatiques se porta au monastère pour les en chasser. Ils n'en vinrent pas à bout ; et les religieux français, outragés et menacés, firent parvenir leurs plaintes à l'empereur Charlemagne.

A partir de ce moment, la querelle théologique se compliqua de toutes les jalousies de la rivalité nationale. Il y avait longtemps qu'une sourde antipathie divisait profondément les deux églises chrétiennes. Le rétablissement récent de l'empire d'Occident, conféré à Charlemagne, n'avait fait qu'exciter cet antagonisme de longue date, en plaçant en présence les peuples ennemis : il était possible de pressentir déjà l'approche de Photius.

De plus, les prétentions de savoir et de bel esprit dominantes chez les Grecs, naissantes chez les Francs, fortifiaient ces tendances et rendaient obstinés tous les dissentiments sur les questions de doctrine. Déjà on avait vu éclater ce désaccord dans l'affaire des iconoclastes, et on allait voir les mêmes rivalités passionner le débat sur la procession du Saint-Esprit.

CH. XI. THÉODULFE THÉOLOGIEN.

Il ne s'agissait pas là, comme on pourrait le croire au premier coup d'œil, d'une querelle de mots ni d'une subtilité scholastique. La nature même de Dieu était en cause, et la question avait un côté philosophique important. Si l'on admet avec les grands théologiens que dans la Trinité, le Père, le Fils, l'Esprit, c'est la Puissance, la Connaissance et l'Amour à l'état personnel, mettre en doute si en Dieu le Saint-Esprit procède du Fils comme du Père, c'était mettre en doute si l'amour procède de l'intelligence, ou en d'autres termes, si, en Dieu, l'amour est aveugle (1).

---

(1) Un Russe converti, qui était à la fois une haute intelligence et un grand cœur, a donné la raison de cette procession divine dans un livre intime dont je suis heureux de citer un passage : « ... La troisième per-
« sonne de la sainte Trinité est donc une relation mutuelle, unique,
« réelle, éternelle, du Père et du Fils, leur lien d'amour. Du *moi* qui
« est, et du *moi pensée*, doit procéder le *moi amour*... Et comment,
« en effet, ajoute-t-il ensuite, comment ne comprendrai-je pas, ô mon
« Dieu, que si vous n'aimiez pas votre Fils vous ne vous rendriez pas
« toute la justice que vous vous devez, et que si votre Fils ne pouvait
« pas rendre ce même amour, il se trouverait par là dans un état d'infé-
« riorité qui détruirait toute notion de consubstantialité avec vous ?
« L'Esprit-Saint donc, amour substantiel, unique, des deux personnes,
« ne peut pas ne pas procéder également de l'une et de l'autre, sans
« que leur égalité, leur consubstantialité soit détruite, sans que le mys-
« tère de la Trinité disparaisse, sans retomber, en un mot, dans l'aria-
« nisme, contre lequel précisément les évêques de l'Église d'Espagne,
« pour faire une profession plus explicite de la vérité, ajoutèrent le
« *Filioque* que l'Église adopta. » (Le P. Schouvalcff, *Ma conversion et ma vocation*, p. 307, ch. III.)
On sait d'ailleurs que le 8 juin 1439, à Florence, sous le pontificat d'Eugène IV, les Pères grecs, hormis Marc d'Éphèse, souscrivirent au dogme de la procession du Saint-Esprit du Père et du Fils, et chantèrent le symbole avec l'addition du *Filioque*.

Charlemagne, jaloux de justifier avec éclat la loi des Francs calomniée par les Grecs, fit tenir un concile à Aix-la-Chapelle au mois de novembre de l'année 809. Mais en même temps, et pour que les droits souverains du Saint-Siége fussent reconnus et respectés, Bernaire, évêque de Worms, Adalard, abbé de Corbie, et Smaragde, abbé de Saint-Michel au diocèse de Verdun, prenaient le chemin de Rome au nom du concile et allaient demander à Léon III la décision de l'autorité ecclésiastique.

Cependant Théodulfe reçut de Charlemagne l'ordre de préparer la solution de la question agitée, en mettant en lumière la tradition de l'Église sur ce point. La grande connaissance que l'évêque avait de l'antiquité chrétienne lui facilita cet immense travail. Compulsant les Saints-Pères, il remonta de siècle en siècle, de flot en flot, le fleuve de la vérité jusqu'à sa source divine, et quand son livre fut fait, il le présenta à l'empereur avec une dédicace en vers que nous citons :

« C'est pour obéir à vos ordres, ô grand roi, que Théo-
« dulfe vous présente ce recueil de doctrine. Il y est éta-
« bli que l'Esprit-Saint procède du Père et du Fils. C'est
« ce que proclame la trompette de la loi, le saint Évan-
« gile, la parole du grand apôtre et la voix unanime des
« Saints-Pères.

« Va donc, mon petit livre, va trouver le grand roi
« Charles, et dis-lui : « Pieux empereur, je te salue. » Pros-
« terné à ses pieds, couvre-les de baisers, et s'il jette sur
« toi ses regards éclatants, si sa main gracieuse daigne te
« recevoir, s'il te demande d'où tu viens, ce que tu veux,
« où tu vas, qui tu es, tu lui répondras humblement en
« ces termes :

« Conduit par Théodulfe, j'ai parcouru de nombreuses
« prairies, et voici que je viens à toi chargé de fleurs.
« Je cherche à établir que le Saint-Esprit procède du Père
« et du Fils, et je suis prêt à combattre ceux qui s'égarent
« dans une autre doctrine. »

« Tu parleras ainsi, et si ce bon roi te répond : « Non,
« tu ne le peux pas. — Je le peux, diras-tu, je le peux,
« ô roi, avec l'aide de Dieu. J'ai pour moi le chœur des
« saints que le souffle divin a remplis ; et toi-même, ô
« prince, que ce divin esprit inspire, toi qui défends sa
« cause, tu me prêteras main forte.

« Gloire du monde, lumière du royaume, protecteur
« de la justice, rempart de la foi catholique, tu donnes
« de justes lois, tu réprimes l'iniquité, tu sais alimenter
« les nobles études, tu les aimes et les fais aimer, tu les
« protèges et les ranimes, et tu bois à longs traits à leur
« source profonde (1). »

(1) THEOD., *De Spiritu Sancto*, præfatio *Ad. Carol Mag. imperatorem.*
Imperii vestri, rex inclyte, jussa secutus
  Defero Theudulfus hæc documenta libens.
Quis Patre seu Nato procedere spiritus almus
  Astruitur, legis hoc reboante tubâ.
Hoc evangelium, hoc promit Apostolus auctor
  Hoc canit unanimis vox pia sacra Patrum.
Perge, libelle, celer Caroli ad vestigia Celsi
  Regis, et ô pie dic induperator ave.
Stratus humi, plantis da basia grata decoris ;
  Hinc surgens dignâ mox pete sorte genu.
Et si in te rutilos oculorum fixerit orbes,
  Et te clementer sumat amœna manus,
Et roget undè venis, quid vis, quo tendis, os aut quis
  Protinùs huic supplex talia dicta dabis :
Qui duce Theudulfo per plurima prata cucurri
  Floribus en adsum cernis onustus ego...

« Si le prince te dit : « Commence le combat, et montre
« quelle est ta vaillance, » va, mon livre, va puiser au
« redoutable arsenal des Pères les armes que leur ont
« fournies la loi ancienne et la loi nouvelle. Rien ne peut
« émousser leur trempe vigoureuse, et tu triompheras,
« toi et la vérité dont tu es le soldat. La victoire accourra
« sous tes drapeaux déployés et couverts de gloire ; et toi,
« ô religieux prince, tu verras tes vœux accomplis. »

La fin de cette dédicace peut nous faire comprendre ce qu'est le livre de Théodulfe. Peut-être même serait-il plus vrai de dire que ce n'est pas un livre. C'est une vaste et savante compilation des textes des Pères, représentant assez bien dans un autre sujet l'idée qu'a voulu exprimer Raphaël dans sa fameuse Querelle du Saint-Sacrement, le témoignage catholique de tous les siècles sur un dogme de la foi. A la place de l'hostie sainte qui, dans le tableau du grand peintre, rayonne sur un ciel pur, mettez, comme emblème du Saint-Esprit, une colombe aux ailes déployées s'échappant, ou plutôt, pour me servir du mot théologique, procédant du sein de Dieu le Père et de Dieu le Fils, et au-dessous, à l'entour, les docteurs de tous les temps dans l'attitude recueillie de l'adoration et de la foi, et vous aurez bien une image de ce qu'a cherché Théo-

> Tu decus es mundi, lux regni, tutor et æqui
> Catholicæ et fidei murus et arma simul.
> Justa jubes, injusta vetas, largiris honores,
> Artibus ingenuis ritè alimenta paras.
> Has et amas, et amare jubes, recreasque fovesque
> Gurgite de illarum pocula larga bibis.
> Quid referam ? virtute cluis, pietate redundas,
> Inque bonis cunctis, te, scio, nemo præit.

dulfe dans ce livre savant. Évoquant, à peu près dans l'ordre chronologique, les Pères de l'Orient et ceux de l'Occident, Théodulfe les fait déposer tour à tour en faveur de sa cause. Saint Athanase, saint Cyrille, saint Hilaire, saint Ambroise, Didyme, saint Augustin, saint Fulgence, Hormisdas, saint Léon, saint Grégoire, saint Isidore, saint Prosper, Vigile d'Afrique, Proclus, Agnellus, Cassiodore et Prudence, comparaissent successivement à ce tribunal (1). Théodulfe n'a d'autre tâche que celle d'enregistrer leur témoignage, recueillant, comme dirait Montaigne, « cet amas de fleurs estrangières et ne four-« nyssant du sien que le filet à les lier (2). » Encore ce filet est-il très-peu de chose, et ne consiste guère que dans quelques mots sommaires sur le contenu du texte.

C'était à peu près la seule théologie usitée dans ce temps. Créée par les Pères dans les cinq premiers siècles, la théologie chrétienne avait reçu, même en la combattant, l'empreinte de cette civilisation antique au sein de laquelle elle était née. Le système de dogmes défini par l'Église, coordonné par saint Basile, saint Athanase, saint Jérôme, saint Hilaire, saint Augustin, différait essentiellement de tous les systèmes stoïciens, platoniciens, péripatéticiens ; mais il y tenait encore par la forme de la dialectique, par l'éloquence du langage, par la pénétration de la philosophie dans la théologie, par la part que l'autorité laissait à la raison. Mais lorsqu'après un sommeil

(1) Les textes cités comme étant de saint Athanase sont tirés de livres qui ne sont pas de ce saint docteur, mais qui lui étaient alors communément attribués. Il y cite aussi, sous le nom de saint Prosper, le *Traité de la vie contemplative* qui appartient à Pomère.

(2) MONTAIGNE, *Essais*, liv. III, ch. 12.

de plus de cent cinquante ans, le mouvement théologique recommença en Occident, les théologiens nouveaux, incapables de reproduire ou même d'imiter les premiers Pères de l'Église, se contentèrent de les citer en s'appuyant sur leur autorité, et de rationnelle qu'elle était, la théologie devint toute positive (1).

D'ailleurs, depuis ce temps, elle n'a cessé de rouler de l'un à l'autre pôle selon le besoin et l'esprit des temps : rationnelle avec la scholastique subtile du moyen âge, positive en face de l'érudition immense de la renaissance, enfin tendant de nos jours à redevenir plus philosophique dans ses recherches et dans ses procédés. Mais au IXe siècle, la théologie comme la littérature ne se préoccupe que d'une chose : conserver l'antiquité. Elle recueille ses matériaux ; mais elle n'existe pas encore à l'état de science. La méthode lui manque pour les mettre en œuvre; et à défaut de boussole, le regard fixé en haut sur les génies glorieux qui lui marquent sa route, elle marche à leur lumière, et s'en tient pour tout raisonnement à cette réponse que fit un des Pères de Nicée à un philosophe: « O mon « très-cher, nous vous avons déjà averti une fois pour « toutes, quand il s'agit de mystères divins, de ne ja- « mais demander, ni de pourquoi, ni de comment (2). »

Malgré tous les travaux de Théodulfe et les efforts de Charlemagne, on ne voit pas que le concile d'Aix-la-Chapelle et la députation au Saint-Siége aient produit de grands résultats. Le Pape Léon III répondit à tous ces témoignages des docteurs du temps, que Rome n'avait

---

(1) M. Guizot, *Histoire de la civilis. en France.*
(2) Gélaze de Cyzique, *Dialog. avec le philos. Phédon*, XI, 23.

jamais douté de ce point de la doctrine. Mais, par une circonspection prudente qui est le caractère de l'Église romaine, il blâmait l'insertion du *Filioque* dans le symbole, comme pouvant donner lieu à des dissensions funestes et intempestives. Alcuin lui-même désapprouvait cette interpolation. On verra plus tard, lors du schisme des Grecs, si sa prévoyance était sage, et si l'on n'eût pas mieux fait d'imiter la réserve discrète de la mère de toutes les Églises. Mais au moins, quand arriva le jour à jamais regrettable de la séparation, la lumière était faite autour de cette question difficile : les témoignages recueillis par Théodulfe servirent à faire éclater la vérité au milieu des ténèbres dont cherchaient à l'obscurcir des hommes égarés, plus malheureux encore que coupables.

III.

Peu de temps après cette époque, et une année ou deux avant sa mort, Charlemagne, préoccupé du perfectionnement de la liturgie presque autant que de l'unité du dogme catholique, adressa aux évêques, et particulièrement aux archevêques de ses États, une lettre circulaire pour leur demander une explication des cérémonies du baptême.

C'était le temps où les peuples, soumis par ses armes et évangélisés par ses missionnaires, s'approchaient en foule du sacrement régénérateur. Il importait beaucoup de leur faire connaître dans toute sa sublimité le mystère auguste qui était l'initiation au christianisme. C'était donc à la fois accomplir une œuvre nécessaire et offrir un beau sujet d'étude que de tourner les esprits vers les raisons profondes de ces rites sacrés, en élevant ainsi les chrétiens à la connaissance raisonnée de leurs engagements religieux en ce monde et de leurs destinées célestes dans l'autre.

Charlemagne ne jugea pas ce soin au-dessous de lui. Il adressa donc aux évêques une lettre que l'on croirait dictée par un pontife. Nous en avons l'idée par celle qu'il envoya à Odilbert de Milan. Il y parlait ainsi :

« Au nom du Père, du Fils et du Saint-Esprit, Charles,
« très-sérénissime, auguste, grand et pacifique empereur,
« couronné de Dieu, par la miséricorde divine, roi des
« Français et des Lombards, à l'archevêque Odilbert, salut
« en Notre-Seigneur.

« Je voudrais connaître par vos écrits ou par vous-
« même comment, vous et vos suffragants, enseignez vos
« prêtres et vos peuples touchant le baptême, c'est-à-
« dire pourquoi l'enfant est fait catéchumène, et ainsi des
« autres cérémonies, savoir : du scrutin, ce que c'est ;
« du symbole, ce que ce mot grec signifie en latin ; de la
« foi, comment il faut croire en Dieu le Père tout-puis-
« sant, en Jésus-Christ son Fils unique, et au Saint-
« Esprit, la sainte Église et le reste qui suit dans le
« symbole ; du renoncement à Satan, à ses pompes et à
« ses œuvres ; en quoi consiste ce renoncement, quelles
« sont les œuvres et les pompes de Satan ; pour quel
« sujet on fait des insufflations et des exorcismes ; pour-
« quoi on donne du sel au catéchumène ; pourquoi on lui
« touche les narines, on l'oint d'huile à la poitrine et on
« fait le signe de la croix sur ses épaules ; pourquoi on
« lui lave la poitrine et les épaules, et on le revêt d'habits
« blancs ; pourquoi on lui oint la tête du Saint-Chrême

« et on la couvre ensuite d'un voile mystique; enfin
« pourquoi le nouveau baptisé est confirmé par le corps
« et le sang du Seigneur.

« Ayez soin, comme nous l'avons dit, d'expliquer tous
« ces points par écrit, et de nous marquer si vous prati-
« quez ces cérémonies, si vous les enseignez, et si vous
« avez soin d'observer vous-même ce que vous prêchez.
« Portez-vous bien, et priez pour nous (1). »

Les évêques répondirent à la demande du roi. Outre la réponse d'Odilbert, qui a été conservée, il nous reste quatre traités sur cette matière et d'après ce programme: celui de Leidrade, archevêque de Lyon, celui d'Amalaire de Trèves, qui se trouve dans les œuvres d'Alcuin, le troisième de Jessé d'Amiens, et le quatrième de Théodulfe d'Orléans, le seul qui doive nous occuper ici.

Ce traité est dédié à Magnus, archevêque de Sens, un des jurisconsultes les plus savants de son époque (2). Ce prélat, ayant reçu la lettre de Charlemagne adressée aux métropolitains, eut recours à Théodulfe, le plus instruit de ses suffragants, pour faire une réponse que l'évêque ne tarda pas à lui envoyer. Elle était précédée d'une préface en prose adressée à Magnus, dans un style remarquable par son élégance et par sa noblesse. Elle se termine par un tableau intéressant du mouvement que l'empereur voulait imprimer à tout ce qui l'entourait :

(1) MABILLON, t. I, *Analect.*, p. 21. — *Hist. de l'Église gallic.*, lib. XIV, p. 170.
(2) *Hist. littér. de la France par les Bénédic.*, t. IV, p. 426. Magnus travailla de son côté sur le même sujet. Il composa et adressa à Charlemagne un traité du mystère du baptême, dont le P. Sirmond assure avoir eu entre les mains un exemplaire manuscrit.

« A Magnus, son très-vénérable et très-aimé frère dans
« l'épiscopat, Théodulfe, salut.

« J'ai fait, vénérable Magnus, ce que vous m'aviez de-
« mandé, et à défaut d'une grande habileté, j'y ai ap-
« porté toute mon obéissance.

« Vous m'avez commandé, en effet, ou plutôt la cha-
« rité m'a commandé par votre bouche, de répondre briè-
« vement et rapidement à certaines questions que vous
« m'aviez adressées par votre maître et glorieux empe-
« reur Charles. Malgré les bornes que m'imposent, d'un
« côté la nécessité de traiter de grandes choses en peu
« de mots, de l'autre le peu de temps que vous m'ac-
« cordez pour vous satisfaire, j'ai rempli ma tâche.

« Combien je serais heureux que le succès de l'ou-
« vrage répondit au zèle que j'ai mis à le faire! Bien
« que les nombreuses occupations qui m'obsèdent m'aient
« empêché de traiter plus largement le sujet et de par-
« courir à mon aise les écrits des Pères, pressé du désir
« d'obéir à vos ordres, j'ai écrit à la hâte ce que je ren-
« contrais sur chaque chose, et je l'ai envoyé à votre Fra-
« ternité. De cette façon, à défaut d'autre mérite, ma
« réponse a du moins celui de l'obéissance.

« Toutefois, ces questions, vous le savez comme moi,
« ne nous sont pas adressées par le roi pour apprendre de
« nous quoi que ce soit, mais bien plutôt pour nous obli-
« ger d'apprendre nous-mêmes, et pour réveiller les pa-
« resseux de l'assoupissement où ils sont; car il s'est fait
« une loi et une habitude d'appliquer les prélats à l'étude
« des divines Écritures et à la saine et sage doctrine, le
« clergé à l'amour de la discipline, les philosophes à la
« recherche des choses divines et humaines, les moines à
« la méditation de leur règle, en un mot, chacun à la

« sainteté de son état, les grands à la sagesse dans le
« conseil, les juges à la justice, les soldats à l'exercice
« des armes, les supérieurs à l'humilité, les inférieurs à
« l'obéissance, tous à la prudence, à la justice, à la tem-
« pérance et à la charité. C'est par ces actes et par
« d'autres semblables que ce grand homme aidé de Dieu,
« également actif dans l'administration des choses ecclé-
« siastiques et dans celle des choses civiles, laisse dé-
« border partout sa sagesse et triomphe par le seul éclat
« de sa vertu (1). »

Théodulfe se garde bien de perdre de vue un seul instant le questionnaire du roi. Il le suit pas à pas, appuyant ses réponses sur l'autorité de l'Écriture et de la tradition, et entourant ainsi le baptistère chrétien d'un cortége sacré de prophètes, de rois, de saints et de poètes même (2).

(1) THÉOD., *De ordine Baptismi,* ad Magnum Senonensem: « ... Quippè cui (*regi*) hoc semper familiare est, ut exerceat præsules ad sanctarum scripturarum indagationem, et sanam sobriamque doctrinam, omnem clerum ad disciplinam, philosophos ad rerum divinarum humanarumque cognitionem, monachos ad religionem, omnes generaliter ad sanctitatem, primates ad concilium, judices ad justitiam, milites ad armorum experientiam, prælatos ad humilitatem, subditos ad obedientiam, omnes generaliter ad prudentiam, justitiam, fortitudinem, temperantiam atque concordiam. His et his similibus rebus ille virorum optimus, Deo sibi propitio, sanctæ ecclesiæ fastigium accumulare non cessat, et admirabili in rerum ecclesiasticarum sive civilium administratione strenuus, et sapientiæ fonte redundat, et virtutis exhibitione triumphat. »

(2) Par exemple, Prudence, dont il cite ces vers (*Psychomachia*) :
Pompa ostentatrix vani splendoris inani,
Exuitur nudata peplo....

La théologie a l'obligation à Théodulfe d'avoir éclairci dans ce traité

C'est le même procédé que nous avons étudié en lui ; c'est toujours la voie d'autorité que suit le théologien. Mais il y a ici quelque chose de plus : il y a un développement, une exposition, des vues personnelles. L'auteur ne craint pas de voler de ses propres ailes ; toutefois ce ne sont pas les ailes de la raison armée d'une sévère et forte dialectique ; ce sont plutôt celles de l'imagination ornée, élevée, soutenue par l'éloquence, nourrie de mysticisme, et se perdant parfois dans les régions nuageuses de l'allégorie.

S'il compare, par exemple, les fonts baptismaux au sépulcre de Jésus-Christ, il ne manquera pas de chercher partout un sens symbolique et mystique : les trois noms des personnes de la Sainte-Trinité invoqués dans la formule sacramentelle, rappellent les trois jours que Notre-Seigneur passa au tombeau ; les trois nuits sont représentées par les trois concupiscences, ou bien par les trois marches qui descendent dans la piscine sacrée. Les bonnes œuvres et les pleurs du catéchumène remplacent les aromates de l'ensevelissement. Que sais-je ? Il y a, dans ce traité et dans d'autres, des pages entières

---

un point important en établissant une distinction précise entre l'onction du Saint-Chrême que le ministre du baptême fait sur la tête du catéchumène, et celle que l'évêque fait sur le front du chrétien pour communiquer le Saint-Esprit dans le sacrement de Confirmation.

Au temps de Théodulfe, le baptême se conférait encore très-souvent aux adultes, dans les veilles solennelles de Pâques et de la Pentecôte. Il s'administrait encore quelquefois par immersion. Il était précédé du catéchuménat, pendant lequel on faisait aux futurs chrétiens des instructions sur le *Pater* et le *Credo* qu'ils devaient apprendre, comprendre et réciter dans un jour d'examen solennel appelé le *scrutin*. On revêtait le nouveau baptisé d'une robe blanche, et il recevait en même temps la Confirmation et l'Eucharistie.

dans cette manière subtile et quintessenciée. C'est le vice de l'époque, comme le vice de tous les siècles où l'esprit l'emporte sur l'inspiration, où l'imagination n'a pas le goût pour règle. Il y avait tout un système d'interprétation dont l'origine remontait jusqu'aux mystères de la cabale et aux subtilités de l'école d'Alexandrie. On ne s'attachait plus au sens littéral, on cherchait surtout le sens symbolique. Rien n'est pris à la lettre : les noms propres, les dates, le nombre des chapitres et des versets, tout est expliqué d'une manière souvent puérile, mais parfois aussi fort ingénieuse. Cela dura encore après Théodulfe, et pour que la clé de ces énigmes savantes ne se perdît pas, Raban-Maur composa, sous le nom d'*Allégorie*, un livre qui expose ce système compliqué d'interprétation que la postérité aurait couru risque de ne pas comprendre (1).

Heureusement Théodulfe ne s'égare pas longtemps dans ce dédale obscur, et il ne tarde pas à rentrer dans les voies larges et droites du bon goût. J'ai dit qu'il s'élevait parfois à l'éloquence. Ne sont-ce pas en effet des pages éloquentes que celles où il célèbre les grandeurs du baptême ?

« O sacrement admirable et auguste, qui change en en-
« fants de Dieu les enfants de colère, l'homme ancien en
« homme nouveau, la laideur en beauté, dans lequel nous
« sommes régénérés, purifiés, ressuscités en Jésus-Christ !...
« Ah ! si avant sa régénération, avant d'être délivré du
« péché originel et d'être enseveli avec le Christ, le
« chrétien doit porter avec lui l'odeur de la sainteté, ré-
« pandre un doux parfum, se revêtir d'habits de pureté,

(1) RABAN-MAUR, *Allegoria*, t. IV operum.

« à combien plus forte raison, quand il est renouvelé,
« purifié, vivifié en Jésus-Christ, entré dans une autre
« vie, devenu une autre créature, doit-il répandre à flots
« ces parfums et briller de toute la blancheur de sa robe
« nouvelle (1) ! »

Cela le conduit tout naturellement à parler du voile mystique que l'on met sur le front du nouveau baptisé. Il le considère tour à tour comme un diadême royal et comme une bandelette sacerdotale, et il dit :

« C'est qu'en effet, notre rédempteur est roi, lui à
« qui le prophète a dit : « Votre règne, Seigneur, est un
« règne de tous les siècles, et votre domination s'étend de
« génération en génération. »

« C'est qu'il est prêtre aussi, Lui à qui il fut dit par le
« même prophète : « Vous êtes prêtre selon l'ordre de Mel-
« chisedech ; » lui qui s'est offert comme victime en sa-
« crifice à Dieu son Père.

« Or, ne convient-il pas que la sainte Église, qui est
« son corps, soit aussi un royaume et un sacerdoce, et que
« nous, régénérés dans son sein, nous qui sommes ses
« membres, nous soyons rois et prêtres ? Rois, pour com-
« battre vaillamment le démon et gouverner notre vie
« selon les lois de la sagesse, et prêtres pour élever dans
« le temple de Dieu, qui est notre âme, l'autel de la foi,
« y offrir les hosties pacifiques de nos bonnes œuvres et
« dire avec l'apôtre : « Béni soit Dieu et le Père de Notre-
« Seigneur Jésus-Christ, qui nous a bénis en toute béné-
« diction spirituelle, dans l'ordre des choses célestes, en

---

(1) THEOD., *De ordine Baptismi*, cap. XIII. Tout ce chapitre est d'une grande élévation de pensées et de style.

« Jésus-Christ. » Ah! puisse de cet autel s'élever chaque
« jour vers lui l'encens de nos prières, selon que le veut
« l'apôtre : « Que ma prière monte comme l'encens en
« votre présence. »

« Voilà pourquoi la tête de ceux qui sont régénérés dans
« l'eau et le Saint-Esprit est couverte d'un voile. C'est
« afin que l'on puisse leur dire avec saint Pierre : « Vous
« êtes une race d'élite, un sacerdoce royal, une nation
« sainte, un peuple d'acquisition. » Ce voile est donc
« pour eux un diadème royal et l'insigne de leur sacer-
« doce.

« C'est pour cette même raison qu'on leur fait l'onction
« sainte. Avant la venue du Christ, on ne sacrait que les
« rois et les prêtres. Mais, par cette onction nouvelle, c'est
« l'Église entière qui est sacrée, parce que, encore une
« fois, elle est un empire et un sacerdoce, et que tous ses
« enfants sont rois et prêtres (1). »

C'étaient les mêmes pensées, presque les mêmes paroles
que Bossuet exprimait dans un de ses sermons les plus en-
flammés du feu de l'enthousiasme religieux, quand, parlant
du Sauveur, qu'il appelle avec un ardent amour le *roi du
vrai peuple, le pontife du vrai Dieu*, il disait : « La croix
« de mon roi, c'est son trône; la croix de mon pontife,
« c'est son autel. Cette chair déchirée, c'est la force et la

---

(1) THEOD., *De ordine Baptismi*, cap. XVI, *Cur mystico tegitur velamine*. — « .... Decentissimum est ut sancta ejus (Christi) Ecclesia, quæ utique corpus ejus est, et regnum sit et sacerdotium, et nos in eâ regenerati qui ejus membra sumus, reges simus et sacerdotes..... Capita itaque eorum qui regenerantur ex aquâ et Spiritu sancto, mystico velamine teguntur.... Ut hoc velamine et diadema regium et sacerdotalis capitis velamentum significetur.... »

« vertu de mon roi ; cette même chair déchirée, c'est la
« victime de mon pontife. Le sang de mon roi, c'est sa
« pourpre ; le sang de mon pontife, c'est sa consécration.
« O roi et Sauveur, et souverain pasteur de nos âmes !
« versez une goutte de ce sang précieux sur mon cœur,
« afin de l'embraser de vos flammes ; une goutte sur mes
« lèvres, afin qu'elles soient pures et saintes, ces lèvres
« qui doivent aujourd'hui prononcer si souvent votre
« nom adorable ! » Puis, ayant établi ce pontificat sanglant, cette royauté de la croix, il en concluait, comme l'évêque d'Orléans, notre propre royauté et notre propre sacerdoce : « La munificence de notre prince passe à un
« tel excès de bonté, qu'il fait des monarques de tous ses
« sujets. Il ne veut voir en sa cour que des têtes cou-
« ronnées (1). »

Ne dirait-on pas qu'il y a, dans les régions de l'intelligence, des hauteurs sereines, inaccessibles à la foule, où les grands esprits se donnent rendez-vous de tous les points de l'espace et du temps, et où ils se rencontrent, se rapprochent, s'unissent dans un embrassement commun d'idées et de langage qui les fait reconnaître pour des frères ?

Dans le chapitre où il traite de la confirmation et particulièrement des dons du Saint-Esprit, Théodulfe a écrit sur les dons de science, d'intelligence et de sagesse, une page que je ne peux guère me dispenser de citer, tant elle va aux besoins des esprits de nos jours, tant elle sait placer haut le vrai but de toute connaissance qui aspire à être vraie, complète et utile :

(1) Bossuet, I, *Sermon pour la Circoncision*, p. 318, 326, édit. 1849.

« Il n'y a pas, dit-il, de science véritable, si la piété ne
« vient lui donner un but…. Avant tout, il faut donc
« implorer l'Esprit-Saint, afin que la sagesse ne s'enor-
« gueillisse pas, que l'entendement ne s'égare pas et
« ne se dissipe pas, que le conseil ne soit pas con-
« fondu, que la force ne se précipite pas par excès de
« confiance, que la science, enfin, connaissant sans aimer,
« ne s'enfle pas d'orgueil…. Tous ces dons de l'esprit
« sont dans le corps de Jésus-Christ, qui est l'Église. Ils
« sont éminemment dans celui qui est la source de la
« lumière et l'origine de tout bien. Allons donc à lui ;
« allons par l'amour à la science, à la science qui n'enfle
« pas et que la charité édifie… afin que nous soyons ini-
« tiés un jour à cette Sagesse par laquelle toutes choses
« ont été faites, qui a été mystérieusement engendrée
« par le Père avant tous les siècles, et qui, à la fin des
« âges, est venue prendre notre chair pour le salut des
« hommes (1). »

Toute la science est là, dans son but, ses moyens, son inspiration, ses degrés successifs et ascensionnels : sagesse de la nature, sagesse de la grâce, sagesse de la gloire. Voilà la fin réelle de la véritable étude, de celle qui tend à l'amour par la vérité, et à l'action par l'amour. En dehors

---

(1) Theod., *De ordine Baptismi*, cap. xvii. « Nulla est scientia si utilitatem pietatis non habet…. Summopere itaque observandum est, et ipsius Sancti Spiritus adjutorium implorandum, ne sapientia elevet, ne intellectus, dum subtiliter currit aberret; ne consilium dum se multiplicat confundat, ne fortitudo dum fiduciam præbet, præcipitet, ne scientia dum novit et non diligit inflet … Sciendum est quod hæ donorum spiritualium largitiones, in corpore Christi, quod est Ecclesia…. In eo qui est fons luminis et origo bonitatis, regnent… »

de cela, que peut-il donc rester, et à quoi bon dépenser une vie d'homme, suer la sueur de son front, verser le sang de son cœur? Qui donc n'a senti, dans les veilles inquiètes d'un esprit qui se consume et d'un cœur qui se ronge dans son isolement, qu'il y a une lumière qui n'est pas nous, une chaleur qui n'est pas nous, et sans laquelle nous ne sommes que glace et que ténèbres? Qui n'a gémi de l'inanité de la science pour elle-même, et qui n'a tôt ou tard reconnu les fruits amers de cet arbre stérile et maudit quand ce n'est pas Dieu qui l'a planté, qui l'a humecté de la rosée du ciel, qui l'a nourri de l'air immense, qui l'a couronné de fleurs, revêtu de rameaux pour qu'il serve d'asile aux oiseaux du ciel, qui sont les âmes? Qui n'a compris, tôt ou tard, cette parole du Seigneur, dans son saint Évangile, que toutes nos belles pensées ne sauraient rien ajouter à la stature de l'homme, à celle de son esprit, à celle de son cœur? Enfin, qui n'a senti combien est véritable ce mot de saint Bonaventure : « La connaissance « de la vérité ne sert de rien, là où manque la garde de la « charité (1); » et cette parole de Gerson : « Vaine est la « philosophie, entièrement vaine, inutile et nuisible, si la « dévotion n'est pas sa compagne (2). » Que Théodulfe a donc raison de rejeter loin de lui cette science isolée, glacée, inutile, captive dans le cercle étroit des choses de ce monde, sans un regard en haut, sans une perspective sur l'infini du ciel! Qu'il est sage et heureux de faire des pensées de son intelligence, des désirs de son cœur, comme autant de degrés pour s'élever à Dieu du fond

(1) S. Bonav. « Nihil prodest notitia veritatis ubi deest custodia charitatis. » (*Expos.* 2, sup. Psalm.)

(2) Gerson, tr. vii, *super Magnificat:* « Vana est philosophia, vana prorsùs et inutilis et noxia si non comes affuerit devotio. »

de cette vallée de larmes : « *Ascensiones in corde suo disposuit, in valle lacrymarum, in loco quem posuit.* » (Ps. 83.)

L'évêque passe de la confirmation à la sainte communion que l'on donnait aux adultes après le baptême. Il ne consacre que quelques lignes à ce sujet, qui n'est pas le sien, et que du reste il a exposé ailleurs dans son instruction à ses prêtres.

Il termine donc son livre par cette vue d'ensemble sur les trois sacrements :

« L'Église a retenu cet usage venu du Seigneur de
« donner ensuite l'Eucharistie, afin qu'après avoir été
« régénéré dans l'eau et l'Esprit-Saint, le chrétien soit
« nourri du corps du Seigneur, abreuvé de son sang, et
« que passant ainsi en Dieu même, il demeure en Jésus
« et Jésus en lui. C'est ainsi que, fortifié par la force de
« cet aliment, il peut arriver comme Elie jusqu'à la mon-
« tagne de Dieu, où s'élève cette maison du Seigneur
« bâtie sur les plus hautes cimes. C'est ainsi qu'il par-
« vient à la gloire de la béatitude éternelle, où ses désirs
« seront enfin rassasiés, et où il pourra dire avec le pro-
« phète : Je serai rassasié, Seigneur, quand votre gloire
« m'apparaîtra. »

« Vénérable frère, disait-il à l'archevêque Magnus en
« finissant, j'ai humblement accompli la tâche que votre
« sagesse m'avait imposée. Je prie Votre Sainteté, que si
« elle trouve de meilleures réponses que les miennes,
« elle se garde bien de les rejeter, pourvu qu'elles soient
« approuvées de l'autorité apostolique.

Cet écrit de Théodulfe, ainsi que ceux de plusieurs autres évêques, fut porté aux conciles qui se tinrent cette année-là même, 813, sur tous les points de la Gaule. On en compte jusqu'à cinq qui furent célébrés à Arles, à Reims, à Mayence, à Châlons-sur-Saône et à Tours. Ils firent, pour la réforme de la liturgie et de la discipline, des réglements nombreux et utiles qu'ils envoyèrent tous à Aix-la-Chapelle. L'empereur les fit confronter ensemble dans une grande assemblée qu'il y réunit au mois de septembre de la même année, et les fit promulguer ensuite dans tout l'empire.

IV.

De tous ces faits naît une grave question d'histoire qu'il est temps de chercher à définir et à résoudre. Ces deux traités de théologie et de liturgie, provoqués par un prince temporel qui écrit des instructions aux évêques, qui convoque des conciles et promulgue des canons, et cela de l'aveu de tous, sans opposition de personne, avec l'approbation et l'applaudissement de l'épiscopat entier, ce sont là des choses trop extraordinaires aujourd'hui pour ne pas éveiller l'attention et solliciter des éclaircissements.

D'abord, nous n'avons pas à contester le fait : l'intervention du roi dans les affaires de l'Eglise est manifeste; elle éclate de toutes parts. Il suffit de parcourir ses capitulaires, de lire la lettre qu'il écrit à Garibald, évêque de Liége, et surtout le mémorable discours qu'il tint à la clôture du Champ-de-Mai d'Aix-la-Chapelle (1), pour

(1) PERTZ, *Monum. Germaniæ*, t. I Legum, p. 101 ; t. II, p. 105.

comprendre le mélange qui se faisait en lui de l'autorité temporelle et de la surveillance royale en matière religieuse. Convocation des conciles, promulgation des décrets canoniques, surveillance de la discipline, réforme des abus dans l'Eglise, nomination des évêques et des abbés, initiative dans les questions de dogme et de liturgie, Charlemagne étreint tout de sa main souveraine, et l'on dirait de lui, selon l'expression même de Théodulfe, que saint Pierre lui a confié une des clés de l'Eglise (1).

Or, que faut-il penser de cette centralisation de toutes les puissances dans la main d'un laïc, et qu'en doit-on conclure ? Ceux qui n'appartiennent pas à l'Eglise catholique ou qui ont le malheur d'en être séparés, en tirent cette conséquence : « qu'en fait, à cette époque, le pouvoir tem-
« porel gouvernait l'Eglise, et que la situation de Charle-
« magne, à cet égard, était, à peu de chose près, la même
« que celle du roi d'Angleterre dans l'Eglise anglicane (2). »

Il n'en est rien cependant aux yeux d'un observateur non prévenu, et cette assimilation injurieuse à l'Eglise tombe immédiatement devant un examen impartial qui sait circonscrire cette juridiction et l'expliquer.

Il est bien clair d'abord qu'il y a un pouvoir que l'Eglise ne concède pas, ne délègue pas : le pouvoir dogmatique, le dépôt inaliénable de la doctrine qu'elle tient de son fondateur d'une manière aussi incommunicable qu'infaillible. Charlemagne n'a jamais touché à ce pouvoir. Il pro-

---

(1) Theod., lib. III, carm. vi.
    Cœli habet hic claves, proprias te jussit habere.

(2) M. Guizot, *Hist. de la civilis. en France*, xxvi° leçon, p. 232.

voque, il protège, il promulgue même les décrets des conciles, mais il ne les fait pas (1).

Secondement, en matière de pure discipline, de ce que j'appellerais la police religieuse, il est à remarquer que Charlemagne n'innove rien : il fait exécuter, il protège sans cesser d'obéir, il fait la garde autour du sanctuaire; mais il ne monte pas dans la chaire, il ne porte pas la main sur l'encensoir. Si, d'une part, il charge ses *Missi Dominici* des affaires ecclésiastiques autant que civiles, il entend bien pourtant que la surveillance de ses commissaires ne préjudicie en rien à la juridiction régulière des évêques, des métropolitains et des synodes. Les questions litigieuses ne cessent pas de parcourir le cercle des tribunaux canoniques jusqu'au Saint-Siége. Les papes, de leur côté, pour ne pas laisser prescrire leurs droits de souveraineté, ne manquent pas de rappeler la prérogative du Siége apostolique, « à qui il appartient de juger de toutes les églises, sans qu'il soit permis d'en appeler de son jugement (2) ». Enfin, Charlemagne n'entend pas autrement son devoir et son droit ; il n'a d'autre prétention que celle d'être le soldat, le chevalier du Christ, « afin que le Saint-Siége, comme lui-même « l'écrivait au pape Léon III, soit toujours servi par mon

---

(1) L'hérésie des adoptianistes est déférée au Pape ; ses légats assistent au concile de Francfort ; c'est à lui que le clergé franc propose ses objections contre le second concile de Nicée, et ses motifs pour la suppression des chorévêques. C'est à lui qu'on renvoie le démêlé des évêques de Tarentaise et d'Embrun, qu'on s'adresse pour l'exemption de la résidence épiscopale, etc. (M. OZANAM, *la Civ. chr.*, ch. VI, p. 237).

(2) Epist. XXXIV, *Hadriani pp Ad Carl. M.* « Quæ de omnibus ecclesiis fas habeat judicandi, neque cuiquam liceat de ejus judicare judicio. » Cfr. épist. XL.

« dévoûment sincère. Car c'est notre devoir, sous le
« bon plaisir de la miséricorde divine, de protéger par-
« tout la sainte Eglise du Christ, en la défendant au
« dehors par les armes contre les incursions des païens
« et les ravages des infidèles, en l'affermissant au dedans
« par la profession de la foi catholique (1). »

Dans ces limites, qui sont celles de la vérité historique, que reste-t-il encore à Charlemagne ? Une grande part dans la police extérieure de l'Eglise, une part plus grande que celle que l'Eglise a jamais faite à aucun souverain depuis Constantin. Mais ce rôle exceptionnel qui lui est attribué s'explique facilement par le besoin des temps et les circonstances, par le caractère personnel du prince, et surtout par le titre et le mandat religieux dont il était revêtu.

L'Église, obsédée par l'erreur et battue en brèche par la violence, avait senti le besoin de s'associer une force dévouée qui la protégeât. En même temps, elle avait conçu le grand dessein de fonder parmi les peuples chrétiens une vaste unité dont elle trouvait le type en elle-même, et qui devait remédier au morcellement indéfini des nationalités nouvelles que les invasions avaient substituées à l'empire romain. Charlemagne lui parut, par sa religion, sa force et son génie, le seul roi qui pût sauver la chrétienté des païens du Nord et des infidèles du Midi, en même temps que seul il était capable de réunir sous sa main les membres dispersés du grand corps barbare. Elle lui conféra donc le titre d'empereur, et, avec ce titre,

(1) Epist. I, *Caroli Mag. ad Leonem, papam.* — Concil. Franconef., anno 794.

une suprématie renfermant à la fois le droit de dominer sur tout l'Occident, et le devoir de défendre la république chrétienne : glorieuse fonction que depuis plusieurs siècles les empereurs d'Orient avaient abdiquée par trahison ou par faiblesse. En retour, l'Église romaine lui reconnaissait le droit de veiller aux élections épiscopales, de réprimer les prélats qui portent des armes séculières, « de « prendre garde enfin que les évêques et les prêtres, « couverts du casque de la foi et de l'armure du salut, « vaquent à la prière et au service spirituel des peuples (1). »

Telle fut l'origine des droits de Charlemagne. « On y « voit comme une délégation que le Pontife ne cesse pas « de renouveler, depuis le jour où il remit au prince le « livre des canons, et que le prince ne cesse pas de recon- « naître quand il les fait exécuter dans ses États (2). » Lui-même s'intitule en tête de ses lois « le dévôt défenseur et « l'humble auxiliaire de l'Église de Dieu. » Il n'ambitionne, dit-il, que le rôle de Josias, qui ne négligeait rien pour établir le culte du vrai Dieu.

(1) Epist. xxxiv, *Hadriani pp. ad Carol. Mag* — Cfr. épist. xl. Déjà le pape Etienne écrivait à Pépin et à ses fils, au nom de l'Eglise catholique : « Je vous ai choisis pour mes fils adoptifs, afin de défendre contre leurs ennemis la cité de Rome et le peuple que Dieu m'a confié. Je vous appelle à délivrer l'Église de Dieu qui me fut recommandée d'en haut ; car, selon la promesse reçue de N.-S., je distingue le peuple des Francs entre toutes les nations. »

(2) OZANAM, *Civil. chrét. chez les Francs*, p. 258. — Je remarquerai avec cet excellent historien que l'idée d'une légation ecclésiastique, conférée à un prince laïque, n'a rien de contraire à la tradition de l'Église. Les rois des Deux-Siciles ont été et sont encore légats du Saint-Siége dans leurs États, et, en cette qualité, ils ont un trône en face de celui de l'archevêque dans l'église de Montréal.

Charlemagne disait encore dans un capitulaire de 812 : « Apostolicâ auctoritate et multorum sanctorum episcoporum instructi. »

C'était si bien l'idée qu'il se faisait de sa dignité d'empereur, qu'en l'année 802, ordonnant à tous ses sujets de lui rendre hommage, il s'exprime ainsi sur ses nouveaux droits et ses nouveaux devoirs :

« ..... Et il ne faut pas croire que l'on doive seulement
« au seigneur empereur la fidélité ordinaire. Que nul
« n'ose faire aucune fraude, aucune violence, aucun tort
« aux églises de Dieu, aux veuves, aux orphelins, à
« ceux qui vont en pèlerinage. Car le seigneur empereur
« est établi pour en être après Dieu et les saints le gar-
« dien et le défenseur (1). »

Ainsi fut constitué le pouvoir nouveau qui fut appelé le Saint-Empire romain, parce qu'il avait reçu de l'Église le sacre et la mission de réaliser le règne de Dieu parmi les hommes.

On pourra juger diversement cette grande institution qui établissait dans le chaos de la barbarie une si puissante hiérarchie et une si majestueuse unité. Mais chacun comprendra comment Charlemagne, en vertu de ce mandat, intervenait sans scrupule dans les questions religieuses, comment il revêtait de sa sanction les décisions prises par les prélats qui étaient en même temps ses ministres et ses conseillers, comment enfin les deux pouvoirs s'unissaient, se soutenaient, se pénétraient l'un l'autre sans se confondre. Cette souveraineté chrétienne, fonctionnant sans froissement dans la plus grande partie de l'Occident, fut l'instrument de la grandeur de Charlemagne. Elle était destinée à produire les œuvres merveilleuses du moyen âge. Sans doute on la vit dégé-

---

(1) *Capit.*, ann. 802, apud Pertz, t. I Legum.

nérer bientôt entre des mains impures, ambitieuses et cupides. Ce qui s'était établi dans l'harmonie devait se briser dans la défiance et les luttes. Mais, du moins, l'Église ne perdit rien de ses droits. Quand vinrent les mauvais jours, elle retira le mandat qu'elle avait confié aux princes de la terre. Elle rentra chez elle, non sans peine, il est vrai, mais avec la conscience de n'avoir rien laissé prendre de ce qui était le domaine inaliénable de son indépendance ; et, en se retirant, elle put se répéter ce mot d'un de ses saints : « Dieu ne veut pas d'une es-
« clave pour épouse, et il n'aime rien tant en ce monde
« que la liberté de son Église (1). »

(1) Lettre de saint Anselme à Baudoin, roi de Jérusalem.

CHAPITRE XII.

VIE PRIVÉE DE THÉODULFE : SES AMITIÉS, SES CHARITÉS.

I. Piété discrète de Théodulfe. — Ce qu'il pense des pèlerinages de son temps. — Inscriptions pieuses dans sa demeure épiscopale. — Ses repas : règles de charité qui y président. — Il nourrit les pauvres.

II. Ses maximes sur l'amitié; son affabilité. — Ses amis et les relations qu'il entretenait avec eux.

III. Hospice qu'il fonde à Orléans. — Des hospices établis à son exemple.

Il est temps maintenant de pénétrer dans la vie privée de l'évêque d'Orléans, et d'y chercher la source de ce génie sage et bon, dont nous avons suivi la pente bienfaisante. Nous l'étudierons donc dans son intimité; nous nous assiérons à son foyer; nous le surprendrons dans la société de ses amis; nous l'observerons à l'église où il prie, à la table où il mange, sur le siége où il préside, dans la bibliothèque où il étudie; nous l'accompagnerons aussi chez les pauvres qu'il visite, et Théodulfe nous servira lui-même de guide dans cette étude. Aussi bien, en cela, nous ne nous écarterons point du but littéraire que nous nous sommes particulièrement proposé, puisque c'est avec ses poésies que nous reconstruirons son histoire.

I.

Cet évêque, comme nous le savons, avait commencé par être un moine austère. Il en garda toujours pour le monde un dédain plein de compassion qui est la marque des grandes âmes : « Toute la gloire de ce monde est une « gloire fragile, écrit-il quelque part ; rien n'est bon ici- « bas que l'amour divin qui réside dans l'âme (1). »

Aussi, ne parle-t-il de Dieu qu'avec une onction pleine de simplicité, où respire la pieuse tendresse du livre de l'Imitation : « Il faut imiter dans nos affections comme « dans nos actions Celui qui est à la fois notre maître et « notre bon père, Celui dont la bonté est sans mesure, « dont la clémence est pleine de douceur, et qui exauce « les cœurs dignes. Il pardonne, et il récompense ; il récom- « pense après avoir pardonné. Puisqu'il est notre père, « puisqu'il est notre maître, lui le Dieu souverain, aimons- « le, servons-le, soyons-lui dévoués, soyons-lui fidèles (2). » Quel que soit son point de départ, c'est toujours à Dieu

---

(1) Théod., lib. II, carm. XVI, *De contemptu mundi*.
  Totius hæc fragilis vilescit gloria mundi,
    Interiùs tibimet pollet et intus amor.
(2) Théod., lib. VI, carm. IX.
  Namque imitatur eum pietate vel actibus almis
    Qui nobis et herus et Pater almus adest.
  Cui pietas immensa manet, clementia dulcis
    Qui precibus dignis semper adesse solet.
  Non tantum hic veniam scelerum, sed præmia donat
    Conversis placidus, parcere semper amans.
  Si Pater est et herus nobis Deus inclytus, ejus
    Sectanda est pietas, actio, corde, fide.

qu'aboutit finalement la poésie de Théodulfe. Comme l'urne des parfums que portait la femme aimante de l'Évangile, elle ne doit être versée que sur les pieds de Jésus.

Cette piété amoureuse savait se tenir en garde contre les exagérations d'un mysticisme outré. Théodulfe avait vu de son temps ces sortes de pèlerins nus et couverts de chaînes, qui parcouraient les routes, errant çà et là, et promenant partout le faste dégoûtant d'une pénitence orgueilleuse. Il avait vu le roi forcé d'intervenir pour proscrire ces scandales ; et certain qu'on trouve Dieu partout où on le cherche avec un cœur droit, il réprouvait, dans ses vers, cette piété voyageuse, plus avide d'émotions que d'édification : « Il est moins profitable d'aller à Rome que « de bien vivre à Rome et partout où l'on se trouve. « Ce n'est pas la marche du corps, mais la marche de « l'âme s'avançant dans la vie chrétienne, qui mène au « paradis. Car, qui que tu sois, quoi que tu fasses, le « regard de Dieu t'accompagne partout du haut du « ciel (1). »

D'ailleurs, sans s'éloigner de sa demeure épiscopale, Théodulfe trouvait chez lui tout ce qui pouvait nourrir ses goûts de science, de piété et de charité. Son cabinet de travail et le lieu où il prenait ses repas portaient une inscription rappelant que la loi de Dieu devait être sa première et sa plus chère étude.

Près de là, on voyait la salle des audiences, où l'évêque siégeait pour rendre la justice, et pour recevoir, dans les

(1) THEOD., lib. v, carm. IV.

solennités, le peuple et les grands. Sur le trône épiscopal il avait fait écrire :

« O Dieu ! que les actions de Théodulfe te soient
« agréables lorsqu'il siège en ce lieu ; Dieu, auteur de
« tout bien, donne-moi de vouloir le bien et de le pra-
« tiquer (1). »

Dans les vers qui suivent, le poète adressait ces conseils à l'évêque :

« Quand les grands viennent à toi, que le peuple soit
« debout, et que les jeunes gens se tiennent à tes côtés.
« Adresse aux assistants des paroles bienveillantes. Garde
« l'humilité dans ton esprit, la prudence dans ton cœur,
« la pureté dans tes mœurs, et, chaque fois que tu vien-
« dras prendre place ici, n'oublie pas ton Dieu (2). »

Ceux qui venaient chercher là consolation, conseil ou justice, pouvaient, après avoir lu ces vers, s'avancer avec plus de confiance, car au-dessus de la justice et de la bonté des hommes, ils avaient pu voir planer et resplendir l'image de la bonté et de la justice de Dieu.

Le lieu de ses repas présentait le même aspect de dignité monastique et de gravité religieuse. Deux peintures, suspendues aux parois de la salle, en faisaient le principal ornement. L'une représentait l'image symbolique de la terre, l'autre l'arbre allégorique des sept arts libéraux

---

(1) THEOD., lib. II, carm. XV, *In Falduone Episcopi.*
 Sessio Theudulfi placeat, precor, omnis et actus
 Rex Deus alme tibi, cui bona cuncta placent.
 Quo sine nulla geri bona, cum quo plurima possunt,
 Velle et posse mihi tu dato quæso bonum.

(2) THEOD., lib. II, carm. XV, *In Falduone Episcopi.*

dont nous avons parlé : « Je les ai fait mettre là, disait
« Théodulfe, pour que l'esprit se nourrisse en même temps
« que le corps. » Il voulait que ses repas rappelassent à
la fois les agapes chrétiennes et ces symposiaques antiques
où la sagesse souriante s'asséyait à la table et présidait au
festin.

Non loin de cette table, et sur ce qu'on appelait le *propinatorium*, Théodulfe avait fait graver une inscription qui rappelait le plus aimable miracle de l'Évangile. Quelques mots y sont jetés çà et là comme pour provoquer le sourire :

Qui latices quondam vini convertit in usum
Et fontis speciem fecit habere meri.
Ipse piis manibus benedicat pocula nostra
Et lætam faciat nosmet habere diem.

« Que celui qui a changé autrefois l'eau en vin bénisse
« nos coupes de sa main divine, et qu'il nous accorde un
« jour joyeux. »

Ce jour devait être surtout un jour de joie pour les pauvres que l'évêque nourrissait de son pain et des mets de sa table. Il s'en faisait un devoir, et, au-dessus de sa porte, il avait fait écrire :

Pauperibus, præsul, pateat tua janua semper,
Cum miseris Christus intrat et ipse simul
Deque tuis epulis pascatur pauper egenus
Ut conviva queas lectus adesse Deo.

« Que toujours, prélat, ta porte soit ouverte aux
« pauvres ; car c'est le Christ lui-même que tu reçois

« dans ces malheureux. Nourris des mets de ta table l'in-
« digent qui a faim, si tu veux toi-même trouver place
« un jour au banquet de Dieu. »

Plus tard, au moyen âge, quand on éleva, en l'honneur des pauvres, des palais qu'on glorifia du nom d'Hôtel-Dieu, on prit, en l'abrégeant, l'inscription de Théodulfe, et on grava sur ces temples de la misère divinisée : « *Christo in pauperibus !* »

On peut conclure de là quelle respectueuse charité présidait à la conversation comme à la table de Théodulfe. « La réputation de notre prochain, a écrit quelque part « l'aimable saint François de Sales, est comme l'arbre de « la science du bien et du mal ; il nous est interdit d'y « toucher. » Théodulfe, fidèle à cette maxime des saints, regardait la médisance comme une injustice et comme une lâcheté. Il l'avait rudement proscrite de sa demeure ; et sur les murailles mêmes du lieu de réception, on lisait cette sentence :

> Quisquis est hic adstans hominem ne detrahe quemquam,
>   Absentum vitam rodere est facinus.
> Parcite, qui statis, vanis instare loquelis
>   Ne vos, qui residet, censeat ire foras (1).

« Vous qui venez ici, gardez-vous bien de dénigrer le
« prochain. C'est un crime de déchirer l'honneur des ab-
« sents. Ne vous permettez donc aucun propos malin, car
« celui qui préside vous prierait de sortir. »

---

(1) Ces vers sont inspirés par ceux que saint Augustin avait fait graver au-dessus de sa table :

> Quisquis amat dictis absentum rodere vitam
> Hanc mensam vetitam noverit esse sibi.

La sanction était rude ; mais les tentations de la médisance sont si fortes, les douceurs en sont si attrayantes, les conséquences souvent si funestes !

II.

Toutefois, ces exigences délicates n'empêchaient aucunement l'évêque d'Orléans d'être un homme aimable dans le commerce du monde. Il savait mieux que personne ces règles de prévenance et de politesse nuancée qui sont le charme de la vie, la distinction des hommes supérieurs, une des puissances du prêtre, parce qu'elles sont une des formes de la charité. Voici, par exemple, comment Théodulfe comprenait l'amitié :

« Quand l'ami que tu chéris regarde quelque chose qui
« est à toi, il faut le rendre heureux par ces bonnes pa-
« roles : « Tout ce que tu vois là est commun entre
« nous; et tout homme de bien doit y avoir sa part. » —
« Ne crains pas de donner, car il n'y a rien de plus beau
« que de donner (1). »

Pour ceux à qui ne suffisent pas ces motifs élevés et désintéressés, il ajoute ensuite :

« D'ailleurs, en ne recevant rien, tu ne recevras rien, au
« lieu qu'en donnant, tu recevras à ton tour. C'est après

---

(1) THEOD., lib. III, carm. VII.
 Cumque tuas conspectat opes tibi dulcis amicus
 Verba hæc tu læto lætus et ipse dabis :
 Hæc bona quæ cernis tibi sint communia mecum
 Qui bonus est, horum hic quoque compos erit.

« avoir jeté largement la semence qu'on moissonne à
« pleines mains, et le champ bien cultivé fera plus tard la
« joie du laboureur (1). »

Il ne craint pas d'entrer dans les moindres détails. Il va jusqu'à donner les règles de bonté prévenante que l'on doit observer envers ceux que l'on a connus, mais dont on ne sait plus le nom. Il veut qu'on les accueille par des paroles amies, qu'on ne leur refuse pas le baiser fraternel, et qu'on leur épargne la honte de se nommer.

Puis l'évêque reparaît dans les vers qui suivent : « Toi
« qui dois enseigner, connais toujours le nom et la con-
« duite de ceux que tu instruis ; et, en les enseignant,
« appelle-les chacun par leur nom propre. Sois grand
« avec les grands, petit avec les petits, à l'exemple de saint
« Paul, qui s'est fait tout à tous (2). » Théodulfe révélait ainsi un des grands secrets de l'art de l'enseignement et l'une des puissances du catéchiste. Je retrouve ici tout entière la sollicitude du bon pasteur qui connaît ses brebis et qui les appelle toutes par leur nom.

Un tel homme méritait d'avoir des amis. Il en eut en effet qui lui furent fidèles, même dans les jours mauvais.

---

(1) Theod., lib. III, carm. VII.
  Nec dare te pigeat, dare, res mihi, credito, pulchra est ;
   Nil dans nil capies, si dabis ipse feres.
  Plenâ falce metet qui grandia semina serit :
   Sic Dominum cultus lætificabit ager.

(2) Theod., lib. III, carm. VII.
  Nomina seu mores docturus discito plebis :
   Dùmque doces, proprio nomine quemque voca,
   Cum magnis magnus, cum parvis parvulus esto
   Omnibus ut factum se quoque Paulus ait.

Outre ceux que nous avons nommés dans cette histoire, il en comptait parmi les personnages les plus recommandables de ce temps-là, et il mettait en pratique avec eux ses principes de libéralité généreuse. Les lettres entretenaient ce commerce d'amitié, dans lequel la poésie entrait comme interprète obligé de tous les nobles sentiments.

C'est ainsi, par exemple, que Théodulfe en usait à l'égard de Fardulfe, abbé de Saint-Denis, Italien de naissance et Lombard d'origine, un de ces hommes lettrés que Charlemagne avait attirés auprès de son trône pour en être l'ornement (1). Un jour qu'il lui envoyait quelques petits présents, Théodulfe joignit à l'aimable envoi une épître en vers. Elle conserve, dans le texte, un charme et une fraîcheur qui n'ont pas vieilli (2) :

« Accueille ces petits présents que je suis heureux de
« t'envoyer, ô mon cher ami ! ami si bien fait pour moi !
« Si ces dons sont petits, l'amitié qui les offre est grande,
« et ce n'est pas l'objet qui fait le prix d'un présent ; c'est
« l'amour qui le donne. Qu'à toi soient vie, salut, longue
« félicité; et que le Dieu, roi du ciel, t'accorde son

---

(1) V. sur Fardulfe, ÉGINHARD, *Vita Caroli Mag.*, anno 792; ALCUIN, carm. XX.

(2) THEOD., lib. VII, carm. XX.
>Sumito quæ misi lætus munuscula parva
>>Dulcis amice mihi, dulcis et apte nimis!
>Quæ sint parva licet, magna hæc dilectio mittit
>>Quæ non compensat res, sed amoris opus.
>Sit tibi vita, salus, sint et felicia cuncta
>>Et tibi de cœlis rex Deus addat opem.
>Et sic te clemens ducat per prospera mundi
>>Ut pes inoffenso tramite celsa petat,
>Et qui hâc in vitâ dignum concessit honorem
>>Hic tibi post obitum det super astra locum.

« secours. Que, dans sa bonté, il te mène ici-bas par un
« chemin sans épines jusqu'au séjour des cieux ; et
« qu'enfin, après t'avoir comblé de tant d'honneurs en
« cette vie, il te donne après la mort une place au-dessus
« des astres. »

Mais l'amitié a ses déchirements et ses séparations.
« Les bons amis sont une ressource dangereuse pour la
« vie, écrivait Fénelon dans ses dernières années ; en les
« perdant, on perd trop. On serait tenté de désirer que
« tous les bons amis s'entendissent pour mourir ensemble
« le même jour. » Théodulfe ressentit ces profondes, mais
inévitables douleurs. Presque tous ceux qu'il avait le plus
aimés, Alcuin, Chrodegand de Metz, Angilbert, Charlemagne, le prince Charles son fils, Bernard, roi d'Italie,
moururent avant lui. Mais il leur garda la fidélité de la
tombe, la plus rare de toutes. Il pleura leur mort ; il la
célébra dans des vers empreints d'une douleur résignée,
mais vraie (1). Il ne les pleurait pas comme ceux qui n'ont
pas d'espérance ; mais il leur donnait rendez-vous dans
ce pays où la mort ne monte pas, et dont le Dante a dit :
« Là-haut, plus il y a d'âmes qui se rencontrent, plus il y
« a lieu à aimer, plus on aime, et, comme un miroir, on
« se renvoie l'un à l'autre son amour (2). »

---

(1) Théodulfe a composé les épitaphes de la reine Fastrade, du pape Damase, du pape Adrien, du comte Helmengarde, et, selon quelques-uns, celle de Chrodegand.

(2) DANTE, *Purgatorio*, canto XV, 72.
  E quanta gente più lassù s'intende
  Più v'è da bene amare, è più vi s'amor
  E come specchio l'uno all' altro rende.

III.

Dans cet amour des hommes, se plaçait un amour de préférence, une prédilection toute divine pour tout ce qui est faible, les pauvres et les petits. Ce sentiment éclate partout dans les œuvres comme dans les écrits de l'évêque d'Orléans : car il fit plus qu'aimer les malheureux, il les servit. Il éleva pour eux et pour les étrangers un hospice dont il ne reste plus de traces aujourd'hui, et voulut leur donner cette vraie marque de l'amour qui est de partager avec ceux qu'on aime. Si l'hospice d'Orléans bâti par Théodulfe n'était pas, comme celui que saint Basile avait bâti à Césarée, une sorte de seconde ville, les distiques latins écrits au frontispice nous attestent du moins qu'il était commode et largement pourvu :

« La maison que voici, y était-il dit, toute modeste
« qu'elle est, suffit commodément aux besoins de la vie.
« Puisse du haut du ciel le regard du Seigneur en éloi-
« gner tous les maux, pour y faire descendre tous les
« biens ! Que la pudeur, la piété, la vérité et la probité
« y fleurissent toujours, et que le crime habite bien loin
« de ce séjour.

« Que le pauvre affamé y trouve à manger ; que le
« pauvre altéré y trouve à boire ; que le pauvre dépouillé
« y trouve de quoi se vêtir. Que le voyageur fatigué y
« trouve un repos, le malade un remède, le malheureux
« la joie. Que ce lieu soit un asile pour tous les besoins.
« Que sous les auspices du Père qui est aux cieux, ses
« portes s'ouvrent à tous, citoyens et étrangers. Que

« l'amour de Dieu et l'amour des frères y fleurissent en-
« semble; que toutes les vertus s'y rangent à la suite de
« la charité. Puissent tous les biens y entrer avec elle, et
« que jamais l'envie, la dureté, la ruse ne trouvent place
« ici ! Mais que la justice y range les âmes sous ses lois,
« que l'abondance y fasse son séjour, que la soif et la faim
« n'y soient pas connues.

« O voyageur qui entres dans ce lieu, souviens-toi de
« Théodulfe, qui, avec l'aide de Dieu, a bâti cet hos-
« pice (1). »

Si jamais nos archéologues, dans leurs fouilles savantes, venaient à découvrir quelques pierres de ce monument d'un autre âge, ils n'auraient pas à chercher
d'autre inscription que ces derniers vers pour consacrer
un souvenir qui est une page de plus dans l'histoire iné-
puisable de la charité orléanaise.

Ce fut la gloire de presque tous les actes épiscopaux de

---

(1) THEOD., appendix, carm. x, *In xenodochio.*
 En patet ista domus mediocri exacta paratu
  Utcunque humanis usibus apta tamen.
 Quam Deus arce poli famulos miserando revisat,
  Cuncta adversa fuget, prospera cuncta ferat...
 Esuriens epulas, sitiens potum, hospes honorem
  Nudus operimentum hic reperire queat.
 Fessus opem, languens medicamen, gaudia moestus
  Hinc ferat, et cunctis consulat ista domus.
 Det pater altitonans donum hoc habitantibus istic
  Civibus ut pateat, et peregrine, tibi
 Ut fratrum atque Dei regnet dilectio semper,
  Virtutesque omnes hâc duce conveniant...
 Jus regat hic mentes, maneatque opulentia rerum
  Et procul atque procul sit sitis atque fames.
 Qui petis has sedes Theudulfi, quæso, memento
  Hic qui construxit tecta, favente Deo.

Théodulfe, d'avoir provoqué et devancé des institutions que l'on établit bientôt à son exemple sur tout le sol de la Gaule. L'Église gallicane ne tarda pas à seconder l'initiative de l'évêque d'Orléans. Quelques années avant sa mort, en 816, un concile réuni à Aix-la-Chapelle proclamait ce décret :

« Les évêques devront établir un hospice pour l'entre« tien duquel ils assigneront des biens ecclésiastiques, « outre les dîmes de toutes les terres des églises.

« De plus, les chanoines donneront pour cela la dîme « de tous les fruits et de toutes les offrandes qu'ils rece« vront. Cet hôpital, autant qu'il se pourra, doit être « auprès de la communauté des chanoines, afin qu'ils « puissent aller commodément servir les pauvres, et leur « laver les pieds, du moins en carême (1). »

(1) Apud LABBOEUM, *Conc. Aquisgran.*, 816, art. CXLI.

CHAPITRE XIII.

THÉODULFE, CHARLEMAGNE & LA PAPAUTÉ.

I. Influence de Charlemagne sur la renaissance des lettres au IXe siècle. — Épître de Théodulfe à Charlemagne sur la défaite et la soumission des Avares. — Éloge du roi. — Théodulfe l'exhorte à faire évangéliser les Barbares. — Baptême de Thudvin.

II. Mort du pape Adrien. — Son épitaphe par Théodulfe.

III. Violence exercée contre Léon III vengée par Charlemagne. — Théodulfe écrit une épître de félicitation au roi. — Charlemagne empereur. — Théodulfe s'applique à resserrer l'union du Saint-Siége et de l'empire.

Jusqu'ici c'est l'évêque qui nous est principalement apparu dans Théodulfe. Il est temps désormais d'envisager plus particulièrement le littérateur et le poëte, dans le pasteur zélé qui fit tourner les lettres au profit de sa foi, et qui fit un apostolat de la poésie.

I.

C'est une loi de l'histoire, que si les grands princes ne créent pas les grands siècles, du moins ils les inspirent et les secondent. Les esprits généreux ne veulent pas rester au-dessous des événements dont ils sont témoins, et les grands événements provoquent les grandes conceptions.

Charlemagne eut l'honneur d'exercer cette influence. Il fut le héros de la poésie de son temps, et il devait l'être. Son règne eut un grand but qu'il sut atteindre; et s'il fallait caractériser son œuvre dans l'œuvre générale de la civilisation, en assignant une place à son nom à côté des noms les plus fameux de l'histoire, je dirais qu'Alexandre a fondu l'Orient dans l'unité de la civilisation grecque, que César a fondu l'Occident dans l'unité de la puissance romaine, et que Charlemagne est venu à son tour fondre cet Occident, bouleversé, morcelé par les invasions, dans la grande unité de la civilisation chrétienne, dont les deux sommets furent le Pape et l'Empereur.

Dans l'année 756, Charlemagne venait de pousser ses conquêtes dans le Nord jusque chez les Avares, successeurs et trop dignes héritiers des Huns. Cette guerre, comme toutes celles que ce grand prince entreprit, était une croisade destinée à refouler la barbarie, l'hérésie et le paganisme. L'expédition, conduite par son fils Pépin et Hérik, duc de Frioul, avait été glorieuse et décisive. Le Khagan des Avares ayant été tué, le fils de Charlemagne passa le Danube et la Theiss, et arriva jusqu'au Ring principal de la nation. C'était une vaste enceinte fermée solidement par une palissade de troncs de chênes et de hêtres solidement entrelacés et recouverts de gazon. Selon l'usage des Tartares, les Huns n'avaient pas de villes; tout le peuple habitait dans ce camp fortifié, et le reste était laissé en pâturages déserts. S'il faut en croire un vieux soldat de Charlemagne, ce camp n'avait pas moins de douze à quinze lieues de tour, comme les villes de l'Orient, Ninive et Babylone. C'était là, au centre des solitudes immenses, que les Huns avaient entassé les dépouilles opimes de l'Orient. Pépin les leur enleva, et ses lourds chariots de guerre ramenèrent triomphalement à Aix-la-Chapelle les trésors d'Attila (1). Le monde était vengé. Une joie générale se manifesta dans tout le royaume; les Francs, qui jusqu'alors avaient été pauvres, comme l'atteste Eginhard, connurent l'opulence pour la première fois (2).

Des fêtes furent célébrées à la cour pour solenniser ce grand événement; Théodulfe quoiqu'absent, voulut y prendre part; il le chanta donc dans une longue pièce de vers qui est en même temps une page de l'histoire de France, et une page précieuse de sa propre histoire, puisqu'elle fait passer sous nos yeux, tour à tour, le roi, la cour et l'académie du palais, qui sont les trois grandes sources de son inspiration.

Le début de ce poème est un éloge fastueux de Charlemagne. Nous n'aurions pas à le mentionner ici, si nous ne voulions rapporter de Théodulfe que ce qui est un modèle de délicatesse et de bon goût (3).

---

(1) Le moine de saint Gall., liv. II, ch. II. — Voyez aussi DUCANGE, au mot *Hringus*.

(2) EGINHARD, *Vie de Charlem.*, ch. XIII, p. 17-18, traduct. de M. Teulet.

(3) THEOD., lib. III, carm. 1. « O prince, l'univers tout entier fait retentir tes louanges; mais ces éloges ne sauraient égaler tes vertus. Si la Meuse, le Rhin, la Saône, le Rhône, le Tibre et le Pô peuvent être mesurés, ta gloire le peut être aussi... Face auguste, plus brillante que l'or le plus fin, heureux qui peut jouir sans cesse de ton aspect! Heureux qui peut voir ce front si bien fait pour le bandeau royal, et dont nul autre au monde n'égale la beauté... Heureux qui peut recueil-

Disons tout cependant. Pour bien juger le poète, il faudrait se rendre compte de la fascination que le grand prince exerçait sur ses contemporains. Qu'on se figure donc, nous disent ses historiens, une taille de héros qui fait encore l'admiration de ceux qui visitent son tombeau à Aix-la-Chapelle, un port majestueux et qui imprimait le respect, avec une mine ouverte et un front serein qui gagnaient tous les cœurs, les yeux grands et vifs, les cheveux longs et d'une blancheur qui lui donnait dans sa vieillesse un grand air de majesté. C'est sous ces traits augustes que Charlemagne se montrait aux hommes de sa cour, suivi de vingt victoires, entouré du cortége d'un siècle glorieux, et portant en toutes choses cette grandeur sévère qui donnait à sa figure l'apparence d'une solennelle apparition.

Quoi que l'on pense de cet éloge du roi dans le poème de Théodulfe, il faut n'y voir toutefois qu'une préparation à de graves conseils dans lesquels l'évêque reparaît tout entier. Car, après avoir félicité le vainqueur de son triomphe sur les Huns, il s'empresse de lui faire voir une conquête plus haute et plus digne de lui dans la conversion de ces peuples barbares que le Christ appelle à se ranger sous sa croix.

« Reçois, lui dit-il (1), reçois d'un cœur joyeux les ri-

---

tir de ta bouche éloquente ces paroles gracieuses dont tu as le secret. Ta sagesse est incommensurable. Elle est plus large que le Nil, plus vaste que l'Ister aux flots glacés, plus étendue que l'Euphrate, plus profonde que le Gange. Faut-il s'étonner que le pasteur éternel ait confié son troupeau à un tel pasteur ?.. etc. »

(1) Théod., lib. III, carm. I, *Ad Carolum regem*.

Percipe multiplices lætanti pectore gazas.

(Quas tibi Pannonico mittit ab orbe Deus...

« chesses immenses que Dieu t'envoie du fond de la
« Pannonie. Rends de pieuses actions de grâces à Celui
« qui règne dans les cieux, et fais-lui comme toujours
« une large part de tes trésors.

« Voici que viennent vers le Christ, prêtes à le servir,
« les nations que ta main attire à son autel. Voici venir
« vers lui le Hun aux cheveux tressés, et le féroce bar-
« bare est devenu un humble enfant de la foi. Qu'avec
« lui s'avancent l'Arabe à la chevelure flottante. Et toi,
« fière Cordoue, gorgée des richesses entassées dans
« ton sein, livre tes trésors au prince à qui appartiennent
« tous les genres de gloire. A l'exemple des Avares,
« venez à votre tour, peuples nomades des Arabes, et
« courbez la tête aux genoux de notre roi. Ils n'étaient
« ni moins cruels ni moins farouches que vous : mais
« Celui qui les a domptés est le vainqueur irrésistible qui
« vous domptera vous-mêmes; je veux dire le Dieu roi
« des cieux qui pénètre les enfers, qui tient entre ses
« mains la mer, la terre et les astres du ciel. »

    Adveniunt gentes Christo servire paratæ
        Quas dextrâ ad Christum sollicitante vocas.
    Ponè venit textis ad Christum crinibus Hunaus
        Estque humilis fidei qui fuit antè ferox.
    Huic societur arabs, populus crinitus uterque est,
        Hic textus crines, ille solutus eat.
    Corduba, prolixo collectas tempore gazas
        Mitte celer regi quem decet omne decus.
    Ut veniunt Avares, Arabes nomadesque venite,
        Regis et antè pedes flectite colla, genu.
    Nec minùs hi quàm vos sævique trucesque fuère,
        Sed hos qui domuit vos domiturus erit.
    Scilicet in cœlo residens, per tartara regnans,
        Qui mare, qui terras, qui regit astra, polum.

C'était bien comprendre le vrai rôle de Charlemagne et la mission civilisatrice de la France, que d'assigner ce noble but à la conquête. Le prosélytisme armé n'est pas et ne fut jamais dans l'esprit de l'Église. Mais le lendemain des victoires, elle croyait de sa mission de descendre pacifiquement sur les champs de bataille pour gagner les vaincus, et leur rendre une patrie en leur ouvrant son sein. C'était le vœu de Théodulfe comme celui d'Alcuin. Tous deux l'ont exprimé presque dans les mêmes termes, et l'un et l'autre, repoussant tout moyen de violence, sollicitent en faveur de ces peuples infidèles cette condescendance discrète et charitable que plus tard Fénelon réclamait en faveur des protestants de France qu'il évangélisait (1).

Ces conseils de clémence ne furent pas perdus. Arnon, évêque de Salzbourg, en Bavière, homme doux et conciliant, fut chargé de porter l'Evangile aux Slaves et aux Avares dans toute cette partie de la Pannonie qui s'étend du fleuve Raab jusqu'au cours et à l'embouchure de la Drave et du Danube. Dans l'année suivante 797, Thudvin, l'un des chefs Avares, venait se livrer lui-même aux mains de Charlemagne, se reconnaître son vassal, et recevoir le baptême avec une multitude d'hommes de sa nation (2).

---

(1) ALCUIN, épist. VII, *Ad Karol. reg.* — Epist. XVI : « Mitte pios populo novello prædicatores, apostolorum præceptis intentos, qui lac, id est, suavia præcepta, suis auditoribus initio ministrare solebant.
Cf. Epist. *Ad Mogenfridum* : « Fides quoque.. res est voluntaria, non necessaria, attrahi poterit homo ad fidem non cogi... Gratis accepistis, gratis date... sint prædicatores non prædatores. »

(2) V. ALCUIN, épître VII, *Auctor Engolismensis :* « Ipso anno

II.

Cette double conquête religieuse et politique étant donc accomplie, Charlemagne songea à exaucer le vœu que Théodulfe lui avait exprimé dans ces vers : « Rends de « pieuses actions de grâces à celui qui règne dans les « cieux, et fais-lui une large part de tes trésors. » Une partie des richesses enlevées aux barbares fut donnée largement aux églises de France.

Le prince voulait aussi que le siége de Rome, alors occupé par le pape Adrien, profitât de sa fortune, et il se disposait à envoyer au Pape des dons considérables, quand il apprit la mort de ce Pontife, son ami. « A cette « triste nouvelle, raconte Eginhard, Charlemagne pleura « comme s'il se fût agi de la perte d'un frère ou d'un « fils bien-aimé (1). » Cette mort le frappait au cœur.

Toutefois, je me figure aussi que la politique mêlait ses regrets intéressés aux larmes les plus sincères de la tendresse filiale. Charles ne pouvait oublier que ce Pape

---

Tuduin cum multitudine Avarorum ad regem venit, et se ei dedit cum populo et patriâ, et ipse et populus ejus Christiani facti baptisati sunt. »

Suivant M. Pertz (*Monum. German. hist.*, t. I, p. 181, note 21), Thudum ou Thudvin serait un nom de dignité, et non pas un nom d'homme. Cependant, le contraire semble résulter de la chronique de Moissac, qui s'exprime ainsi : « Avarorum regulus quidam *nomine Theodanus.* » M. de Sismondi, *Histoire des Français*, t. II, p. 336, a suivi cette opinion.

(1) Eginhard, *Vita Caroli*, cap. xix : « Nuntiato sibi obitu sic flevit ac si fratrem aut charissimum filium amisisset. » — V. encore la lettre écrite par Charlemagne au roi Offa (dans dom Bouquet, t. V, p. 627), — et la *Chronique de Moissac* à l'année 795 (*ibid.*, p. 76).

était celui qui l'avait décoré de la pourpre de Patrice, et qui se proposait de lui conférer un titre plus solennel encore (1). Dans la tombe d'Adrien semblaient descendre à jamais de vastes espérances et des projets mûris depuis de longues années.

Aussi ce fut un deuil général à la cour. Charles ne se contenta pas de ce stérile hommage. Il voulut donner à son auguste ami un splendide témoignage de sa reconnaissance en lui faisant élever un riche mausolée, avec une épitaphe qui attestât ses regrets et les regrets des peuples.

Alcuin et Théodulfe furent concurremment chargés de composer l'inscription funéraire au nom du roi lui-même. Le poème de Théodulfe était ainsi conçu :

« Ces lettres d'or contiennent un chant de deuil, et
« sous cette riche couleur se cachent des paroles pleines
« de larmes.

« C'est l'amour que je te porte et ma profonde dou-
« leur qui me font parler ainsi, moi Charles, ton ami, ô
« Adrien, prélat bien-aimé, modèle des pontifes, lumière
« du peuple, règle du salut, homme saint, homme vrai-
« ment sage et digne de vénération, ton esprit était plein
« de charmes, ton aspect plein de dignité, ta sagesse pleine
« de lumières, ta charité brûlante, ton espérance et ta foi
« inébranlables. Tu fus l'honneur de l'Église, le flambeau
« resplendissant de la ville et du monde, ô père, et tu

(1) Le jour de Pâques 774, Charles étant à Rome, le Pape lui fit juger les causes des citoyens, conformément aux constitutions des empereurs, et dans une lettre datée de 775, Adrien écrivait déjà au roi de France : « Voici qu'un nouveau Constantin, *empereur très-chrétien*, a paru parmi nous. » — V. sur les projets d'Adrien et de Charles, M. OZANAM, *la Civilisation chrétienne chez les Francs*, ch. VIII, p. 355.

« m'étais plus cher que la vie. Je l'ai senti, le jour à jamais
« lamentable qui t'a enlevé du milieu de nous, j'ai senti
« renaître mes anciennes douleurs, et la mort de mes
« parents s'est représentée à mon âme. J'ai ressenti
« l'amertume dont m'abreuva jadis la mort de Pépin ;
« et cette nouvelle douleur me rappela, hélas! celle
« que j'éprouvai au trépas de Bertrade (1). Quand je
« viens à me rappeler ton image, très-saint père, une
« peine profonde s'empare de mon cœur et fait couler
« mes larmes. Je me disposais déjà à t'envoyer des dons
« qui eussent réjoui ton âme; maintenant je ne puis t'of-
« frir que des présents funéraires : un tombeau au lieu
« de riches vêtements, un chant de deuil au lieu de l'or
« que je te destinais ; enfin, ce que peut contenir l'urne
« qui est devenue ton étroite demeure.

« Vous tous qui la verrez, vous tous qui venez de l'au-
« rore ou du couchant, inclinez-vous devant ces restes
« augustes. Hommes et femmes, enfants et vieillards,
« étrangers, citoyens, qui que vous soyez, demandez
« pour Adrien le repos des bienheureux. Et toi, Rome,
« souviens-toi toujours de ce pontife qui fut ton protec-
« teur, ta défense et ton bouclier. Toi aussi, qui lui suc-
« cèdes sur le Saint-Siége, souviens-toi de lui pour que
« Dieu se souvienne de toi. Que par nos prières, il
« obtienne le repos de saint Pierre et de saint Paul, et
« l'assistance de toute l'assemblée céleste.

« O Dieu! souverain roi, ayez pitié de l'œuvre de vos
« mains! Voici qu'il est rentré dans la poussière, celui
« que vous aviez tiré de la poussière; mais par vous,

---

(1) La reine Bertrade, mère de Charlemagne, mourut au mois de juillet 783.

« cette poussière peut revivre encore. Je crois ferme-
« ment qu'un jour viendra où, victorieuse du tombeau,
« elle renaîtra pour ne plus mourir.

« O toi qui lis ces mots, apprends que tu seras un
« jour comme celui-ci, et que c'est là le chemin que
« toute chair doit suivre. Prépare donc ton âme aux
« événements de l'avenir, et dans tes prières, souviens-toi
« d'Adrien. Adieu (1). »

Cette épitaphe ne fut pas celle qui fut mise sur le tombeau ; on lui préféra le poème d'Alcuin ; mais Théodulfe avait atteint son but. Il avait célébré l'alliance amicale de la France et de Rome ; et en rattachant le royaume des Francs au siége de la vérité, de la science, de la civilisation et des arts, il avait fait preuve de patriotisme éclairé, autant que de christianisme fervent.

III.

Le successeur d'Adrien était Léon III, nom illustre réservé à la gloire du malheur et presque du martyre. Angilbert, confident et favori du roi, fut chargé de le féliciter et de lui porter des offrandes destinées à l'Église romaine. Léon reçut avec joie ces gages d'une union qui devait être sa force. Elle ne put cependant le défendre des violences d'une révolte qui bientôt le renversa de son siége.

Le 25 avril de l'an 799, qui était le jour de la fête de

(1) Théod., lib. II, carm. II.

Saint-Marc, le Pape assistait avec son clergé et tous les pénitents à la procession appelée des Litanies, quand une troupe d'hommes armés sortit, en vociférant, des maisons voisines. Deux prêtres mécontents, Pascal et Campulus, dirigeaient cette émeute. Ils jetèrent le Pontife à bas, le meurtrirent de coups de poing et de coups de bâton, et le traînèrent ainsi jusqu'au monastère de Saint-Sylvestre, où ils se préparaient à consommer leur crime à la face des autels, en lui coupant la langue et lui crevant les yeux. Ce cruel sacrilége fut-il exécuté ? On le crut généralement (1), et grande fut la surprise du duc de Spolète, quand, venu au secours du Pape, il le trouva qui voyait et parlait comme auparavant.

Le bruit de l'attentat et celui du miracle parvinrent en même temps au camp de Paderborn, où le roi commandait une expédition. Il fit venir vers lui le Pontife persécuté, le combla de grands honneurs, et quand il fut sûr de sa reconnaissance, il le fit reconduire à Rome par des seigneurs choisis et par les évêques les plus considérables de son royaume.

Un long applaudissement retentit dans la France, et l'écho en est parvenu jusqu'à nous dans les récits de l'histoire et les chants des poètes :

« C'est en toi seul, ô prince, écrivait Alcuin au
« roi son ami, que repose le salut de l'Église ébranlée.
« Tu es le vengeur des crimes, le guide de ceux qui se
« sont égarés, la consolation des affligés, la protection des
« gens de bien. N'a-t-on pas vu, du sein de l'Église de

---

(1) ÉGINHARD l'affirme, *Annal.*, ann. 799, traduct. de Teulet, p. 105. — ALCUIN le croit aussi, epist. II, *Ad Carol. regem.* THÉODULFE semble douter. V. carm. VI, *Ad Regem.*

« Rome, où la religion avait brillé dans toute sa splen-
« deur, n'a-t-on pas vu sortir des exemples de la plus
« horrible impiété ? Les insensés ! Ils ont aveuglé leur
« propre tête (1). »

Ce qu'Alcuin écrivait en prose, Théodulfe le disait en
vers, dans une épître au roi ; et là, comme partout, le
cœur de l'apôtre échauffe le génie du poète :

« Salut, ô roi béni ! disait-il, salut à toi pendant de
« longues années, et que le Dieu souverainement bon
« te comble de tous les biens. Car ton bien, c'est le bien
« et la gloire du peuple chrétien, dont tu es le défenseur et
« le père. Tu es, en effet, le protecteur de nos richesses,
« le vengeur des crimes, le dispensateur des honneurs,
« et, dans tout ce que tu fais, Dieu lui-même est ton
« guide. Tu es le bouclier des pontifes, l'espoir et le dé-
« fenseur du clergé ; c'est par toi que les prélats re-
« couvrent leurs droits sacrés.

« Le pape Léon en a fait l'expérience, au milieu de
« ses malheurs. Quand il était chassé par son propre
« peuple de sa ville et de son siége, et qu'il était plus
« près de la mort que de la vie, ta douce compassion l'a
« pris, l'a consolé, l'a ranimé, relevé, réconforté. Une
« troupe furieuse lui avait arraché les yeux et la langue,
« les insignes sacrés, les honneurs suprêmes ; mais Pierre
« lui a rendu ce que Judas lui avait ravi. Cette troupe
« séditieuse, c'est celle de Judas ; et en demandant la
« mort du pontife, elle a demandé la mort du Seigneur.

---

(1) ALCUINI, epist. II, *Ad Carol regem*. « ... Nonne Romanâ in sede ubi religio maximè pietate quondam claruerat, ibi extrema impietatis exempla emerserunt ? Ipsi cordibus suis exacti excæcaverunt caput proprium. » Cfr, epist. XII et XIII.

« Elle nie, il est vrai, que Dieu lui ait rendu l'usage de
« ses sens, refusant d'avouer qu'elle lui ait ravi la vue et
« la parole. Mais elle ne nie pas qu'elle ait voulu le faire.
« Or, si ces organes lui ont été rendus, c'est un miracle;
« s'ils n'ont pu lui être arrachés, c'est un autre miracle; et
« je ne sais lequel est le plus merveilleux. »

Ce que le poëte ajoute sur l'intervention du prince dans les affaires de l'Église n'a plus le droit de nous surprendre, après les explications que nous avons données (1). Toutefois, il faut encore faire la part des exagérations permises à la poésie, pour comprendre ces étranges éloges :

« Pierre pouvait lui-même sauver son successeur de ces
« ennemis farouches et de ces piéges odieux ; mais, ô
« roi très-clément! c'est à toi qu'il a donné ce rôle et
« confié cette mission. C'est par lui-même qu'il lui rend
« les yeux et la parole ; mais c'est par toi qu'il lui rend sa
« puissance et son siége. Il tient les clés du ciel, mais il te
« les confie ; il te donne celle de l'Église ; il se réserve
« celle du paradis. Toi, tu gouvernes ses biens ; mais il
« gouverne, lui, le peuple et le clergé ; et c'est lui qui
« un jour te conduira parmi les chœurs célestes.

« O pontife! ajoute-t-il, pontife maintenant guéri, as-
« sieds-toi en paix sur ta chaire solidement affermie ;
« et demande avec ferveur que Dieu protège le roi, que
« que le Christ lui conserve la vie, lui accorde le salut,
« et donne l'accroissement au royaume qu'il gouverne.

« Que le roi dont le trône est aux cieux te protège long-
« temps, ô grand roi ! et puissent prier pour toi tous les
« saints dont le corps est dans la terre, mais dont l'âme
« est dans le ciel !

(1) Voyez chap. XI, § IV.

« Tout le peuple et le clergé de ce pays te désirent.
« Puissé-je moi-même voir l'accomplissement de ces
« vœux ! Que le Seigneur t'amène dans nos murs, et
« qu'Orléans contemple son prince. A toi vie, salut, piété,
« bénédiction du Christ, ô roi pieux, roi sage, roi digne
« du cœur de Dieu (1) ! »

Charlemagne exauça la prière de l'évêque. Eginhard nous raconte que le roi ayant perdu la reine Luitgarde à Tours, la veille des nones de juin de l'année 800, il revint ensuite à Aix-la-Chapelle en passant par Orléans (2). Les chroniques de cette ville ajoutent qu'il vint prier sur la tombe de saint Aignan. Ces deux hommes devaient se comprendre. Le saint avait repoussé jadis par ses prières ces Huns que le conquérant venait de dompter par les armes.

Dans cette même année, Léon III réalisa la pensée de ses prédécesseurs. La couronne impériale, suspendue depuis soixante ans sur la tête des Carlovingiens, vint se reposer enfin sur celle de Charlemagne.

Théodulfe adressa au nouvel empereur une épître remplie des mêmes souhaits que celle que nous venons d'étudier. Là encore, l'éloge voile un remercîment, déguise une leçon ou prépare un conseil. Toujours dans Théodulfe, derrière le poète qui chante, on sent l'évêque qui évangélise. Un double amour échauffe sa poésie : l'amour de l'Église et celui de la patrie ; et l'union de l'une et de l'autre fut constamment le sujet de ses vers comme le but de sa vie. Est-ce à dire, cependant, qu'il se soit toujours rendu un

(1) Theod., lib. iii, carm. vi.
(2) Eginhard, Annal. Franc., anno 800, p. 107.

compte exact du résultat final de son œuvre et de sa parole? Je n'oserais le dire. L'homme travaille souvent pour un autre avenir que le lendemain auquel il songe. Mais l'histoire, qui ne refuse pas le prix de sa justice à la bonne action qui s'ignore elle-même, n'en devra pas moins une mention reconnaissante à ceux qui ont posé dans la concorde, dans le secours réciproque, dans les rapports de respect filial d'une part, et de confiance paternelle de l'autre, les bases de cette alliance, dont le maintien devait faire la force du moyen âge, dont la rupture violente en fit le plus grand malheur.

CHAPITRE XIV.

THÉODULFE, LA COUR & L'ACADÉMIE DU PALAIS.

I. LA COUR. — Tableau des fêtes de la cour décrites par Théodulfe. — Fêtes du printemps de 796. — Les fils et les filles du roi. — Les officiers royaux. — Le banquet.

III. L'ACADÉMIE. — Ce qu'elle était et ce qu'elle fit. — Pseudonymes savants. — Tableau des lettrés et des poètes tracé par Théodulfe. — Alcuin, Riculfe, Angilbert, Friedgies et Osulfe, Erchambault. — Rivalités de l'académie; Sedulius-Scotus et ses œuvres. — Ce qu'il faut penser de l'épître de Théodulfe au roi.

I.

C'est un curieux tableau que celui des fêtes ou de la cour plénière de 796, tracé de la main d'un familier du roi, et je ne sais si nulle part on a mieux représenté l'image vivante d'une cour à demi-germaine et à demi-latine, s'essayant aux arts polis de Rome, entre deux chasses d'aurochs, au bord d'un fleuve brumeux, au sein de vastes forêts et d'un pays sauvage.

Pour avoir une idée de la scène que Théodulfe va dérouler sous nos yeux, qu'on se figure donc le palais d'Aix-la-Chapelle, vaste entassement des marbres enlevés à Ravenne, réunissant sous ses lambris dorés tout ce qu'il y a de grand dans l'Église et dans l'État. Sur un trône élevé et orné d'or et d'argent, le monarque vêtu d'un manteau bleu et blanc flottant sur ses épaules, portant le diadème surmonté de rayons, et tenant la baguette d'or qui lui servait de sceptre; auprès de lui, ses fils et ses filles, que le poète compare à de jeunes rejetons qui entourent un grand arbre et soutiennent ses branches; l'impératrice avec son cortége de dames du palais, brillantes de l'éclat des pierreries que le commerce et la victoire avaient transportées de l'Orient à Constantinople, et de Constantinople en France; au premier rang, les deux grands dignitaires de l'État : l'évêque archichapelain et le comte du palais, rangeant sous leurs ordres tous les autres officiers, chancelier, chambellans, sénéchal, échanson, maréchal, tous vêtus de l'hermine, qui rappelait leur origine, les usages de leurs pères et les grandes forêts qui nourrissaient leurs aïeux; les musiciens auxquels on donnait encore quelquefois le nom de bardes; les poètes nommés fatistes, chantant dans leurs vers la gloire des guerriers francs; le peuple se pressant pour voir et pour entendre, et des hérauts lui jetant des monnaies d'or en criant : « Largesses de l'Empereur! » puis d'immenses festins, comme au temps d'Homère, pour lesquels on immolait des bœufs par hécatombes; enfin, dans l'intervalle des repas et des plaisirs, des cérémonies et des affaires, de grandes chasses à cheval, en grandes troupes et au bruit du cor, la poursuite des sangliers, des buffles ou aurochs dont les forêts étaient encore remplies, et qui offrait à ces mâles courages des dangers pleins d'attraits (1). Tel était l'appareil de ces grandes assemblées et de cette cour fastueuse. Elles n'ont pas manqué d'historiens pour les peindre ; elles ont eu aussi un poète pour les chanter.

Théodulfe, déjà, nous a fait assister au triomphe des Francs sur les Avares. Charlemagne voulut recevoir les dépouilles des vaincus dans des fêtes splendides auxquelles il convia l'empire tout entier.

C'était donc en l'année 796. Le poète nous apprend que l'on entrait alors dans la saison du printemps. Jadis, dans cette saison et dans ces mêmes lieux, les peuples de la Germanie promenaient le chariot de leur déesse Hertha, au milieu des forêts couronnées de verdure et semées de fleurs naissantes. C'était maintenant l'époque ordinaire des Champs-de-Mai. Le spectacle de la nature, dans son rajeunissement, servira donc de fond à cette scène, où d'abord se meuvent, au premier plan, les princes et les princesses de la famille royale :

« ... Voici, dit le poète (2), voici le printemps nouveau,
« et avec lui tout renaît au bonheur. O roi, c'est le
« moment où tous viendront vers toi et tes enfants.
« L'année, en vertu de ses lois éternelles, se renouvelle

---

(1) HINCMAR, *De ordine palatii*, t. II, p. 206.
(2) THÉOD., lib. III, carm. I, *Ad Carolum regem*.
 Ver venit ecce novum, cum quo felicia cuncta.
  Teque, tuosque adeunt, Rex, tribuente Deo.
 En renovatur ovans æternis legibus annus
  Et sua nunc mater germina promit humus.
 Sylvæ fronde virent, ornantur floribus arva,
  Sicque vices servant en elementa suas.

« dans la joie, et la terre fait sortir les germes ensevelis
« dans son sein maternel. Voici que les forêts se cou-
« vrent de feuillage, les champs se parent de fleurs, et
« toute la nature reprend une autre vie.

« Que les députés arrivent donc de toutes parts avec
« d'heureux messages. C'est le retour de la paix qui nous
« vaut ce bonheur; loin d'ici la discorde. Bientôt, nous
« n'aurons plus qu'à lever nos yeux, nos mains et nos
« âmes vers le ciel, pour rendre à Dieu mille et mille
« actions de grâces. »

Théodulfe avait-il assisté à ces fêtes? Il ne le dit pas. Mais il en décrit toutes les circonstances avec une telle fidélité, qu'on le croirait inspiré par ses propres souvenirs.

« Célébrons maintenant la gloire de l'assemblée, et
« que d'abord la prière s'élève sous les voûtes magni-
« fiques de la belle église. De là que l'on se rende au
« palais, et que le peuple en foule inonde les portiques.
« Que la porte s'ouvre ensuite; mais de toute cette mul-
« titude qui se presse pour entrer, que ceux-là seuls
« soient admis que leur rang appelle à cet honneur.

« Autour du roi dans tout son éclat, il me semble
« voir sa famille chérie élevée au-dessus de tous et sem-
« blable au soleil qui brille au haut du ciel. Que d'un
« côté soient ses fils, et de l'autre ses filles, et que leur
« père, en se voyant entouré de cette jeune vigne, se
« réjouisse dans son cœur.

« Qu'auprès de lui se tiennent Charles et Louis, Charles
« enfant encore, Louis orné des grâces de l'adoles-
« cence, tous deux également pleins de force, de jeu-
« nesse, de cœur et d'énergie, tous deux, par leur esprit,
« leur vertu, leur tendresse, faisant l'ornement de la
« patrie et l'amour de leur père.

« Que le roi tourne donc ses regards attendris tantôt
« sur ses fils, tantôt sur le chœur virginal de ses filles,
« dont rien n'égale la grâce, la parure, la beauté, la bonté
« et toutes les vertus. Qu'il abaisse ses yeux sur Berta, sur
« Rodtrudh, sur la jeune Gisla, auxquelles il faut joindre
« aussi la reine Leutgarde, aussi pieuse que belle.. Bien-
« veillante envers tous, envers le peuple comme envers
« les grands, elle prodigue ses bienfaits, répand les par-
« dons, sème de douces paroles, et ne sait que faire du
« bien sans jamais nuire à personne. Appliquée à l'étude,
« elle orne son esprit des nobles connaissances qu'elle ren-
« ferme dans son âme, comme dans une place forte (1). »

(1) Théod., lib. iii, carm. i.
   Circumdet pulchrum proles charissima regem,
    Omnibus emineat, sol ut in arce micat.
   Huic adstent pueri, circumstent indè puellæ
    Vinea lætificet sicque novella patrem.
   Sint Carolus Ludovicque simul, quorum unus ephebus.... etc.

Charles et Louis étaient, avec Pépin, alors absent, les trois fils que Charlemagne avait eus de la reine Hildegarde; Gisla, Berta, Rodtrudh étaient les filles du même mariage. Rodtrudh fut fiancée à l'empereur Nicéphore de Constantinople; mais ce mariage, qui devait réunir l'Orient et l'Occident, n'eut jamais lieu.

Leutgarde, dernière épouse de Charlemagne, mourut à Tours en 801. Tous les écrivains du temps ont loué, comme Théodulfe, sa beauté et ses vertus. Alcuin a dit d'elle dans son épître sur l'arrivée de Léon III auprès de Charles :
   Procedit, multâ circùm comitante catervâ
   Luitgardis Caroli pulcherrima nomine conjux.

Et le poète saxon a dit aussi :
   Moribus et vitæ merito laudabilis omni
   Cui nomen Luitgardis erat...

Il existe une petite pièce de vers de Théodulfe à cette reine pour lui demander du baume pour le Saint-Chrême, lib. iii, carm. v.
   O Regina potens, ô magni gloria regis,
   O populi, ô cleri luxque decusque vigens...

« Que cette famille chérie s'empresse autour du roi et
« rivalise de tendresse pour lui plaire. Qu'on donne à
« Charles un double manteau, des gants pour ses mains ;
« qu'on donne un glaive à Lodoich (Louis). Qu'assis sur
« son trône, le roi reçoive un don de la main de ses
« nobles filles, et de la main de son épouse bien-aimée.

« Donnez à Berta des roses, à Rodtrudh des violettes,
« des lys à Gisla, à toutes les présents du nectar et de
« l'ambroisie ; à Rothaidh des fruits, à Hiltrudh (1) des
« épis, à Tetdrad des raisins ; car elles ne se ressemblent
« pas, mais elles sont toutes belles. L'une aime les pierres
« précieuses, l'autre les étoffes de pourpre ; celle-ci pré-
« fère les colliers, celle-là les bracelets ; l'une porte une
« ceinture blanche, l'autre une ceinture rouge... Mais que
« toutes cherchent à plaire à leur père, celle-ci par ses

> Balsameum, regina, mihi transmitte liquorem
> Quo benè per populos chrismatis unguen eat.

Mais toujours évêque plus que courtisan, Théodulfe lui rappelle le devoir de prier pour son époux : « Nuit et jour tu appelles le secours de Dieu sur lui, et tu portes son nom vers le ciel :

> Ejus in auxilium tu nocte, dieque laboras
> Illius et semper nomen ad astra levas.

« C'est ainsi, comme disait Bossuet, huit siècles plus tard, sur le cercueil d'une autre reine de France, c'est ainsi que Marie-Thérèse attira tout par la prière... Quand tout cédait à Louis et que nous crûmes voir revenir le temps des miracles où les murailles tombaient au bruit des trompettes, tous les peuples jetaient les yeux sur la reine, et croyaient voir partir de son oratoire la foudre qui écrasait tant de villes. »

(1) N'est-ce pas cette femme de Charlemagne que les *Annales des Francs,* dans Bouquet, t. V, p. 48 et p. 65 ; la *Chronique de Moissac* (ibid., 75, c.); Paul Diacre, dans son livre *Des évêques de Metz* (ibid., 95, b.), et les *Annal. de Lorsch,* dans Pertz (t. I, p. 119), appellent Himiltrudis, Himiltruda ? — V. Trad. d'Éginhard, par A. Teulet, p. 29, note.

« paroles, celle-là par son sourire ; celle-ci par sa dé-
« marche, celle-là par sa gaîté.

« Si auprès du roi trône sa très-sainte sœur, qu'elle lui
« donne un baiser que lui rendra son frère ; mais elle
« doit savoir modérer sa joie et garder sur son front une
« réserve tranquille, pour n'ouvrir son âme qu'aux joies
« de l'époux éternel qu'elle s'est choisi (1). »

Ni le mouvement, ni la grâce, ne manquent à ces peintures. Les personnages y sont heureusement groupés, la pose animée, les traits caractérisés, le coloris frais et pur. C'est bien là aussi l'enjouement qui convient aux relations familières d'un homme excellent comme Théodulfe, avec un grand homme comme Charlemagne. Peut-être çà et là pourrait-on retrancher quelques détails qui ont dû paraître frivoles ou mondains sous la plume d'un évêque ; mais l'excuse s'en trouve dans la simplicité de ces âges primitifs ; et puis la sagesse n'a-t-elle pas son sourire, et Socrate lui-même, avant de dicter les graves entretiens du Timée et du Phédon, n'avait-il pas d'abord sculpté dans sa jeunesse les statues des Grâces décentes ?

Alors, comme depuis, il n'y avait pas de fête sans festin. Aussi, après les princes et les princesses du sang, Théodulfe passe en revue tous les officiers de la maison du roi, sans en excepter les officiers de bouche, dont il ne dédaigne pas les utiles services. Tous apparaissent tour à tour à

---

(1) Cette sœur était Gisla, portant le même nom que la fille du roi, consacrée à Dieu dès ses jeunes années, et morte peu de temps avant son frère, au monastère de Sainte-Marie de Soissons. V. ÉGINHARD, *Vita Karoli Magni*; PAULUS papa, epist. V, *Ad Pippinum*, et ADRIANUS, ep. IV, *Ad Pippinum*.

nos yeux avec leurs attributs, leur physionomie, et jusqu'à leurs ridicules, vivement saisis par le poète, et exprimés de même :

« Que les grands s'avancent donc, dit-il, qu'ils se
« rangent autour du roi, et que chacun rivalise de zèle
« pour remplir ses fonctions. Que Thyrsis se tienne prêt
« au moindre signe de son maître, et qu'il se montre alerte
« du pied, du cœur et de la main (1). Qu'il écoute les
« requêtes, accueillant celles-ci, rejetant celles-là, intro-
« duisant l'un, faisant attendre l'autre ou dedans ou
« dehors. Que le Chauve soit toujours auprès du trône
« royal, et qu'il y donne les preuves de son respect et de
« sa prudence.

« Que l'on y voie ce prélat glorieux, au visage ouvert,
« à l'âme bonne, au cœur pur, lui que tant de vertus ont
« élevé à ce haut rang, et consacré, ô Christ, à ton
« service (2). Qu'il vienne bénir la table du roi et s'y as-
« seoir lui-même...

« Vienne aussi Lentulus, chargé de fruits délicieux,
« portant ces fruits dans sa corbeille, mais portant la fidé-
« lité dans son cœur. Chez lui, l'esprit est prompt, mais
« tout le reste est lent. O bon Lentulus, précipite donc un
« peu ta parole et tes pas.

« Voici au contraire le petit Nardulus qui s'empresse,

---

(1) Thyrsis est le pseudonyme savant du chambellan ou camérier. Alcuin parle aussi de lui dans les vers suivants, ainsi que de Ménalque, préfet de la table royale :

Perpetuum valeat Thyrsis simul atque Menalcas,
Et calidas habeat Flaccus per ferula pultes.

(2) Il s'agit ici de l'archi-chapelain Hildebold, archevêque de Cologne. Il avait succédé dans cet important ministère à Angilramne, évêque de Metz.

« fait mille tours, va, court et revient comme une
« fourmi (1). Mais si la demeure est étroite, l'habitant ne
« l'est pas, et il bat un grand cœur dans cette petite
« poitrine...

« Je crois voir aussi Ménalque sortir de son office en
« essuyant la sueur qui coule de son front. Que de fois
« ne va-t-il pas, flanqué d'une légion de pâtissiers et de
« cuisiniers, porter à l'assemblée les sauces de sa façon(2)!
« Dans sa haute sagesse, il met ordre à tout, et présente
« les plats devant le trône dont il est la gloire. Il faut que
« je joigne à lui Eppinus le grand, l'échanson Eppinus,
« présentant d'une main les coupes éclatantes, et de
« l'autre les vins délicieux (3). Mais il est temps main-
« tenant de faire asseoir les convives et de demander
« au ciel la joie du festin. »

Au premier rang des invités, je trouve les membres principaux de l'académie palatine, et cette réunion des beaux esprits du siècle a exercé sur Théodulfe et sur toute la littérature de ce temps une trop puissante influence pour ne pas arrêter un instant notre attention.

---

(1) ALCUIN nous a fait connaître plus en détail ce petit homme :
    Janua parva quidem et parvus habitator in æde est,
        Non spernas Nardum, lector, in corpore parvo.
    Nam redolet Nardus spicato gramine multùm,
        Me lapis egregium portat tibi corpore parvo :
    Parva quidem res est oculorum, cerne pupilla,
        Sed regit imperio vivacis corporis actus.
    Sic regit ipse domum totam sibi Nardulus istam,
        Nardule, dic lector pergens, tu, parvule salve.

(2) *Jus synodale,* jeu de mots intraduisible en français.
(3) Eppinus est le même échanson, sans doute, qu'Alcuin appelle Néhémie.

II.

Il faut bien distinguer à la cour de Charlemagne l'école et l'académie. L'école, de fondation mérovingienne, se composait de jeunes gens nobles ou non, indistinctement destinés à l'Église ou aux armes, que l'on appelait les nourrissons du palais, et qui venaient là se faire initier aux lettres divines et humaines, à l'ombre de l'académie, qui leur donnait des maîtres et qui, plus tard, se recrutait elle-même dans leurs rangs.

L'académie, qui s'élevait à côté et au-dessus d'eux, était la société des lettrés du temps, poètes, savants, théologiens, astronomes, médecins, guerriers même et courtisans, sans excepter les dames du palais elles-mêmes, qui tempéraient par la politesse et la grâce ce qu'il pouvait y avoir de pédantisme dans ce commerce d'esprit.

Des cours publics ouverts dans le palais étaient le rendez-vous de cette assemblée variée. Je suis tenté de croire, avec M. Guizot (1), qu'à de tels auditeurs le maître parlait un peu au hasard de toutes choses, et qu'il y avait là plus de conversation que d'enseignement proprement dit. Les œuvres les plus sérieuses de ces hommes de lettres ne sont guère autre chose que des inscriptions, des placets en vers, d'ingénieuses énigmes, des compliments aux princes, ou quelques petites pièces de circonstance. Mais c'était déjà beaucoup qu'une association d'écrivains réunis sous le patronage d'un roi qui était lui-même un homme supérieur.

(1) M. Guizot, *Hist. de la civ. en France*, t. III.

C'est par là que l'académie du palais porta ses fruits. Elle réveilla l'antiquité dans sa tombe oubliée, et imprima une vive impulsion aux esprits. Là les hommes instruits apprirent à se connaître et commencèrent à s'unir. Là commença le premier mélange des hommes de lettres avec les gens de la cour, sur un pied d'égalité toujours déférente d'une part et polie de l'autre, où les rangs se rapprochèrent sans se confondre, et où la liberté ne fit pas oublier le respect. Je ne me dissimule pas que les mœurs encore rudes, les habitudes guerrières, les souvenirs barbares éloignaient souvent de cette société littéraire l'exquise délicatesse et l'urbanité attique qui en devaient être le premier élément. De plus, le pédantisme y mêlait ses travers et gâtait, par ses puériles prétentions, les premiers et ardents enthousiasmes des plaisirs d'esprit.

Tout cela ressemble assez aux cercles que les princes d'Italie formaient à leur cour dans le XVI° siècle, ou à ceux que réunissait chez nous, un peu après, l'hôtel de Rambouillet. Là, comme dans le salon de la fameuse Arthénice, on prend des noms classiques : le roi s'appelle David, Alcuin s'appelle Flaccus, Angilbert Homère, Friedgies Nathanaël, Amalaire Symphrosius, Eginhard Beseleel, Adalhard Augustin, Riculfe Damœtas ; Théodulfe lui-même prend le nom de Pindare, à l'imitation de l'école d'Aquitaine ; c'est encore un trait de ressemblance entre les deux renaissances du IX° et du XVI° siècle. Et quand je vois ces barbares revêtir ainsi, par dessus leur sayon, la chlamyde athénienne et la toge romaine qui vont mal à leur taille ; quand je vois ces guerriers, ces évêques et ces moines qui se font appeler comme les pasteurs des églogues ou les génies du grand siècle d'Auguste, je me rappelle les

Sylvie, les Anacréon et les Sapho de l'hôtel de Julie d'Argennes, alors que Vincennes se nommait Venouse, Meudon Tibur, et Paris Athènes.

Alcuin, de l'année 782 à l'année 796, fut le modérateur de cette académie sur laquelle il avait l'imprescriptible ascendant d'un esprit supérieur. Aussi bien Théodulfe le place-t-il en première ligne dans cette galerie de portraits groupés çà et là dans le poème que j'ai cité, avec le désordre et le pêle-mêle d'un festin :

« Que Flaccus paraisse, lui la gloire de nos poètes, et
« qui sait faire résonner la lyre harmonieuse, lui qui
« est à la fois un philosophe profond et un poète mé-
« lodieux, un homme puissant en doctrine et en œuvres.
« Qu'il vienne développer les pieux enseignements des
« saintes Écritures, et résoudre en se jouant les pro-
« blèmes du calcul. Qu'il adresse tour à tour sur les
« choses divines et sur les choses humaines des questions
« tantôt faciles et tantôt ardues ; mais de tous ceux qui
« voudront y répondre, il n'y aura que le roi qui trouvera
« la solution véritable.

« Vienne ensuite Riculfe avec sa parole éloquente, sa
« prudence, son langage poli, sa haute conscience et
« ses lumières. Bien qu'une contrée lointaine l'ait long-
« temps retenu, il ne vient pourtant pas les mains vides.

« Et toi, cher Homère, je chanterais bien tes louanges ;
« mais ta présence ne me permet pas ces éloges.

« Il ne faut pas non plus que nous soyons privés de
« l'habile Erchambauld, chargé de ses deux tablettes où
« il note fidèlement chaque parole qu'il recueille...

« Vienne ensuite le lévite Friedgies en compagnie
« d'Osulph, tous deux consommés dans leur art. Nardus

« et Erchambauld réunis à Osulph pourraient tous trois
« servir de pieds à une même table, car si l'un est plus
« gros et l'autre plus fluet, tous trois sont d'égale taille.

« Que le vénérable Albinus vienne prendre place et
« s'asseoir au festin. Si l'on sert à table ou le vin ou la
« bière, il acceptera volontiers l'un et l'autre, et sa muse
« chante mieux quand les profondeurs de sa poitrine
« doctorale ont été arrosées... Voici les viandes, voici
« le laitage, voici la table chargée de mets. Buvez donc
« et mangez, debout ou assis. Puis, quand cela sera fait,
« enlevez la table et tout le festin, et que tout le peuple se
« retire dans la joie. Les autres entendront la muse de
« Théodulfe qui réjouit le cœur des seigneurs et des
« rois (1). »

Jusqu'ici tout va bien ; sauf quelques plaisanteries d'un goût assez suspect, l'enjouement n'excède pas les bornes de la convenance, et dans cette galerie de portraits contemporains, on sent que le respect et parfois l'amitié ont tenu le pinceau.

C'étaient des hommes considérables que ceux dont le

(1) THEOD., lib. III, carm. I. Par cette muse il entend son épître qui sera lue en présence du roi.

His benè patratis, mensis dapibusque remotis
Pergat lætitia plebs comitante foras.
Hacque intus remanente, sonet Theodulfica musa
Quæ foveat reges mulceat et proceres, etc.

C'était l'usage de chanter à table. Les anciens poèmes populaires, *vulgares cantilena, gentilitia carmina* que fit recueillir Charlemagne se chantaient ordinairement durant les repas, comme le prouve ce curieux passage de la vie de saint Ludger (PERTZ, t. II, p. 412) : « Ecce illo discumbente cum discipulis suis, oblatus est cæcus, vocabulo Bernlef, qui à vicinis suis valdè diligebatur, et quod esset affabilis et antiquorum actus regumque certamina benè noverat psallendo promere. »

poète retraçait ainsi les traits. Riculfe, l'homme éloquent, était peut-être Riculfe l'archevêque de Mayence, ou plutôt le comte Riculfe, alors occupé dans quelque expédition dont il devait revenir les mains pleines de dépouilles. Friedgies et Osulphe étaient deux disciples éminents d'Alcuin, et le premier devait devenir, sous Louis-le-Débonnaire, abbé de Saint-Martin de Tours et chancelier du roi. Erchambauld était chancelier de Charlemagne, et les annales du temps citent souvent son nom. Angilbert était un Neustrien distingué, chevaleresque, favori de Pépin, ami de Charlemagne, gouverneur de la France maritime de l'Escaut à la Seine, aimé de tous les savants et surtout de Théodulfe, poète et courtisan qui se faisait appeler Homère, et qui se crut obligé, pour justifier son nom, d'écrire une épopée sur les hauts faits de Charles. Enfin, après avoir été l'amant coupable, puis l'époux fidèle de la princesse Bertha, il devait achever dans la pénitence, à l'abbaye de Saint-Riquier, une vie pleine de passions, d'orages et de regrets (1).

Nous n'avons vu jusqu'ici que les amis de Théodulfe dans ces doctes courtisans. Mais, comme partout où il y a

(1) V. *Hist. littér. de la France*, D. RIVET, t. III. — *Hist. litt. franç.* de M. AMPÈRE. — Notæ Sirmundi ad Theodulfum. — *Hist. de l'Église gallicane*, t. V.
Angilbert entretenait avec Théodulfe une correspondance en vers. Il nous en reste une épître de Théodulfe hérissée d'allusions qui la rendent à peu près inintelligible. Les noms propres y sont remplacés par des pseudonymes empruntés à la Bible ou à l'antiquité classique : Lamuel, Tityrus, Delia, Beselel, Lucius, Damœtas, Ménalque, Aaron, Nemias, Elias, Hardberd, Putifar, Bagao, Egeus, Nemrod, Polyphème. Il fait une critique de la cour, qui serait intéressante si nous avions la clé de

des hommes, les rivalités ne manquaient pas à cette cour et à cette académie. Alcuin, personnellement accepté et aimé, avait attiré une foule de ses disciples qui venaient d'Angleterre, et qui avaient fini par fatiguer de leur nombre et de leurs prétentions l'hospitalité des Francs (1). Théodulfe partageait ces vives antipathies pour ceux que l'on n'appelait plus que les Égyptiens. On en trouve la trace dans la critique amère qu'il fait en ces termes de certains poètes écossais de la cour de Charlemagne :

« Que Nardulus apporte ses livres, et qu'il prépare
« ses traits pour en percer le Scot. Pour celui-ci, tant que
« je vivrai, je ne lui donnerai d'autre baiser que celui
« que donne le loup dévorant à l'âne aux longues oreilles.
« Le chien nourrira les lièvres, le loup fera paître les doux
« agneaux, et le chat fuira devant les souris, avant que
« moi, le Goth, je fasse jamais alliance avec le Scot. Si
« lui-même recherchait mon amitié, je le fuirais, rapide
« comme le vent. D'ailleurs, ôtez de son nom la seconde
« lettre, et vous saurez ce qu'il est (2). »

tous ces faits et de ces noms. On y remarque ce tableau de Charlemagne au milieu de ses filles (lib. III, carm. III) :

David in arce manet paucis cum forte puellis,
Pieriam sufflat carmina quæque tubam.
In primis rutilat flaccinas Delia musas,
Post aliæ pariter organa sacra boant.
Delia Threiciam jam pangit pollice chordam
Floribus atque ornat tempora sacra novis
Vinnula mellifluas rimatur fistula Musas
Gutture ter quinos personat ecce tonos, etc.

(1) *Vita Alcuini*; WRIGHT, *Biographia anglo-saxon period.*; AMPÈRE, *Hist. litt.*, t. III, ch. IV.

(2) THÉOD., lib. III, carm. I.
Et nunc ille libros operosus, nunc ferat et res
Spiculaque ad Scotti nunc paret apta necem.

L'invective est violente, et Théodulfe a besoin de nous avertir, en finissant, qu'il ne s'agit là que d'une simple plaisanterie. Il se croit même obligé de s'en excuser auprès de ceux qu'il aurait couru le risque d'offenser : « Muse, « demande pardon à tous ceux que concerne ce badinage. « Fasse la charité de Jésus-Christ qu'il n'ait blessé per- « sonne (1) ! »

Par quelles fautes, se demande-t-on, par quels méchants écrits le poète d'outre-mer s'est-il attiré ces traits d'une satire sans pitié? Nous serions condamnés à l'ignorer encore, et nous ne saurions pas même le nom de cet infortuné, sans les découvertes du cardinal Maï. Ce savant prélat a retrouvé le poème de Sedulius Scottus dédié à l'empereur Charlemagne ou Louis-le-Pieux. C'est un mélange bizarre de prose et de vers qu'il a intitulé des *Recteurs* ou des *Rois chrétiens*. Il faut en convenir, Sedulius Scottus donnant des conseils aux rois dans un mauvais langage n'est certainement pas un homme de génie. Mais pourtant était-il de beaucoup inférieur à tant d'écrivains aujourd'hui ou-

> Cui dum vita comes fuerit hæc oscula tradam
> Trux, aurite, tibi quæ dat, aselle, lupus.
> Ante canis lepores alet, aut lupus improbus agnos
> Aut timido muri musio terga dabit,
> Quam Geta cum Scotto pia pacis fœdera jungat,
> Quæ si forte velit jungere, ventus erit...
> Cui si litterulam quæ est ordine tertia tollas
> Inque secunda suo nomine forte sedet....

Il dit ailleurs plus explicitement :
> Hic Scottus, Sottus, Cottus trinomen habebit.

(1) Theod., lib. III, carm. I.
> At tu posce pio reditum mea fistula regi,
> Et cunctis veniam quos ciet iste jocus.
> Qui ne quem offendat faciat dilectio Christi,
> Omnia quæ suffert, cui bona cuncta placent.

bliés dont fourmillait alors l'académie du palais (1)? Théodulfe, cette fois, n'a-t-il pas succombé à quelqu'un de ces accès d'irritabilité que l'on a reprochés à la race des poètes? Quoi qu'il en soit, le jeu de mots de *Sottus*, substitué à *Scottus*, fut trouvé excellent. Il eut cours bien longtemps contre les malheureux étrangers de l'Ecosse, et même l'on racontait que les princes eux-mêmes ne le trouvaient pas au-dessous de leur majesté (2).

J'ai beaucoup insisté sur ce petit poëme de Théodulfe, parce qu'il n'en est point dans tout le recueil qui présente à l'historien et au littérateur un tableau plus heureux et un plus agréable mélange. Il y a dans Théocrite certaines idylles piquantes qui unissent dans un même sujet l'épopée et la pastorale, la comédie et la satire. Si ce genre en était un, ce serait à celui-là que je rapporterais cette pièce originale, qui nous initie successivement aux triomphes splendides d'un roi conquérant, aux fêtes somptueuses d'une cour élégante, et aux rivalités d'une académie de lettrés.

---

(1) V. M. AMPÈRE, *Hist. litt. de la France avant le XIIe siècle*.
(2) M. AMPÈRE, ch VII, p. 131. Un jour que Scot-Erigène dînait à la table de l'empereur Charles-le-Chauve, ce prince, qui était assis en face de lui, lui ayant demandé : « Quelle distance y a-t-il entre un Scot et un sot ? — La largeur de la table » répliqua fièrement le spirituel étranger.

CHAPITRE XV.

THÉODULFE POÈTE & ÉCRIVAIN.

I. Théodulfe nourri de l'antiquité sacrée et profane. — Querelle sur l'enseignement des auteurs païens au IX⁰ siècle. — Ce qu'en pense Théodulfe. — Son goût pour les auteurs de la décadence. — Comment il est de leur école. — Défauts de sa versification. — Poésie théologique.

II. Christianisme de sa poésie. — Traités de morale chrétienne. — Une parabole. — De la sensibilité chez Théodulfe. — Ce qu'il pense de la mélancolie. — Vraie tristesse chrétienne.

III. De la satire et de l'anecdote badine chez Théodulfe. — Commencements de fabliaux et esprit gaulois. — Théodulfe est-il poète, et quel rang faut-il lui assigner ?

I.

On n'a pas oublié les vers dans lesquels Théodulfe, à la fin du banquet et de la fête qu'il vient de décrire, s'annonce pompeusement comme le chantre préféré de la cour et du roi :

> Hacque intùs, remanente, sonet Theodulfica Musa
> Quæ foveat reges, mulceat et proceres.

Cet éloge naïf, que le poète se décerne à lui-même, prenait-il sa source dans un juste sentiment de son propre mérite, ou n'était-ce pas plutôt l'effet d'une séduisante illusion qui n'est pas rare chez les poètes ? Je vais essayer de l'examiner, en remontant d'abord aux sources de son inspiration, et en étudiant le génie de l'écrivain dans sa pensée, ses procédés et son style.

Lui-même nous a facilité ce travail, et, en nous faisant connaître ses lectures favorites, il a jeté un grand jour sur toute cette étude. On connaît un écrivain par les livres qu'il préfère, comme on connaît un homme par ses amis. Théodulfe avait de ces amitiés de l'intelligence avec les anciens, et lui aussi il aurait pu dire avec notre Lafontaine :

> J'en lis qui sont du Nord et qui sont du Midi.
> Térence est dans mes mains ; je m'instruis dans Horace.
> Homère et son rival sont mes dieux du Parnasse.
> Je le dis aux rochers. . . . .

Mais, dans cette intimité littéraire qu'il cultive, Théodulfe établit une hiérarchie. Évêque plus qu'homme de lettres, le prêtre chez lui l'emporte sur l'académicien, et parmi les auteurs dont il nourrit son esprit, il réserve le premier rang aux Pères de l'Église :

« Il est des livres que j'ai pris l'habitude de relire sans
« cesse, et ce travail est pour moi celui du jour et de
« la nuit. Je lis fréquemment saint Grégoire, saint Au-
« gustin, les écrits de saint Hilaire, et tes œuvres aussi,
« saint Pontife Léon. Je lis Jérôme, Isidore, Jean à la
« bouche d'or, et toi, illustre martyr Cyprien ; enfin, j'en

« lis d'autres encore dont il serait trop long de citer
« les noms, et que la science a portés jusqu'aux cieux (1). »

Ce sont là les livres qu'un auteur ecclésiastique appelait ingénieusement le jardin des évêques. Mais à côté de ce verger plein de fruits, il y a le parterre éternellement fleuri de la littérature profane ; et le théologien ne dédaigne pas de puiser à ces sources intarissables d'instruction et de vie :

« Nous lisons, reprend-il, et nous lisons souvent les
« écrits des sages de la gentilité, de ceux qui ont excellé
« dans les sciences diverses; et je ne regarde pas comme
« le dernier de mes soins l'étude des auteurs que je vais
« nommer : Sedulius, Rutilus, Paulinus, Arator, Avitus,
« Fortunat, Juvencus à la voix tonnante ; toi surtout qui
« sais varier ton mètre avec discernement, ô Prudence,
« notre père. Enfin, je vais de Pompée à Donat, de Virgile à Ovide (2). »

On ne trouve dans cette liste aucun des écrivains grecs. Il ne faudrait pas en conclure cependant que leur étude fût délaissée alors, et j'ai déjà dit les raisons qui me portaient à croire que Théodulfe savait le grec. Il se glisse

(1) THEOD., lib. IV, carm. I.
 Namque ego suetus eram hos libros legisse frequenter
  Exstitit ille mihi nocte dieque labor.
 Sæpe et Grægorium, Augustinum perlego sæpè
  Et dicta Hilari, seu tua, papa Leo.
 Hieronymum, Ambrosium, Isidorum, fulvo ore Joannem.
  Inclyte seu martyr, te, Cypriane pater.
 Sive alios quorum describere nomina longum est
  Quos benè doctrinæ vexit ad alta decus.

(2) THEOD., lib. IV, carm. I.
 Legimus et crebro gentilia scripta sophorum
  Rebus qui in variis eminuere satis.

même parfois quelques hellénismes dans ses vers. Seulement les grands génies d'Athènes étaient plus éloignés de ces temps et de ces mœurs que ne l'étaient ces hommes de l'ancienne Rome, dont la langue, bien qu'altérée, était encore usuelle, et dont les monuments de tout genre étaient encore debout. A l'exception d'Homère, dont le privilége est d'être le poète de toutes les générations, il est bien présumable que les eaux vives de la littérature grecque n'arrivaient à ces siècles que par les canaux de la littérature romaine.

Faut-il le dire aussi ? Les querelles que nous avons vu se renouveler de nos jours, au sujet de l'étude des auteurs profanes, divisaient déjà alors le clergé et les savants. Mais elles avaient alors une racine plus profonde. Ce dissentiment tenait à une antipathie naturelle de races et de mœurs, et ce qui ne paraît qu'une lutte littéraire était une des faces de cette lutte engagée entre les traditions romaines, restaurées par la politique de Charlemagne, et le génie germanique encore tout vivant dans les passions des Francs (1). Ainsi, sous Charlemagne, en pleine renais-

Cura decens patrum nec erat postrema piorum
Quorum sunt subter nomina scripta vide.
Sedulius, Rutilus, Paulinus, Arator, Avitus
Et Fortunatus, tuque Juvence tonans.
Diversoque potens prudenter promere plura
Metro, ô Prudenti, noster et ipse parens.
Et modò Pompeium, modò te, Donate, legebam,
Et modò Virgilium, te modò, Naso loquax.

(1) Il n'y avait pas longtemps qu'on repoussait les études païennes, quel que fût leur emploi, et que saint Ouen citait au tribunal du Christ tous les poètes, tous les orateurs, les historiens, les philosophes du paganisme, en les défiant de rien apprendre au chrétien.

sance, Virgile eut le privilége de diviser les hommes de ce temps, de faire la passion des uns, le scandale des autres, l'occupation de tous. On disait de Rigbod, évêque de Trèves, qu'il savait mieux les douze livres de l'*Enéide* que les quatre évangiles. Alcuin, dans son enfance, avait préféré les larmes de Didon aux hymnes de David (1). Plus tard, il se plaignait, dans une épître au roi, qu'on ne l'enseignait pas aux élèves du palais (2). » Mais quand il fut vieux, il avait fini par en concevoir des remords, et il avait chassé de son école de Tours le chantre de Pollion, sans doute pour se punir de l'avoir couronné de trop de fleurs dans sa jeunesse; et son disciple Sigulfe devra se cacher du maître pour expliquer Virgile à l'abbaye de Ferrières. Ainsi l'on rencontrait alors ce qu'il faut s'attendre à rencontrer toujours, des hommes d'un esprit honnête, mais timoré, qui s'effrayaient de voir entrer dans le sanctuaire des idées et un langage portant encore l'empreinte et comme le vêtement de l'idolâtrie.

L'évêque d'Orléans n'avait pas ces terreurs ni ces exclusions manifestement étroites. Le nom de Virgile et celui d'Ovide, qui couronnent la liste de ses lectures préférées, étaient une profession de foi hardie et décidée. D'ailleurs, c'était chez lui plus qu'un sentiment, c'était une conviction. Persuadé que les vérités éparses, au milieu d'un grand nombre d'erreurs chez les sages de la Grèce et de Rome, sont des rayons égarés de la lumière

---

(1) M. OZANAM, *Civil. chrét. chez les Francs*, ch. IX, p. 546.
(2) *Alcuini versus*, apud Froben, t. II, p. 228.
  Quid Maro versificus solus peccavit in aulâ ?
  Non fuit ille pater dignus habere magistrum
  Qui daret egregias pueris per tecta camoenas ?

dont le Christ est le foyer, il croyait que son œuvre était de les rassembler, et non de les éteindre. Ainsi s'en explique-t-il très-ouvertement dans les vers qui suivent, et les raisons qu'il présente ne manquent ni de justesse, ni d'élévation :

« Je sais bien, dit-il, que ces poètes sont pleins de fri-
« volités; mais sous ces voiles mensongers se cachent
« des choses d'une haute utilité. La poésie se nourrit de
« fictions, la philosophie de vérités ; mais la philosophie
« sait découvrir la vérité dans la fable elle-même (1). »

A l'appui de ce principe, il cite quelques exemples du symbolisme dans la mythologie, et la pièce tout entière est consacrée au développement de cette idée féconde. Les interprétations qu'il donne ne sont pour nous ni d'une grande nouveauté, ni d'une grande profondeur; notre critique est allée au-delà. Mais elles servent du moins à ranger l'évêque d'Orléans dans la classe de ces esprits élevés et larges qui savent, il est vrai, discerner et choisir, mais qui n'excluent rien de ce qu'a conquis de beau, de vrai, de bon, la civilisation païenne par tant de siècles de génie et d'efforts.

Comme il arrive toujours, et comme j'aurai bientôt à le constater, Théodulfe lui-même profita des excès du parti contraire. La présence vigilante de ses adversaires servit à le prémunir contre un paganisme littéraire outré. Un contrôle réciproque vint prévenir des deux côtés toute

---

(1) Théod., lib. IV, carm. I.
In quorum dictis quamquàm sint frivola multa
Plurima sub falso tegmine vera latent.
Falsa poetarum stylus affert, vera sophorum
Falsa horum in verum vertere sæpè solent.

exagération, et retenir chacune des deux tendances opposées dans un salutaire équilibre.

En effet, Théodulfe, quoique grand admirateur des œuvres littéraires de l'antiquité païenne, est peut-être celui de tous ses contemporains dont le langage se dégage le plus complètement des langes du paganisme. Ausone avait retenu les formes, les images et toutes les habitudes de la mythologie. Fortunat n'avait fait que continuer le consul en jetant, dans un moule le plus souvent profane, les idées de l'Évangile. Théodulfe se débarrasse de ces nuages qui obscurcissent l'éclat resplendissant du Verbe de Dieu. Disciple des anciens, il admire leurs beautés, mais sans rien emprunter à leur Olympe vaincu. Et si quelquefois les fables méprisées, mais toujours charmantes, de la Grèce et de Rome, ramènent sous sa plume une réminiscence ou une allusion, il saura se garder de ce mélange monstrueux d'idées chrétiennes et d'images païennes que l'on a reproché au XVIe et au XVIIe siècle. Même il arrivera que les symboles de la fable seront éclairés par lui d'une lumière plus pure, et il fera tourner le génie, la poésie, la langue des païens à l'honneur du Christ, comme ces images antiques de Pan et d'Orphée, reproduites par les peintres chrétiens des Catacombes, mais portant sur leurs épaules la brebis fatiguée qui leur donne l'aspect aimable du bon pasteur.

Cela tient à une autre cause qu'il est temps de signaler. C'est que, malgré le culte dont il les entoure, Théodulfe n'est de l'école ni de Virgile, ni d'Ovide. Il est, fond et forme, de l'école des poètes chrétiens du Ve siècle, de ceux qu'il énumère dans les vers que j'ai cités, et qui remplissent à eux seuls presque toute la liste de ses lectures de choix. Il en a les défauts comme les qualités, et il est facile de reconnaître en lui leur disciple, soit que l'on considère sa versification et son style, soit que l'on examine le genre de poésie entièrement théologique qu'il a adopté.

Il faut en convenir : sous le rapport du style, de la forme, du beau, c'étaient des maîtres bien peu capables de former le goût de Théodulfe, que ces versificateurs d'une littérature décrépite et sans souffle. Quel modèle que le *Paschale Carmen* du prêtre Sedulius (1)! Quels vers que ceux dans lesquels Arator traduit, en les affaiblissant, les actes des apôtres (2)! Le style de Paulin de Nole, pour être plus fleuri, n'est pas toujours très-correct (3). Et si Avit de Vienne lui est supérieur par quelques conceptions hardies et poétiques (4), il y avait bien loin de ces pâles et rares étincelles de génie aux grandes lumières qui avaient éclairé le siècle d'Auguste. Plus de rapports rapprochaient entre eux le génie de Théodulfe et celui de Fortunat, le poète élégant de la cour des Mérovingiens qui avait des félicitations pour tous leurs succès, des hymnes pour toutes leurs fêtes, des

(1) Sedulius Caius-Cœlius, prêtre et poète du Ve siècle, loué par saint Jérôme. Son *Paschale Carmen* est la vie de Jésus-Christ en vers.

(2) Arator, né en 490, en Ligurie, intendant du roi Athalaric, présenta au pape Vigile les actes des apôtres en vers latins.

(3) Saint Paulin de Nole, né à Bordeaux d'une famille consulaire, élève du poète Ausone, fut élu consul en 378 et évêque de Nole en 409. On a de lui trente-deux pièces de poésie.

(4) Saint Avit, de Vienne, d'une famille sénatoriale d'Auvergne, évêque de Vienne en 490, écrivit six poèmes sacrés que M. Guizot a analysés (*Hist. de la civ. en France*, leç. XVIIIe), et qui ont fourni d'heureuses inspirations à Milton.

chants même pour leurs festins (1). Quant au poète Juvencus, si on en excepte son poème du *Triomphe héroïque du Christ*, où l'on trouve en germe des procédés poétiques plus hardis et un tour de composition nouveau, il ne s'est guère mis en peine dans les quatre livres diffus, arides et incorrects de sa *Vie de Jésus-Christ*, de justifier le surnom homérique de *tonnant*, que lui décerne un peu gratuitement Théodulfe (2). Enfin, on ne sait pas même quel est le Rutilus mentionné dans ses vers, à moins qu'il ne s'agisse de Rutilius Numantianus que, par conséquent, il ne faudrait pas placer parmi les poètes chrétiens. Entre tous ces modèles, Théodulfe laisse voir sa prédilection pour Prudence (3), qu'il appelle le père de sa poésie. Prudence a quelques-unes des qualités du poète, mais il est un de ces modèles qui trompent l'imitateur par leurs nombreux défauts.

Théodulfe n'échappe pas à cette contagion. Autant sa prose est ferme, correcte, harmonieuse, presque cicéronienne, autant ses vers sont pleins de ces incorrections qui accusent l'oubli dans lequel est tombée alors la prosodie (4). Il est vrai de dire pourtant que pour la facture et pour la pureté du langage, ses vers sont supérieurs à

---

(1) Fortunat a été très-bien jugé par M. Ozanam. (*Hist. de la civ. chrét. chez les Francs*.) — M. Augustin Thierry s'est montré trop sévère pour lui. M. Guizot en parle avec plus d'impartialité.

(2) Juvencus, poète espagnol, vers 329.

(3) Prudence, né aussi en Espagne en 348, fut le favori d'Honorius. Ses vers sont pleins de fautes, malgré quelques strophes gracieuses comme celles de son hymne : *Salvete Christi victimæ*.

(4) C'est ainsi qu'il lui arrive très-souvent de terminer par une syllabe brève le premier hémistiche du pentamètre. « On ne voit pas, a

ceux du VIII° siècle, souvent même à ceux du VII°. Les critiques s'accordent à lui rendre cette justice. On ne trouve pas chez lui ce mélange incohérent de latin dégénéré, de celtique et de tudesque qui dépare les ouvrages poétiques de son temps. Mais il ne se soustrait pas non plus à ce goût de recherche, de métaphores amoncelées, d'inversions forcées qui règne dans ses modèles et qui s'est emparé de ses contemporains. Il lui arrive souvent de faire de la rhétorique au lieu de faire de l'éloquence. Il n'évite pas avec assez de soin les voies de cette poésie descriptive, technique plus que pittoresque, dont le caractère essentiel est d'exceller à vaincre les difficultés qui ne valent pas la peine d'être vaincues, à décrire ce qui n'a nul besoin d'être décrit, à faire connaître les objets plutôt qu'à les faire voir, à faire de l'anatomie plutôt que de la peinture. C'est en vain que pour cacher l'inanité du fond, il entasse les détails superflus et les ornements parasites; c'est en vain qu'il accumule les images, qu'il amoncelle les fleurs à la surface : ce sont des images qui n'ont pas cours chez la postérité; ce sont des fleurs qui n'ont ni fraîcheur ni parfum, qui ne durent qu'une saison, qui tombent à l'automne de chaque siècle littéraire, et qui ne renaissent pas de printemps en printemps pour embellir le chemin de toute génération qui passe en ce monde, et charmer son voyage.

remarqué M. Ampère, qu'Alcuin ni d'autres aient rien écrit sur la poétique. On se bornait apparemment à en donner les règles de vive voix. Mais il fallait que ceux qui les apprenaient aux autres les ignorassent eux-mêmes ou que leurs disciples fussent très-infidèles à les suivre. En effet, tout ou presque tout ce qui nous reste de ce temps-là est plein de fautes contre la prosodie. (M. AMPÈRE, *Hist. litt.*, t. IV, p. 22.)

Un vice que Théodulfe tient encore de ses modèles, c'est l'usage à peu près exclusif du distique, rythme ingrat qui ramène uniformément la même cadence, fait tomber la phrase de deux vers en deux vers, et enchaîne la pensée dans d'étroites entraves.

Il va même plus loin, et quoique plus sévère en ceci que ceux de son époque, il succombe deux fois à la tentation de soumettre son vers à ces difficultés laborieusement puériles qui signalent les derniers âges de la littérature latine. C'est ainsi qu'il a écrit deux pièces de distiques, dans chacun desquels le dernier hémistiche du pentamètre n'est que la reproduction du commencement de l'hexamètre qui précède. C'est ce qu'on appelait des vers réciproques (1). Quand ces procédés, qui ne sont plus de l'art, mais de la mécanique, deviennent le goût dominant d'une époque, c'est un signe infaillible que la pensée descend, que l'inspiration, qui est la vie, se retire, et avec elle le style, qui est la lumière.

II.

Mais ce qui surtout rapproche Théodulfe des poètes du Ve siècle dont il préférait la lecture, c'est le caractère presque exclusivement théologique de ses poésies.

---

(1) THEOD , lib. VI, carm. XXVI, *Ad Imperatorem,* et appendix, carm. VI, *In die Resurrectionis.* Parmi les tours de force exécutés en ce genre, on cite une pièce de vers disposée par Fortunat, de manière à dessiner une croix. Colomban, venu trop tard pour faire d'aussi belles choses, avait été forcé de s'en tenir au simple acrostiche. Ermoldus-Nigellus a

Les six livres qu'elles comprennent embrassent également des pièces historiques, des poésies personnelles ; mais le plus grand nombre n'a pas d'autre sujet que la théologie morale.

Dans ces siècles religieux dont la foi est le premier souci, chez ces hommes de lettres qui sont, avant tout, des évêques et des prêtres, la théologie étreint la poésie quelquefois jusqu'à l'étouffer. Celle-ci ne peut plus être un simple jeu d'esprit; elle vise plus haut : elle aspire à devenir un enseignement, un apostolat, comme tout le reste. Elle se refait ce qu'elle était aux époques primitives, une hiérophante, une prêtresse. Les poètes du V° siècle le déclarent hautement : elle n'est que la servante de la théologie, et ce qu'on estime en elle plus que tout le reste, c'est sa *propriété didactique* (1). « Juvencus mé-
« ditant un poème sur l'Évangile, une sorte de messiade,
« Sedulius son *Poëme Pascal*, n'ont point d'autre vue que
« d'établir la concordance des quatre évangélistes. Cette
« tendance, cette préoccupation, ce défaut, si l'on veut,
« se retrouve dans Prudence et dans saint Avit, les plus
« éminents de l'Église latine avec saint Paulin. On n'ad-
« met point la poésie libre, désintéressée, et pour elle-
« même... Il arrive de là qu'on la dénature en la pliant de

placé à la tête de sa vie de Louis-le-Débonnaire une dédicace dans laquelle les premières et les dernières lettres de chaque vers composent le même hexamètre. Raban-Maur a fait de la poésie à compartiments, encore plus géométriquement savante. (M. AMPÈRE, *Hist. litt.*, t. III, c. XI, p. 217.)

(1) SEDULIUS, præfatio : « Multi sunt quos studiorum sæcularium disciplina per poeticas magis disciplinas et carminum voluptates oblectat... Quod versuum blandimento mellitum viderint, tantâ cordis aviditate suscipiunt, ut in altâ memoriâ sæpius hoc iterando constituant et reponant. »

« force à un rôle qui n'est pas le sien, en la contraignant
« d'exposer et d'argumenter, elle faite pour chanter et
« rêver. L'originalité du poème se perd en cette défiance
« de l'imagination et du cœur, frappés l'un et l'autre d'in-
« terdit. Son enthousiasme se glace à la rigueur de la
« science ; les rudes entraves des scrupules théologiques
« paralysent ou blessent sa marche (1). »

Voilà ce que sont ces maîtres et ce que fut Théodulfe, leur imitateur : chrétiens et catéchisants avant d'être poètes. « Ils ne mettent pas leur gloire où la mettaient
« les lettrés du paganisme ; ils ne se bercent point dans
« ce rêve familier aux anciens, de vivre dans la mémoire
« des hommes ; ils envisagent leurs travaux avant tout
« comme des œuvres d'édification et de piété. Ils ne sont
« jaloux que du suffrage de Dieu, et l'œuvre terminée, ils
« souhaitent que le travail profite à leur âme plutôt qu'à
« leur nom. »

Théodulfe, il est vrai, ne pousse pas à ce point l'abnégation du poète ; il demande même quelquefois un souvenir pour lui à son lecteur ; mais ce souvenir n'est autre chose qu'une prière, devant Dieu, au pied de l'autel :

>Hæc cernens precibus studeas pulsare Tonantem,
>Theudulfum precibus jungito, quæso, tuis.

Et ailleurs :

>Hanc rogo mercedem pro me deposce Tonantem,
>Ut mihi post mortem det super astra locum (2).

On peut trouver des vers plus élégants que ceux-ci ;

(1) M. A. Grenier, *Vie et œuvres de saint Grég. de Naz.*
(2) Théod., lib. II, carm. II.

mais, tout barbares qu'ils sont, je préfère ces distiques aux ridicules transports du génie païen à genoux devant ses œuvres.

Dans ce vaste chant de la théologie où la poésie d'alors moissonnait à pleines mains, Théodulfe recueille les leçons de la morale de préférence aux enseignements du dogme. Il a bien quelques pièces sur la résurrection, les plaies du Rédempteur, la naissance de l'Homme-Dieu. Mais il revient bientôt aux exhortations, comme au sujet qu'il préfère. Il y a même tel de ses poëmes qui n'est autre chose qu'un traité de morale, par exemple celui qui a pour sujet les sept péchés capitaux. C'est, de plus, généralement aux sources de l'Écriture-Sainte qu'il puisse ses développements, ses comparaisons, ses exemples. Parfois il ne fait que traduire en distiques latins quelque bel endroit de la poésie biblique, au risque de la faire souffrir un peu de ces entraves qui répugnent à son pied libre.

D'après cela, on peut voir que Théodulfe n'est pas ce qu'on appelle de nos jours un poëte original, et le lieu commun ne lui fait pas horreur. Non plus que dans Alcuin, on ne trouve dans ces longues exhortations de morale rien de neuf, ni de bien profond. Mais l'utilité pratique y est cherchée avec beaucoup de bon sens, et la nature humaine observée avec une finesse toujours délicate et souvent spirituelle.

Le poëte n'ignore pas l'art d'éveiller l'attention et de relever ses leçons par quelques traits piquants. C'est ainsi que, s'il veut prouver qu'il faut se convertir à Dieu, non à demi, mais pour toujours, il cite une parabole qu'il met en scène d'une manière fort vive :

« A quoi sert, dit-il, de quitter les fantômes de la
« vérité pour y revenir ensuite ? A quoi sert de se rele-
« ver pour retomber aussitôt ? — On raconte qu'un jour
« un jeune enfant suppliait sa vieille mère, et lui parlait
« ainsi : « O mère, toi qui n'as pas d'autre souci que moi,
« chère mère qui m'es plus précieuse que la vie, comme
« je suis moi-même ton plus cher trésor, voici que bientôt
« le coq va chanter pour annoncer le jour. Aie bien soin,
« je t'en prie, de me réveiller aussitôt. — Oui, mon en-
« fant, dit-elle, je le ferai pour te plaire ; mais pourquoi
« cela, mon fils ? — Ah ! lui répond l'enfant, ce sera pour
« me remettre aussitôt à dormir (1). »

A côté de ces poésies *morales* de Théodulfe se placent ses poésies *historiques*, dont j'ai trop à parler dans le courant de ce livre pour qu'il soit besoin de les analyser ainsi. Mais je dois apprécier une autre classe de ses poésies, celles que j'appellerai ses poésies *personnelles*, dans lesquelles il révèle plus ou moins intimement l'histoire de sa vie et l'état de son âme. Ce sont ses meilleures pièces.

---

(1) Theod., lib. VII, carm. XXI.
 Quid juvat ad tempus nugarum linquere larvas,
  Si demùm repetit quis malesuadus eas ?
 Surgere quid prodest, si statim corruet illàc,
  Quà jacuit segnis quis labefactus humo ?
 Fertur anum natus matrem exorasse puellus,
  Atque illi tales deposuisse preces :
 — O genitrix, nostri quam semper cura remordet,
  Charior et vità tu mihi es, ipse tibi.
 Mox dederit cantum lucis prænuntius ales,
  Confestim memet evigilare stude.
 — Illa : geram quod amas, sed ages quid, dic mihi, nate ?
  — Obdormire, inquit, forsan idem, potero.

« L'on ne peint bien que son propre cœur, a dit quelque
« part un grand écrivain, et la meilleure partie du génie
« se compose de souvenirs. » Cela est vrai de Théodulfe comme de tout le monde. Subtil, embarrassé, diffus quand il expose une théorie quelconque, il redevient nerveux, naturel, éloquent aussitôt que son vers est l'écho d'une passion qui l'anime, d'une nécessité qui le pousse, ou, comme a dit le Dante, d'un chant intérieur qu'il écoute et qu'il note. Lisez, par exemple, les vers qu'il écrit du fond de sa prison. Ils sont vrais et profonds, parce que vous retrouvez l'homme qui souffre dans le poëte qui chante.

Toutefois, à part ces quelques pièces émues, Théodulfe n'est pas un poëte de sentiment. Il a bien rarement ce qui attendrit l'âme, et ce qui pénètre jusqu'à la source des larmes. Il a écrit, par exemple, une pièce élégiaque sur la mort d'un frère (1). Ce frère était-il un frère de son sang, ou seulement un moine, son frère en religion ? Je ne saurais le décider ; mais la consolation qui fait le sujet de ses vers n'est qu'un long lieu commun sur la nécessité de mourir. L'on n'y sent en rien ce déchirement cruel qui se fait quand il faut se séparer de la main que l'on a longtemps pressée sur son cœur et qu'on voudrait y retenir toujours !

Théodulfe est généralement plus instructif qu'émouvant ; il prêche plus qu'il ne chante. Même au fond de son exil, il proteste, il réclame au nom de son innocence, il se plaint quelquefois, mais il ne gémit pas, il ne soupire pas. Encore moins serait-on en droit de chercher dans ses écrits cette tristesse rêveuse vers laquelle incline la poésie

---

(1) Théod., lib. v, carm. i, *Consolatio de obitu cujusdam fratris*.

de nos jours. C'est là le cri des âmes en détresse, c'est la plainte inarticulée des siècles en ruines ; ce n'est pas le chant des peuples heureux, ce n'est pas l'hymne des siècles de renaissance et de conquêtes.

Mais s'il ne l'a pas subie dans son cœur et traduite dans ses vers, il ne faut pas croire cependant qu'il ait ignoré notre mélancolie nuageuse et découragée. Il est même curieux d'en trouver sous sa plume une définition qu'on prendrait pour une peinture anticipée des tristesses de Werther, de René et d'Oberman. Les pusillanimités de l'esprit et du cœur n'éveillent d'ailleurs chez lui aucune sympathie ; il en fait sans pitié une des filles de la paresse, et il en parle ainsi :

« Il est un chagrin qui ne naît d'aucun malheur, une
« tristesse qui n'a pas de nom, un nuage qui obscurcit le
« fond de notre cœur. Tantôt il sommeille, tantôt il est
« accablé dans un morne silence ; il voyage avec nous, il
« s'endort avec nous, il s'exhale en soupirs ou se consume
« en lui-même. Même les yeux ouverts, il se berce en de
« molles rêveries ; en croyant dire beaucoup, il ne dit rien.
« Incapable d'action, retiré dans sa langueur, il n'a rien
« de fixe dans sa pensée, rien de précis dans son langage,
« et il passe sa vie dans un lâche oubli de soi-même.
« Comme on voit sur la mer un navire sans pilote qui
« vogue au hasard et erre au gré des flots, c'est ainsi que
« cette âme, jouet d'une sombre tristesse, erre, vient et
« revient sur la mer de son sentiment (1). »

---

(1) Theod., lib. v., carm. ii.
    Est et ei sine clade labor, sine nomine mœror,
      Intima sed cordis nebulus error habet.

CH. XV. THÉODULFE POËTE ET ÉCRIVAIN.

Faut-il conclure de là que Théodulfe était dépourvu de cette fibre de tristesse chrétienne qui naît du besoin d'une vie supérieure et du sentiment de l'insuffisance de celle-ci? Il ne faut pas le croire, mais avec Alcuin, il faut distinguer « deux sortes de tristesses : l'une salutaire, et « l'autre funeste. La tristesse est salutaire quand l'âme « du chrétien s'afflige de ses péchés, et s'en afflige de telle « sorte qu'elle aspire à la confession et à la pénitence, et « désire se convertir à Dieu. Autre est la tristesse du « siècle, qui opère la mort de l'âme devenue incapable de « rien accomplir de bon. Celle-ci trouble l'homme et « souvent le désole au point qu'il perd l'espérance des « biens éternels. De ces tristesses naissent la malice, la « rancune, la pusillanimité, l'amertume et le désespoir, « souvent même le dégoût de cette vie. Elle est vaincue « par la joie spirituelle, l'espérance des biens à venir, « la consolation que donnent les Écritures, et par de fra« ternels entretiens, animés d'un enjouement spiri« tuel (1). »

Hanc modò somnus habet, modo tarda silentia pressant.
    Ambulat et stertit, murmurat atque tacet.
Somniat hic oculis residens ignavus apertis,
    Nilque loquens sese dicere multa putat.
Actus hebes, secessus iners, oblivia pigra,
    Sunt, et nil fixum mente vel ore vehit.
Ut ratis in pelago, cui non est navita, certa,
    Ad loca nulla volat, sed vaga observat aquas.
Sic mens tristitiæ ignavâ caligine pressa,
    Per pelagus sensûs itque reditque sui.

(1) ALCUINI opera, d'après saint Grégoire, ch. XXXIII, t. II, p. 153, traduction de M. Guizot, dans la *Civilisation en France*, t. III, p. 199.
On trouve la même distinction exprimée dans les mêmes termes dans le Pénitentiel d'Halitgaire de Cambrai, cap. X et XI : « Sunt quippe duo

De ces deux sortes de tristesses clairement distinctes l'une de l'autre, si l'âme de Théodulfe repousse la seconde, elle n'est pas inaccessible à la première. Ce théologien était ce que nous sommes tous, un homme gémissant. Il avait la noble maladie de toute âme qui se sent, la soif d'un autre bien que celui du vulgaire, ce mal qu'on a appelé divinement la nostalgie de l'âme. Je n'en veux pour preuve que son attrait pour les lamentations de Job et de Jérémie, qu'il aime à traduire dans ses vers. J'en ai encore pour garant ces sombres perspectives sur l'avenir qui attristent parfois sa poésie. Mais toujours l'espérance chrétienne reluit derrière ces nuages et les dissipe. Jamais, selon la belle expression de ses sermons, il ne laisse tomber ses larmes à terre ; et quand il s'est demandé, avec le sentiment que nous connaissons tous : « *Quare tristis es, anima mea, et quare conturbas me ?* » il se répond aussitôt, en relevant vers le ciel son front rasséréné : « *Spera in Deo quoniam adhuc confitebor illi, salutare vultûs mei et Deus meus* (1) ! »

---

genera tristitiæ : unum salutiferum aliud, vero pestiferum. Tristitia salutaris est quando animus ex delictorum recordatione contristatur, ut pœnitentiam et confessionem agere queat, et converti ad Deum se toto corde desiderat .. etc. » (Apud *Patrolog.*, édit. Migne, t. CV, p. 664-665)

(1) Saint François de Sales a décrit avec une vigueur inaccoutumée de style les intimes découvertes par lesquelles nous arrivons à la mélancolie :

« Notre âme considérant que rien ne la contente parfaitement, et que sa capacité ne peut être remplie par chose quelconque qui soit au monde, voyant que son entendement a une inclination infinie de savoir toujours davantage, et sa volonté un appétit insatiable d'aimer et trouver du bien, n'a-t-elle pas raison d'exclamer : « Ah ! donc je ne suis pas « faite pour ce monde ! » (*Traité de l'amour de Dieu*, I, 15.)

III.

Ces habitudes de gravité n'excluaient pas, chez le poète, une gaîté douce et vive ; et nous avons pu voir comment même il n'interdisait pas à son pinceau des portraits satiriques, dont quelques-uns ne manquent pas d'intérêt piquant.

D'autres fois, il est moins heureux : ses coups manquent de légèreté et de délicatesse ; il frappe trop lourdement ; il incruste aux noms propres des épithètes sanglantes qui ne s'en séparent plus ; et quand il veut blesser, ce n'est pas avec le trait qui siffle et qui transperce, c'est avec la framée qui tombe et qui tue. D'ailleurs, comme on l'a dit :

C'est un méchant métier que celui de médire,

particulièrement quand celui qui l'exerce ne doit savoir que bénir. Aussi bien l'évêque est-il plus à son aise dans quelques anecdotes spirituelles, plaisantes, mais inoffensives, dont la pointe sans venin est aiguisée comme celle de certaines épigrammes de Martial. Telle est la petite aventure qu'il racontait en ces mots, sans doute dans quelque épître familière à un ami :

« L'esprit fournit souvent plus de ressources que la
« force. Ecoute comment s'y prit un jour certain soldat,
« pour recouvrer son cheval qu'il s'était laissé prendre
« dans une échauffourée. Le cavalier démonté se fait
« crieur public, et allant sur la place, il crie de toute sa
« voix : « Que celui qui a mon cheval s'empresse de me

« le rendre ; sinon, si je suis réduit à cette extrémité, je
« ferai dans cette ville ce qu'autrefois mon père a fait à
« Rome. »

« Voici que cette menace met tout le monde en émoi ;
« le voleur effrayé laisse partir le cheval dans la crainte
« des malheurs qui l'attendent, lui et toute la ville. Le
« soldat retrouve sa monture et la reprend tout joyeux.
« Alors ceux que tout à l'heure il faisait trembler l'en-
« tourent, le félicitent, et lui demandent enfin ce qu'il au-
« rait fait s'il n'eût retrouvé son cheval, et ce que son
« père avait fait à Rome autrefois : — Mon père, répon-
« dit-il, plaça sur ses épaules la selle et les harnais de
« son cheval perdu, et de cavalier devenu simple piéton,
« il s'en revint ainsi chargé à la maison. Eh bien ! si je
« n'avais retrouvé mon cheval, croyez-m'en, mes amis,
« j'aurais fait comme lui (1). »

Une autre fois, il raconte la fin tragique d'un renard, lequel répandait la désolation par ses larcins meurtriers dans la basse-cour du couvent de Carroph ou de Saint-Sauveur, en Poitou. Un jour que le larron enlevait une poule, il demeure suspendu par le pied à un arbre, tenant sa victime à moitié dévorée, ce qui inspire aux moines de grandes actions de grâces.

« La troupe fidèle des moines se réjouit à la vue de cette
« faveur miraculeuse du ciel. Loin donc de ce lieu désor-
« mais tout voleur, tout profane, loin de là le diable sé-
« ducteur. Mais vous, anges de Dieu, venez y habiter. Que
« la concorde y émousse tous les traits de la haine. Que la

---

(1) THEOD., lib. III, carm. IX, *De quodam milite qui perditum equum ingenio reperit*.

« foi et l'espérance y habitent ensemble. Que Dieu en
« éloigne le malheur, qu'il y fasse régner la prospérité,
« et que les âmes, ô Christ, y soient abreuvées de votre
« saint nectar (1). »

La solennité de cette conclusion comparée à la frivolité du récit en lui-même me ferait supposer qu'il s'agit ici de toute autre chose que d'un renard et d'une poule. J'ai peine à me figurer qu'il n'y ait pas là quelque allégorie, quelque fabliau dans le goût du moyen âge. Sous le masque prudent de l'animal glouton, il me semble reconnaître quelque brutal seigneur pillant le monastère et devenu lui-même victime de sa rapacité. Je ne serais donc pas surpris que le renard de Théodulfe ne fût quelque ancêtre de ce compère Goupil tant célébré dans le roman du *Renard*, et cette malice du poète pourrait bien être une flèche tombée de ce carquois tout chargé des traits du vieil esprit français.

De tout cela, que conclure, et que faut-il penser de Théodulfe? Est-il vraiment poète dans le sens élevé que nous donnons à ce mot?

---

(1) Theod., lib. III, carm. VIII, *De vulpeculâ involante gallinam.*
His visis, gaudet monachorum turba fidelis
   Admiranda videns signa favente Deo.
Fur procul, atque procul hinc omnis abesto profane
   Dæmonis error abi, angelus alme veni.
Invidiæ pressis habitet concordia telis
   Inque isto regnet, spesque fidesque loco.
Prospera quæque Deus tribuens adversa repellat
   Pascantur mentes nectare, Christe, tuo.

Quand je viens à me rappeler cet anathème d'Horace :

> . . . . Mediocribus esse poetis,
> Non Di, non homines, non concessere columnæ,

je suis effrayé, et je n'ose prononcer. Je m'en tiens alors au jugement de Cicéron, qui a dit quelque part, avec autant de justesse que de grâce : « Il y a des places, même « en poésie, après la première. Il est honorable, tout en « ayant celle-ci en perspective, de s'arrêter à la seconde « ou à la troisième. Toute la gloire n'est pas pour les « princes de la littérature. Il en reste encore pour leurs « seconds, et même pour ceux qui seraient au-dessous « de leurs seconds. On admire les œuvres du premier « ordre, on approuve ce qui vient après. Dans ces nobles « études de la poésie, de l'art et de l'éloquence, c'est « déjà être grand que de s'approcher du très-grand (1). »

(1) Cicéron, *Second traité de l'orateur.*

CHAPITRE XVI.

THÉODULFE MISSUS DOMINICUS.

I. Attributions des Missi dominici. — Mission de Théodulfe dans la Narbonnaise. — État de cette contrée. — Leidrade accompagne Théodulfe. — Leur itinéraire. — État des villes méridionales.

II. Tentatives de corruption auprès des deux Missi dominici. — Vénalité de la justice. — Intégrité de Théodulfe et de Leidrade.

III. Exhortations morales de Théodulfe aux juges. — Son esprit de clémence dans l'application des peines. — Sa condescendance pour les petits. — Résultats de cette mission.

IV. Itinéraire de Théodulfe dans l'Aquitaine septentrionale. — Dangers qu'il court à Limoges. — Il obtient pour Manassès, abbé de Flavigny, la permission de bâtir l'abbaye de Corbigny-en-Morvan.

I.

On a remarqué avec raison que la plupart des hommes qui avaient coopéré, avec Charlemagne, à la restauration des lettres, avaient aussi exercé des fonctions administratives sous ce prince.

Il en a été ainsi pour Théodulfe. L'étude que nous avons faite de sa vie et de ses œuvres nous a montré en lui l'évêque, le réformateur du clergé et le civilisateur de ses peuples ; le lettré, l'écrivain et le restaurateur des études. Une dernière partie nous fera connaître son rôle d'administrateur, de juge et d'homme d'État. Nous le verrons donc visitant le Midi de la Gaule en qualité de *Missus dominicus;* puis sous le règne suivant, mêlé aux affaires de la politique, dont bientôt il finit par être la victime.

Les *Missi dominici*, d'institution mérovingienne, étaient des délégués qui, quatre fois l'année, allaient, au nom du roi, inspecter les provinces. Ils devaient représenter au milieu des peuples l'action et la présence universelle du souverain. Chargés d'éclairer toutes les parties de son gouvernement, et de rattacher ainsi à la couronne les pouvoirs que leur éloignement ou leur tendance en pouvaient distraire, ils exerçaient une mission à la fois judiciaire, civile et politique. Par son origine comme par son étendue, cette mission les rendait supérieurs aux administrateurs locaux et résidants ; car tandis que les ducs, les comtes, les marquis ou défenseurs des Marches n'étaient que des bénéficiers revêtus d'une fonction civile ou militaire, chargés de rendre la justice, de percevoir le fisc ou de veiller à la garde des frontières, les envoyés du roi, revêtus d'un pouvoir presque discrétionnaire qu'ils ne tenaient que de lui, surveillaient leur action, témoignaient de leur zèle ou de leur incurie, réformaient leurs décisions, suppléaient, au besoin, aux lacunes de leur service, pénétraient dans l'intérieur des domaines concédés comme dans les territoires, atteignaient également les clercs et les laïcs, destituaient les officiers inférieurs, dénonçaient les fonctionnaires plus élevés, corrigeaient les abus, réprimaient les désordres, et en rendaient ensuite un compte exact à leur maître, pour que, de cette façon, le prince et le peuple fussent continuellement en contact (1).

C'est la teneur même des instructions royales :

« Le sérénissime et très-chrétien Charles, dit un ca-
« pitulaire, ayant fait choix des plus sages seigneurs de
« sa cour, tant archevêques, évêques et abbés que laïcs,
« les a envoyés parcourir son royaume pour veiller à ce
« que ses sujets vivent selon la droite règle, leur ordon-
« nant de s'informer et de leur faire connaître ce qu'il
« peut y avoir dans les lois de contraire au bien ou à la
« justice, afin qu'avec l'aide de Dieu, il y porte re-
« mède. »

Ce fut vers l'an 798, ou selon d'autres en l'année 802, que Théodulfe fut chargé de visiter les deux Narbonnaises, et d'y assurer l'exercice et l'intégrité de la justice.

Sa mission s'étendait à une portion considérable du Midi, à toute la Provence, à toute la partie du royaume d'Aquitaine comprise entre les bouches du Rhône et l'extrémité orientale des Pyrénées.

Ces contrées, soumises les premières à la domination de Rome, avaient conservé de leur ancienne métropole l'administration, la politique et les lois. Le régime municipal y prévalait encore, légèrement altéré par l'ignorance des temps et les inévitables influences de la barbarie. En ce qui regardait l'ordre judiciaire, le peuple suivait toujours le code Théodosien, abrégé ou modifié par celui

---

(1) V. M. Guizot, *Hist. de la civilis. en France*. — Voy. aussi M. Albert du Boys, *Hist. du droit criminel des peuples modernes*, t. I, liv. II, ch. I, § 1.

d'Anien. La tradition romaine devait être moins vivace chez les Visigoths et les Francs de ce pays ; mais le nombre était petit de ces Francs de noble race qui possédaient des bénéfices et exerçaient des offices publics sur cette terre de conquête.

De même, les Visigoths n'avaient conservé qu'un petit nombre des leurs dans ce qu'on avait appelé la Marche de Gothie. Ils s'y faisaient remarquer par une politesse, une science des affaires, un amour des lettres qui n'avaient rien de barbare, et qui tenaient sans doute aux heureuses influences d'un ciel clément et doux. Ce sont ces derniers restes des Visigoths conquérants que Théodulfe appelle dans ses vers les hommes de sa race (1). Et ce fut peut-être ce lien de parenté qui le fit élire de préférence pour visiter un pays où il avait vécu, et qu'il devait connaître mieux que tout autre.

Alcuin ayant appris cet heureux choix du prince, ne voulut pas laisser l'évêque son ami partir pour ce grand voyage sans lui adresser ses adieux et ses vœux. Nous avons sa lettre, et l'amitié chrétienne en a rarement dicté de plus aimable et de plus tendre : « N'oublie pas, lui « dit-il, de semer ton chemin des fleurs de la prédication « sainte... Et je t'en prie, je t'en supplie, emporte avec « toi dans ton cœur, et sur tes lèvres, ton Albin qui, lui, « ne cesse de te porter dans le trésor de son âme (2). » Cette amitié, alors si sereine et si pure, ne laissait pas présager les nuages qui devaient l'attrister un instant.

(1) Theod., lib, I. carm. I, ch. 1er, p. 4.
(2) Alcuini, epist. CXCIII. « Sacræ prædicationis floribus vias itineris tui replere memento... Tuusque tecum, supplici deprecor voto, vadat Albinus, in ore et in corde, qui te sui pectoris portat in arcâ. » Albin était le pseudonyme familier d'Alcuin.

Théodulfe partit donc de la ville d'Orléans, ou peut-être d'Aix-la-Chapelle, où il eut à recevoir les instructions du roi, et il se rendit directement à Lyon. Arrivé dans cette ville, il y trouva Leidrade, qui devait partager avec lui cette importante mission.

Leidrade était né dans l'ancienne province du Norique, sur les confins actuels du duché de Styrie, entre le Danube et la Drave. D'abord attaché à Arnon, évêque de Salzbourg, il avait été appelé à la cour par l'empereur, qui, charmé de ses vertus autant que de son savoir, avait désiré l'avoir pour secrétaire (1). Il venait d'être nommé archevêque de Lyon, à la place d'Odon, mort en 798, quand il reçut la mission d'inspecter les provinces du Midi.

Théodulfe fut heureux de ce choix du prince, car il n'estimait personne plus que Leidrade :

« On m'avait donné Leidrade pour compagnon, disait-
« il en rendant compte de son voyage, afin qu'il nous
« aidât dans ce grand travail. C'est un homme plein de
« science, d'une sagesse consommée, d'une vertu éprou-
« vée, et qui semble prédestiné à la gloire du ciel (2). »

La ville de Lyon put donc se réjouir en voyant pour la première fois celui qu'on lui destinait pour évêque. C'est de là que les deux amis partirent pour leur mission, et

---

(1) Ado, *Chron.*, p. 806, *Gallia Christ.* t. IV, p. 52. « Vir seculari dignitati intentissimus, et honori reipublicæ utilis. »
(2) Theod., lib. I, carm. I, v. 117.
  Hæserat hâc nobis Laidradus sorte sodalis
   Cederet ut magnus, hoc relevante, labor.
  Noricus hunc genuit, Lugdune, futurum
   Pontificem speras religionis ope
  Arte cluit, sensuque viget, virtute redundat
   Cui vita ad superam transitus ista manet.

c'est là aussi que commence le curieux itinéraire dont Théodulfe s'est fait l'historien dans ses vers.

Ce poème de Théodulfe est une instruction aux magistrats de la Gaule, en même temps qu'un compte-rendu de son inspection. Il ne comprend pas moins de neuf cent cinquante vers, sous le titre moitié grec et moitié latin de *Parænesis ad Judices*, exhortation aux juges.

La marche du poème est simple.

Confondant en lui le personnage de l'évêque et celui du ministre, Théodulfe débute par un prologue religieux, lequel se termine obligatoirement par un pompeux éloge du roi des Francs.

Après ce début solennel, le poète entre dans son récit. Il nous décrit la route qu'il a suivie avec son ami, à travers ces provinces où croissent l'oranger, le myrte et l'olivier. Toutefois, c'est beaucoup moins des beautés de la nature qu'il se préoccupe que de la magnificence des cités qu'il rencontre. Il visite, dans ses vers, toutes celles qu'arrose le riche bassin du Rhône, ou qui sont semées sur les côtes découpées de la Méditerranée : Vienne (Vienna), Vaisons (Valentinæ terræ), Orange (Arausinum), Avignon (Avennica), Nîmes (Nemauticæ arces), Maguelonne (Madalona), Cette (Sextantio), Agde (Agathes), Béziers (Betterris), Narbonne (Narbonna), Carcassonne (Carcassonna), Marseille (Massilia), Arles (Arelas), Aix (Aquina urbs), Cavaillon (Cavellum). Le poète insiste peu, mais quelques mots lui suffisent pour caractériser ces villes anciennes fondées par des préteurs romains, peuplées par les exils, habitées par des proconsuls, pleines encore de débris de la civilisation romaine.

Il est même possible, d'après ce qu'il en raconte, de

leur assigner un rang, par ordre d'importance. Ce qu'il dit de Nîmes, remarque M. Fauriel, suppose une ville alors plus vaste et plus riche en monuments qu'elle ne l'est aujourd'hui. Il donne à Toulouse l'épithète de belle ; il célèbre Arles comme une ville opulente l'emportant sur une multitude d'autres, mais le cédant à Narbonne, dont il a l'air de faire ainsi la première ville de la Gaule. Cette ville n'avait donc pas été complètement dévastée ; elle n'avait donc pas encore perdu jusqu'au dernier de ces nobles monuments dont on ne voit plus aujourd'hui que de rares débris, et dont on ne sait plus ni le nom, ni la destination.

« Mais les traits les plus intéressants de la pièce de Théodulfe sont ceux dont on peut déduire quelques notions sur l'état industriel et commercial de cette contrée. Il résulte clairement de divers passages qu'il y avait dans ce pays une abondante circulation de monnaies étrangères, particulièrement de monnaies italiennes et arabes. Les marchandises étrangères n'y manquaient pas non plus, surtout celles provenant des Arabes d'Espagne et des autres parties de l'Orient. Théodulfe mentionne expressément les peaux apprêtées de Cordoue, les unes blanches, les autres rouges ; il parle des riches manteaux de soie fabriqués en Arabie, et ornés de broderies de diverses couleurs, représentant des figures d'oiseaux et d'animaux. Il y a des auteurs arabes qui donnent de ces manteaux, nommés *morrahel,* une description de tout point conforme à celle de Théodulfe. A coup sûr, ces monnaies et ces marchandises ne s'introduisaient pas dans un pays qui n'eût pas eu des produits à donner en échange des unes et des autres. Il y avait donc dans ces provinces quelque commerce et quelque industrie ; il y avait donc entre les Arabes et les Aquitains d'autres relations que des relations de guerre, et le commerce rapprochait ceux que divisaient les croyances religieuses et les intérêts politiques (1). »

La ville de Narbonne, la plus riche de toutes, avait alors pour archevêque l'illustre saint Nebridius, ami de Théodulfe ; et ce fut sans doute à son instigation qu'on y fit aux deux commissaires royaux une réception solennelle. Le peuple se porta en foule à leur rencontre, ayant à sa tête un clergé nombreux. La magistrature et le barreau, tout le *Forum,* comme l'appelle Théodulfe (2), vint aussi au-devant d'eux pour leur faire honneur.

C'était d'ailleurs à peu près ainsi qu'ils faisaient leur entrée dans les villes de leur inspection, où ils représentaient, dans toute sa majesté et son autorité, la personne du roi.

Une fois arrivés, ils rassemblaient les prêtres, les magistrats et le peuple, car, suivant la vieille coutume germanique, tous les hommes libres devaient fréquenter le *mâl* ou *mallum.* Ils dressaient leur tribunal quelquefois dans l'église, mais le plus souvent dans la place publique, dans ces lieux désignés sous le nom de *malberg* (éminence) dans le Nord, et de *curtis* (ou enceinte circulaire) dans le Midi. Les *Missi* présidaient au-dessus des comtes

---

(1) FAURIEL, *Hist. de la Gaule mérid. sous la domination des conquérants germains,* t. III, p. 495-497.

(2) THÉOD., carm. I, *Parænesis ad Judices.*
  Mox sedes, Narbona, tuas urbemque decoram,
   Tangimus, occurrit quo mihi læta cohors.
  Undique conveniunt populi clerique catervæ,
   Et synodus clerum, lex regit alma Forum.

et des *scabini* ; ils s'adjoignaient même parfois, selon l'urgence, un certain nombre de suppléants ou de juges consultants que l'on appelait *boni homines*, et qui avaient la mission d'éclairer la justice ou de la rectifier. Puis, lorsque ce jury était constitué, le plaid était ouvert : les envoyés du roi commençaient l'enquête, s'informaient des abus, accueillaient les plaintes et les examinaient, puis prononçaient des arrêts sans appel.

II.

Tout cela ne s'accomplissait pas sans de nombreuses intrigues que le poëme de Théodulfe met vivement en scène. C'est un tableau curieux et précieux pour l'histoire, que celui où il décrit toutes les tentations de corruption qu'il eut à subir et à repousser.

« Une grande foule, dit-il, s'empresse autour de nous,
« de tout sexe, de tout âge : l'enfant, le vieillard, le jeune
« homme, l'adolescent, la vierge, le garçon, celui qui a
« atteint la majorité, celui qui arrive à la puberté, la
« vieille, l'homme fait, la femme mariée, celle qui est
« encore mineure.

« Mais que tardai-je ? Le peuple entier nous promet
« avec instance des dons, et pense qu'à ce prix ce qu'il
« demande est comme fait. C'est là la machine avec la-
« quelle tous s'efforcent d'abattre le mur de l'âme, le
« bélier dont ils veulent la frapper pour s'en emparer.
« Celui-ci m'offre des cristaux et des pierres précieuses
« de l'Orient, si je le rends maître des domaines d'autrui ;

« celui-là apporte une quantité de monnaies d'or que sil-
« lonnent la langue et le caractère des Arabes, ou de celles
« que le poinçon latin a gravées sur un argent éclatant de
« blancheur. Il veut acquérir ainsi des terres, des champs,
« une maison.

« Un autre appelle en secret un de nos serviteurs, et
« lui dit à voix basse ces paroles qui doivent m'être ré-
« pétées : « Je possède un vase remarquable par sa cise-
« lure et son antiquité ; il est d'un métal pur et d'un poids
« considérable ; on y voit gravée l'histoire des crimes de
« Cacus, les visages des bergers fracassés à coups de mas-
« sue de fer et souillés de sang, les signes de ses nom-
« breuses rapines, un champ inondé du sang des hommes
« et des troupeaux ; on voit Hercule en fureur qui brise
« les os du fils de Vulcain, et celui-ci, de sa bouche fé-
« roce, vomissant les feux terribles de son père ; mais
« Alcide lui enfonce l'estomac avec le genou, les flancs
« avec les pieds, et de sa massue lui fracasse le visage et
« le gosier, d'où sortent des torrents de fumée. Tu vois
« ensuite Alcide faire sortir de la caverne des bœufs qui
« semblent craindre d'être traînés une seconde fois à recu-
« lons. Tout ceci est dans la partie creuse du vase, dont
« un cercle uni forme les bords ; l'autre côté, couvert de
« de dessins moins grands, montre l'enfant de Tyrinthe
« étouffant les deux serpents, et ses dix fameux travaux y
« sont représentés dans leur ordre. Mais un fréquent usage
« a tellement poli la partie extérieure, qu'effacées par le
« temps, les effigies qui représentent Hercule, le fleuve
« Chalydon, et Nessus combattant pour ta beauté, Déja-
« nire, ont presque complètement disparu. On voit encore
« la funeste robe empoisonnée du sang de Nessus, et l'hor-
« rible destin du malheureux Lychas, et Antée étouffé

« dans des bras redoutables, lui qui ne pouvait être vaincu,
« ni abattu sur terre, comme les autres mortels. J'offrirai
« donc cela au seigneur (car ils ne manquent pas de m'ap-
« peler seigneur), s'il veut bien favoriser mes vœux. Il
« y a un grand nombre d'hommes, de femmes, de jeunes
« gens, d'enfants des deux sexes, à qui mon père et ma
« mère ont accordé l'honneur de la liberté, et cette nom-
« breuse troupe se trouve affranchie ; mais en altérant
« leurs chartes, nous jouirons, ton maître de ce vase an-
« tique, moi de tous ces gens, et toi de mes dons. »

« Un autre dit : « J'ai des manteaux teints en couleurs
« variées qui viennent, à ce que je crois, des Arabes au
« regard farouche ; on y voit le veau suivre sa mère, et la
« génisse le taureau. La couleur du veau et celle de la
« génisse sont semblables, et aussi celles du bœuf et de la
« vache. Regarde comme ils sont brillants, et quelle est
« la pureté des couleurs et avec quel art les grands pans
« sont joints aux petits. J'ai avec quelqu'un une querelle
« au sujet de beaux troupeaux, et je propose, à cette occa-
« sion, un présent convenable, puisque j'offre taureau
« pour taureau, vache pour vache, bœuf pour bœuf. »

« En voici un qui promet de donner de belles coupes, si
« par là il peut obtenir de moi ce que je ne dois pas lui
« donner ; l'intérieur en est doré, et l'extérieur est noir,
« la couleur de l'argent ayant cédé à l'atteinte du soufre.

« Un autre dit : « J'ai des draps propres à couvrir de
« brillants lits ou de beaux vases ; je les donnerai si l'on
« m'accorde ce que je désire. — Un domaine, bien arrosé
« et orné de vignes, d'oliviers, de prés et de jardins, a été
« laissé par mon père, dit celui-ci ; mes frères et nos

« sœurs en réclament de moi une partie, mais je veux le
« posséder sans partage. J'obtiendrai l'accomplissement
« de ce vœu, s'il trouve faveur devant toi, et si tu acceptes
« ce que je te donne, je compte que tu me donneras ce
« que je demande. »

« L'un veut s'emparer des maisons de son parent,
« l'autre de ses terres. De ces deux-ci, l'un a déjà pris,
« l'autre veut prendre ce qui ne lui appartient pas. Tous
« deux brûlent du désir, celui-là de garder, celui-ci d'ac-
« quérir. L'un m'offre une épée et un casque, l'autre des
« boucliers. Un frère est en possession de l'héritage de
« son père, son frère y prétend également ; l'un me pro-
« pose des mulets, l'autre des chevaux.

« Ainsi agissent les riches ; les pauvres ne sont pas moins
« pressants, et la volonté de donner ne leur manque pas da-
« vantage. Avec des moyens divers, la conduite est pareille :
« de même que les grands offrent de grands présents, les
« petits en offrent de petits... En voici qui étalent des
« peaux qui prennent leur nom de toi, Cordoue ; l'un en
« apporte de blanches, l'autre de rouges ; celui-ci offre de
« belles toiles, celui-là des étoffes de laines pour me cou-
« vrir la tête, les pieds ou les mains. Tel offre pour don
« un de ces tissus qui nous servent à laver, avec un peu
« d'eau, notre visage et nos mains ; tels autres apportent
« des coffres. Il en est même qui, d'un air de triomphe,
« présentent de rondes bougies de cire.

« Comment énumérer toutes choses ? Tous se fiaient à
« leurs dons, et il ne se trouvait personne qui crût, sans
« présent, pouvoir rien obtenir. O peste scélérate répandue
« en tous lieux ! ô crime ! ô fureur ! ô vice digne d'hor-

« reur et qui peut se vanter de s'être asservi l'univers !
« Nulle part on ne manque de gens qui donnent et de gens
« qui reçoivent à tort. Ils se hâtaient pour me gagner ; et
« ils n'auraient pas cru me trouver tel si, avant moi, il ne
« s'en était trouvé de pareils. Nul ne cherche des sangliers
« dans les ondes, des poissons dans les forêts, un bûcher
« dans la mer, de l'eau dans un foyer... On s'attend à
« trouver chaque chose là où l'on a coutume de la ren-
« contrer, et les mortels pensent que ce qui est arrivé
« arrivera toujours (1). »

Il y avait bien là, en effet, dans ces richesses amoncelées de l'industrie, de la nature et des arts, de quoi
tenter l'avidité des magistrats, et il paraît bien qu'ils
avaient plus d'une fois succombé à la tentation. Théodulfe
aime à se rendre le témoignage public qu'il sut résister à
ces appâts, et qu'il ne pactisa jamais avec sa conscience
de juge incorruptible et intègre :

« Lorsqu'ils voient se briser les dards de leurs paroles,
« et que les armes de leurs promesses ne leur servent à
« rien ; lorsqu'ils voient que je reste ferme comme l'est
« une ville forte après le combat, et que je ne me laisse
« prendre à aucun de leurs artifices, chacun aussitôt ne
« s'occupe plus que de son affaire ; chacun reçoit sui-
« vant son droit.

« ... Ainsi quelqu'un qui voit fermé le passage par où
« il a coutume de voler, poursuit son chemin sans espoir.
« Mais pour ne pas manquer de discrétion et de mesure,
« pour qu'on ne pût penser que nous n'agissions pas

---

(1) Théod., carm. I, lib. I, vers 165-290, traduction de M. Guizot, *Hist. de la civilis. en France*, XXIII° leçon.

« franchement, pour que notre conduite n'étonnât pas
« trop par sa nouveauté, et que le mal si récent ne fît
« pas haïr le bien, j'ai dédaigné de refuser ce que m'of-
« frait une bienveillance réelle, celle qui, unissant les
« esprits, fait qu'on prend et qu'on reçoit volontiers. J'ai
« accepté de bonne grâce de petits présents que me fai-
« sait, non pas la main de la colère, mais celle de l'amitié,
« les fruits des arbres, les légumes des jardins, des œufs,
« du vin, des pains, du foin. J'ai pris aussi de jeunes
« poulets et des oiseaux dont le corps est petit, mais bon
« à manger. Heureuse la vertu que tempère, orne et
« entretient la discrétion, nourrice de toutes les ver-
« tus (1). »

Quoi que l'on puisse penser de cette poésie administrative, et des embellissements que l'imagination a dû ajouter à la vérité simple, ce poème n'en reste pas moins un document d'histoire très-intéressant. Je reconnais dans ce tableau la société d'alors prise en flagrant délit de corruption judiciaire, de concussion fréquente, de partialité vénale sous un pouvoir militaire et un gouvernement provincial exercé longtemps sans contrôle. Voilà bien les derniers vestiges des arts de l'antiquité devenus, depuis Verrès, le prix des consciences, et la proie des préteurs et des proconsuls. Voilà les dernières mœurs de l'empire d'Occident transplantées dans le Midi de la Gaule romaine avec son oppression, son faste, ses iniquités. Voilà aussi, à côté, l'influence réparatrice de la religion venant substituer le droit à la force, garantir la

---

(1) Théod., carm. I, lib. I, vers 165-290, traduction de M. Guizot, *Hist. de la civ en France*, leç. XXIIIe.

propriété, affermir les héritages, revendiquer ou assurer la liberté individuelle, veiller sur la fidélité des contrats, et rétablir enfin, sur les ruines de l'arbitraire, le règne impartial de la justice et de la charité.

Telle est ce que j'appellerai la partie historique du poème de Théodulfe. Vient ensuite la partie morale ou didactique, dans laquelle il adresse aux juges des leçons qu'il étend longuement en homme qui a vu le mal, et en évêque habitué à donner à toutes choses la forme de la prédication.

III.

Deux sentiments animent toutes ces exhortations : une vive indignation contre l'oppression et une grande tendresse pour les opprimés.

Il flétrit sans pitié cette magistrature brutale et orgueilleuse que les conquérants s'étaient arrogée sur les vaincus. Ici, il met en scène un de ces barbares grossiers qui se traîne chancelant d'ivresse jusqu'au tribunal où il vend ses arrêts, et recueille le mépris des populations qu'il écrase (1). Là, c'est un comte parvenu qui écrase

---

(1) THEOD., carm. I, lib. I.
 Ille piger, madidus, ructans, temulentus, anhelus
  Oscitat, emarcet, nauseat, angit, hebet.
 Inficit hunc primum somnus post vina dapesque
  Proximus est illi luxuriare labor.
 Ebrius a populo furtim ridebere cuncto.
  Innuit hic illi, moxque lotatus eris.

le pays de son faste arrogant, et à l'oreille duquel le serpent de l'orgueil vient siffler ces propos insensés : « Quoi ! tu veux t'humilier jusqu'à te confondre avec « cette populace, sous prétexte d'être doux et clément « envers elle ? Ton rang et ton mérite t'élèvent au- « dessus de tous, et, placé à cette hauteur, tu consen- « tirais à descendre ? Tu te trompes, crois-moi, et tu te « déshonores par une simplicité indigne de toi. Quand « personne au monde ne peut te résister, n'es-tu pas « insensé de t'abaisser à ce point ? »

« — Misérable ! répond l'évêque à ces insinuations dia- « boliques, misérable ! Ceux qu'opprime ainsi ta cruauté, « songe que ce n'est pas ton peuple, mais le peuple du « Christ, du Christ qui, descendu du séjour éternel, est « venu nous en ouvrir le chemin longtemps fermé, et « qui ne cesse d'élever de la terre aux cieux ceux que toi « tu jettes à terre et que tu foules aux pieds (1). »

Puis, après ce cri d'indignation chrétienne, il rappelle aux juges, avant toute autre loi, les lois imprescriptibles du code évangélique. Il leur ordonne la prière, il les envoie se mettre à genoux devant un autel avant de monter sur leur tribunal. Il leur prescrit de demander la lumière pour l'intelligence et la droiture pour le cœur. Il leur dit enfin de commencer par chercher le royaume de Dieu et sa jus-

---

(1) Theod., lib. I, carm. I.
 Quos petis, infelix, quos lædere niteris ægrè
  Non tua, sed Christi est benè turba sequax.
 Æthere qui veniens patefecit ad cætera callem
  Quo via clausa diù, nunc adaperta patet.
 Qui de terronis trahit ad cœlestia semper
  Cùm tu de superis semper ad ima trahas.

tice, afin que tout le reste leur soit donné par surcroît (1).

Ces recommandations sont d'ailleurs appuyées sur des principes religieux de l'ordre le plus élevé. C'est ainsi que, comme sanction de ces grands devoirs, Théodulfe montre aux juges la main glacée et inévitable de la mort venant niveler toutes les sommités et abaisser tous les orgueils dans l'égalité du tombeau (2). Puis il leur fait voir l'âme qui retrouve ses ailes au fond du sépulcre où elle laisse le corps pour retourner à son principe :

« Noble captive, dit-il dans des lignes qu'on croirait
« traduites du Phédon, noble captive dans une prison de
« boue. Quand arrive le moment de la délivrance, la
« terre retourne à la terre, la partie céleste se dégage
« pour retourner au ciel. Quel n'est donc pas le crime de
« ceux qui préfèrent le corps à l'âme, le mortel à l'im-
« mortel, l'esclave à la maîtresse, le plomb à l'or, la
« pierre brute aux diamants! Que Dieu règne sur ton
« âme, ton âme sur ton corps; ce sont là les degrés
« par lesquels, t'élevant à des vertus sublimes, tu mon-
« teras des basses régions de la terre à la hauteur de tes
« destinées immortelles. Puis, quand viendra ce jour qui

---

(1) Théod., carm. I, lib. I.
    Cum te causarum vocat ad fora turbida clangor
      Estque ministerii res peragenda tui
    Principio loca sancta libens adeunda require
      Quæ pete, dumque petis fer pia vota Deo.
    Jus regnumque Dei consemur quærere primum
      Omnia ut hâc nobis adjiciantur ope.

(2) Théod., carm. I, lib. I.
    Ipse licet sedeas gemmis ornatus et ostro
      Post carnis putribus tempora pulvis eris, etc...

« n'abat que le corps, que ce corps s'en aille à la terre;
« l'âme remontera au ciel (1). »

C'est par ce spiritualisme élevé, et cette haute sanction, placée devant les devoirs sacrés de la justice, que l'esprit chrétien, qui est un esprit d'équité et de charité, tempéra le stoïcisme brutal du droit romain, et y fit pénétrer une délicatesse morale et une douceur évangélique qui lui étaient inconnues. C'est aussi par ces principes de christianisme pratique que la jurisprudence ecclésiastique substitua peu à peu aux agents grossiers de la barbarie armée cette magistrature française qui, pendant tant de siècles, a été la première magistrature du monde.

Sans doute, cette réforme ne s'accomplit ni par un seul homme, ni dans un seul jour; mais il n'en faut pas moins reconnaître le service de ces génies justes et bons qui ont, pour leur part, élevé une barrière devant

---

(1) Théod., lib. I, carm. I.
    Corporis hæc lex est terrestri figmine creti.
        Altera vis animæ est, æther origo cui.
    Carcere quæ trusa est tandem generosa caduco,
        Terrea quamque domus comprimit atque gravat...
    Dispare sed cursu, repetunt terrestria terram,
        Cœlica nam sese reddit origo suis...
    Heu quantum scelus est animæ præponere corpus
        Et rem mortalem non moribunda tibi,
    Ancillam dominæ, piperi perferre cicutam
        Plumbum auro, gemmis sordida saxa bonis.
    Præsideat menti Deus, hæc quoque provida carni,
        Hæc vegetante animâ vivat et illa Deo,
    Ordine quo tali probus ad sublime traharis.
        Et tua mens fugiat infima, celsa petat.

toutes les faiblesses, contre toutes les tyrannies, qu'elles soient sur un trône, dans un camp, ou dans un prétoire.

En effet, l'autre côté extrêmement remarquable de cette instruction de Théodulfe aux juges, c'est l'esprit de mansuétude qui l'anime. La miséricorde en est incontestablement le caractère. Il l'introduit dans la loi, il la fait entrer dans la procédure, il lui donne accès dans la sanction pénale. « On est étonné, a dit M. Guizot en parlant de
« ce poème, de rencontrer au milieu des désordres et
« des tyrannies barbares cette bonté délicate et pré-
« voyante qui semble n'appartenir qu'aux temps de
« grande civilisation et de paix (1). »

Voici, par exemple, de quelle manière il veut que les magistrats ménagent ceux qui viennent à eux :

« Si l'un, dit-il, a perdu son père, l'autre sa mère,
« une autre son mari, prends un soin particulier de leur
« cause : sois leur protecteur, leur avocat ; rends à
« celle-ci son mari, à celui-là sa mère. Si quelqu'un
« vient à toi faible, infirme, ou malade, ou enfant, ou
« vieillard, porte-lui avec compassion un charitable
« secours ; fais asseoir celui qui ne se peut tenir debout ;
« prends par la main celui qui ne peut se lever ; sou-
« tiens et encourage celui à qui le cœur, ou la voix, ou
« la main, ou les jambes, sont près de tomber ; rends des
« forces à celui qui tremble, rappelle au respect celui
« qui s'emporte (2). »

---

(1) M. Guizot, *Hist. de la civ. en France*, t. II, leç. XXIII, p. 215.
(2) Théod., carm. I, lib. I.
    Qui patre seu matre orbatur, vel si qua marito
    Istorum causas sit tua causa sequi.

Mais où se fait principalement remarquer ce caractère de clémence, c'est dans la mitigation des peines infligées aux coupables. Certes, on peut se convaincre qu'elles n'étaient pas douces. Dans l'énumération que l'évêque en fait, il nomme successivement la décapitation, la privation des yeux, la mutilation des bras, la rupture des jambes, la flagellation, le bûcher, le plomb fondu dans la bouche, et autres pénalités d'une atrocité semblable qui trahissent les mœurs d'une époque encore barbare (1). Dans son impuissance à supprimer ces horribles supplices, Théodulfe en réclame sans cesse l'appplication plus rare et plus adoucie :

« Ces peines, répète-t-il sous différentes formes, sont
« inventées pour réprimer les crimes; mais il faut que la
« pitié les tempère par quelque douceur. Sans jamais con-
« niver aux fautes du coupable, n'allez pas cependant,

    Horum causiloquus, horum tutela maneto
      Pars hæc te matrem noverit, illa virum.
    Debilis, invalidus, puer æger, anusve senexve
      Si veniant, fer opem his miserando piam
    Fac sedeat qui stare nequit, qui surgere prende,
      Cui, cor voxque tremit, pesque manusque, juva.
    Dejectum verbis releva, sedato minacem
      Qui timet huic vires, qui furit, adde metum.

(1) Theod., carm. I, lib. I.
    Lex auferre jubet capita scelerata reorum,
      Crux . . . . lumina, terga, manus,
    Membra cremare rogis, ori perfundere plumbum...
      Temperet hæc pietas per mediocre bonum...
    Esto reis talis, tibi vis qualem esse Tonantem,
      Parcere quis tandem qua potes usque stude...
    Ille ego sim redimam miserorum qui agmina multa
    Ille ego sim plures qui cruce clade levem
    Quem turba infelix lacrymosis spectet ocellis.

« d'une main impitoyable, arracher à un homme la vie
« ou les membres.

« Soyez envers cet homme ce que vous voudriez que
« Dieu fût envers vous, et cherchez à absoudre autant
« que vous pourrez... Que, lorsque vous serez forcé de
« condamner un criminel, on dise que ce n'est pas le
« juge, mais la loi qui l'immole...

« Je sais que la hache doit être la sanction de la loi,
« mais je me sens plus enclin à absoudre cette foule de
« malheureux. Je suis porté à soustraire au supplice de
« la croix ces infortunés qu'une foule misérable con-
« temple de ses yeux mouillés de larmes. »

Ainsi le rôle de l'évêque, comme, du reste, celui de
l'Église, se montre dans les lois sous un double aspect :
tantôt c'est un souffle de charité qui tempère la rudesse de
la répression pénale ; tantôt c'est une morale plus pure
qui assure l'exercice de la véritable justice. Ce double rôle
est beau, au milieu de ces exécutions sanglantes. Successeur de ceux à qui le Maître avait dit : « Partout où
« vous entrerez, dites d'abord : Paix à cette demeure, »
il ne lui convenait guère de porter aux peuples autre chose
que la bonne nouvelle du pardon ; et l'on comprendra
particulièrement l'horreur que lui inspirait le supplice de la
croix, quand on se rappellera que Constantin avait défendu
de l'infliger dans l'empire, par respect pour le signe auguste qui ne devait plus être que celui de la miséricorde et
de la grâce.

Enfin, le poëte termine par ces belles considérations
sur l'égalité des hommes devant Dieu :

« Toi qui commandes aux pauvres, sache que par ta

« nature, tu n'es que leur égal. Ce n'est pas la nature,
« c'est la faute originelle qui a soumis l'homme à un
« autre homme.

« Ta richesse n'est que le fruit de leurs sueurs et de
« leurs larmes. Seul, tu possèdes plus de biens que tant
« d'autres réunis.

« O mortels ! fuyez l'exemple des bêtes sauvages, et ne
« vous déchirez pas les uns les autres... O juge ! ne sois
« pas violent envers les misérables; sache pardonner les
« fautes, car nous en faisons tous ; et fais pour le pauvre
« ce que tu demandes que Dieu fasse pour toi...

« Mortel, il faut traiter doucement les mortels. La loi
« de la nature est la même pour eux et pour toi.

« Quelque diverse que soit ici-bas notre carrière, toi
« et eux, vous partez d'un même point ; c'est au même
« point que vous allez aboutir.

« Une source sacrée coule pour eux comme pour toi, et
« les lave aussi bien que toi de la souillure paternelle. La
« même onction oint leur front et le tien ; et ils sont
« comme toi rassasiés de la chair et du sang de l'Agneau.

« L'auteur de la vie est mort pour eux comme pour
« toi, et il répandra ses dons sur chacun selon ses mérites.

« Replions ici les voiles de mon livre, et que l'ancre re-
« tienne mon navire sur le bord (1). »

Ce rapport de Théodulfe dut éclairer le prince sur bien

---

(1) M. Guizot, *Histoire de la civilisation en France*, leçon XXIII,
t. II, p. 241. — Je regrette que M. Guizot, qui cite et traduit ce
morceau, avec une grande fidélité, ait omis le passage relatif aux sacrements de l'Eucharistie et de la Confirmation.

  Fons sacer hos tecum beat, inlinit unguen avitum
  Atque Agni satiat hos caro sive cruor.

des abus commis loin de ses yeux. J'aime à croire même que c'est aux idées d'ordre et de réformation qui s'y font jour partout qu'il faut attribuer les capitulaires royaux réglant la justice dans les années suivantes.

On y retrouve les mêmes vues, le même esprit, les mêmes remèdes aux vices signalés par l'évêque. Charlemagne y ordonne que les hommes libres, mais pauvres, ne soient pas forcés de vendre et de livrer leurs biens, et contraints ainsi de se faire mendiants ou malfaiteurs. Il commande formellement de faire rendre bonne justice aux indigents. Il veut que l'évêque se charge de la défense des faibles et des petits. Dès l'année 805, il demande protection en faveur des petits contre la fraude et la cupidité des grands (1).

Pour ce qui concerne les magistrats, il leur trace les mêmes règles de sobriété, de simplicité, de dignité et de condescendance que l'évêque leur a prescrites dans ses vers (2). On dirait que le roi ne fait que traduire et exécuter la pensée de son ministre.

Après ce voyage, qui dut être un triomphe pour les deux visiteurs, et qui fut, du moins, celui de la justice et de la religion, les deux amis se séparèrent.

Leidrade prit possession du siége de Lyon, où il porta son talent et ses vertus. Théodulfe repartit vers son troupeau, et alla vers le roi pour l'informer de l'état de ces provinces.

Il avait vu le mal; il l'avait corrigé; mais il ne lui fut pas donné de le déraciner. Ces visites intermittentes étaient

(1) Apud BALUZE, cap. I, ann. 809, art. 12; — cap. III, ann. 812, art. 22; — cap. I, ann. 813, art. 23; — cap. II, ann. 805, art. 16.
(2) Apud BALUZE, cap. II, ann. 805, art. 11; — cap., ann. 807, art. 4.

un expédient plus qu'un moyen, un palliatif plus qu'un remède. Elles pouvaient redresser les écarts de l'administration, mais non pas suppléer à la régularité de son service.

Cependant, nul ne saurait nier qu'elles n'aient rendu à l'État et au peuple d'incontestables services. Au point de vue politique, l'unité du pouvoir, comme du territoire, était maintenue par le retour périodique de ces délégués du prince, qui multipliaient sa personne, représentaient son autorité, et rattachaient ainsi à un centre puissant les membres de ce grand corps prêt à se disloquer. Au point de vue judiciaire, les envoyés royaux établirent une sorte d'uniformité dans la législation discordante de tant de races, en leur imposant à tous les mêmes capitulaires, obligatoires dans tout l'empire. Sans doute aussi qu'ils réformèrent bien des abus, qu'ils réprimèrent bien des excès, qu'ils consolèrent bien des misères.

Mais ce bien ne put durer. Leur courte apparition fut comme un interrègne entre deux tyrannies. Quand ils eurent passé, la féodalité reprit son indépendance et morcela l'empire ; le flot d'iniquités qu'ils avaient refoulé se reforma sur leurs traces, et le torrent du mal reprit impunément son cours à travers le siècle de discordes anarchiques et d'invasions barbares qui s'ouvrit bientôt.

IV.

Un fragment de poème, qui nous reste de Théodulfe, nous permettrait de croire qu'il reçut une seconde mission semblable à la première, et qu'il visita le nord de l'Aquitaine, comme il en avait visité le midi.

Dans ce court fragment, en vers hexamètres, qui porte le titre d'*Itinéraire*, le poète raconte son entrée à Limoges, avec une aventure dont il faillit devenir la victime :

« Cette ville opulente, dit-il, nous donna l'hospitalité
« pendant neuf jours, jusqu'à ce que Auredus se fût joint
« à notre troupe, qui l'attendait en ce lieu (1). Là, les
« abbés et le corps du clergé nous entourèrent de délices
« et nous comblèrent de bontés. »

C'était en effet une loi de ce temps que l'envoyé vécût aux dépens des abbés, des prélats et des comtes qui refusaient de faire justice, jusqu'à ce qu'elle fût rendue. De plus, comme ils avaient le pouvoir de faire exécuter eux-mêmes leurs sentences, les *Missi dominici* traînaient à leur suite des soldats chargés de mettre leur épée au service du bon droit (cap. v, ann. 819). Cela ne se passait pas sans soulever des conflits qui, dans cette circonstance, dégénérèrent en rixes :

« Un jour, reprend le poète, le peuple, échauffé par le
« vin, se jette sur nos gens. Ceux-ci se mettent en dé-
« fense, et le glaive eût ensanglanté cette ville antique,
« j'aurais moi-même péri, et nous aurions éprouvé une
« perte considérable, si deux prêtres vénérés, Ephraïm et
« Mancion, ne fussent venus arrêter cette fureur sangui-
« naire (2). »

Aussi le poète déclare-t-il qu'il n'eut rien de plus pressé que de partir pour Périgueux, sur les rives de la Dordogne,

---

(1) Auredus est sans doute le nom de quelque seigneur envoyé avec Théodulfe pour inspecter la province. Les *Missi dominici* étaient ordinairement au nombre de deux : un évêque ou un abbé, et un comte palatin. C'était la représentation des deux éléments supérieurs de la société.

(2) Théod., lib. ii, carm. xii, *Itinerarium*.

dont il vante les agréments dans ses vers. Si c'est bien d'une mission judiciaire qu'il s'agit ici, on voit que ces fonctions n'étaient pas toujours sans dangers.

Ne serait-ce pas aussi dans une de ces inspections que Manassès, abbé de Flavigny en Bourgogne, eut recours à l'intervention de l'évêque d'Orléans, pour obtenir de Charles l'autorisation de fonder un monastère à Corbigny, dans le Morvan ? C'est l'opinion émise dans l'*Histoire manuscrite de l'abbaye de Fleury*, et c'est à l'année 796 que la charte de Charlemagne fixe cet événement (1).

L'abbé de Flavigny ne pouvait choisir un plus zélé médiateur que Théodulfe pour cette œuvre d'établissement monastique, et je suis heureux de trouver le nom de l'illustre évêque mêlé aux premiers souvenirs d'une maison où les fils de saint Dominique ont remplacé les fils de saint Benoît dans la même œuvre de science, d'apostolat et de sainteté (2).

---

(1) D. Mabillon, *Acta sanctorum ord. S. Bened.*, sæc. III, p. Iª, p. 692, etc. « Karolus, Dei gratiâ, rex Francorum ac patricius Romanorum, abbati Manassæ Flavianiacensis cœnobii salutem.

« ... Petitionem itaque de constructione cœnobii apud Corbinianum, quam per Theodulfum episcopum Aurelianensem æquè abbatem cœnobii Floriacensis, libenter suscipimus, etc. »

(2) L'emplacement du monastère de Flavigny, près de Beaune, est occupé maintenant par un noviciat de frères prêcheurs.

CHAPITRE XVII.

THÉODULFE SOUS LOUIS-LE-DÉBONNAIRE.

I. Vieillesse et malheurs de Charlemagne. — Théodulfe est appelé à signer le testament du prince. — Abdication de l'empereur, sa mort.
II. Théodulfe reçoit Louis-le-Débonnaire à Orléans. — Entrée triomphale du roi. — Hymnes de Théodulfe en son honneur.
III. Théodulfe accompagne Etienne IV dans son voyage en France et au couronnement du roi. — Il reçoit du Pape le *pallium* et le titre d'archevêque. — Droits que lui confèrent ces dignités.

I.

Le grand roi que servait Théodulfe était alors au plus haut point de sa prospérité. Son empire s'étendait du grand Océan à la Calabre, au Raab et aux montagnes de la Bohême, et depuis l'Ebre jusqu'à l'Eider et la mer Baltique.

Mais, à la fin de son règne, son bonheur parut l'abandonner. La mort frappa de rudes coups à son cœur de souverain et de père, et il vit les appuis qu'il avait donnés au trône impérial s'affaisser tour à tour dans la tombe. En l'année 810, il avait perdu son fils Pépin, roi d'Italie, dont la réputation de sagesse et de bienfaisance faisait la gloire de son règne et l'espérance de sa dynastie. La mort, une fois armée contre cette auguste famille, moissonna, dans la même année, Gisèle, sœur de l'empereur et abbesse de Chelles, la princesse Rothrudh, sa fille aînée, et, ce qui intéressait sa politique autant que sa tendresse, son fils aîné, le prince Charles.

Toutes ces pertes, longtemps et amèrement pleurées, avertirent le roi que sa fin était prochaine, et lui firent penser plus sérieusement que jamais à ses derniers moments.

Depuis cinq ans déjà, il avait réglé le partage de son empire, et il ne lui restait plus qu'à disposer de ses biens mobiliers. Dans l'année 811, ayant donc convoqué les hommes les plus influents et les plus dévoués de ses États, « ce prince, dit Eginhard, en présence de ses amis et de « ses ministres, fit un partage de ses trésors, argent, « vêtements et autres meubles, les priant qu'après son « décès ils maintinssent cette disposition qu'il avait réglée « par leurs suffrages (1). » Il donnait les deux tiers de ses biens aux églises, et l'autre tiers devait être partagé entre les pauvres et ses enfants.

Les ministres et les amis du roi signèrent donc ce testament. Théodulfe était du nombre. Éginhard le mentionne à la tête des évêques, à côté d'Hildebolde de Cologne, de Riculfe de Mayence, d'Arnon de Salsbourg, de Vulfaire de Rheims, de Bernoin de Besançon, de Leidrade de Lyon, de Jean d'Arles, de Jessé d'Amiens, d'Heiton de Bâle et de Volsgaud de Liége (2). Instrument fidèle des volontés du roi pendant sa vie, Théodulfe était naturellement indiqué pour en assurer l'exécution quand le grand homme ne serait plus.

(1) EGINHARD, *Vita Caroli Magni*, 33-34.
(2) EGINHARD, *Vita Caroli Magni*, cap. IX, p. 22.

Ce fut deux ans après ces dispositions testamentaires que Charlemagne annonça aux évêques et aux seigneurs, assemblés à Aix-la-Chapelle, qu'il transférerait aux mains de son fils Louis, déjà roi d'Aquitaine, un sceptre devenu trop pesant pour les siennes. Il le fit couronner solennellement dans la nouvelle et magnifique église bâtie en l'honneur de la Vierge, mère de Dieu. Il lui recommanda, au pied de l'autel, la crainte de Dieu, la justice envers les peuples, l'amour de l'Église et des petits. Puis il revint au palais, appuyé sur le jeune prince. Quelques jours après, il le renvoya en Aquitaine, l'embrassa avec larmes et lui dit adieu pour ne plus le revoir (1).

Le 28 janvier suivant, de l'année 814, aux premières lueurs du soleil levant, Charlemagne expirait plein de jours et de gloire, en prononçant ces mots : *In manus tuas, Domine, commendo spiritum meum.* On le déposa, ceint d'une épée d'or, et le livre des évangiles sur les genoux, dans le tombeau qu'il s'était fait creuser à Aix-la-Chapelle.

On ne grava sur le marbre que ces simples paroles :

SUB HOC CONDITORIO
SITUM EST CORPUS
CAROLI,
MAGNI ATQUE ORTHODOXI IMPERATORIS,
QUI
REGNUM FRANCORUM NOBILITER AMPLIAVIT,
ET PER ANNOS XLVII FELICITER REXIT.
DECESSIT SEPTUAGENARIUS
ANNO AB INCARNATIONE DOMINI
DCCCXIV,
INDICTIONE VII.
CALEND. FEBRUARIAS.

(1) EGINHARD, *Vita Caroli Magni*, p. 33-34.

« Dans ce tombeau est placé le corps de Charles, grand
« et orthodoxe empereur, qui a glorieusement accru le
« royaume des Francs, et l'a gouverné heureusement
« pendant quarante-sept ans. Il mourut âgé de soixante-
« dix ans, l'année de l'Incarnation du Seigneur la 814e,
« indiction VIIe, le 5 des calendes de février. »

Dès que Charlemagne eut rendu sa grande âme à Dieu, un homme de la cour, nommé Rampon, fut député vers le roi d'Aquitaine pour lui annoncer ce triste événement et hâter son retour. Théodulfe le prévint, et ayant lui-même expédié un messager à l'empereur, il lui fit connaître la mort de son père, et l'engagea à passer par la ville d'Orléans (1).

Le jeune prince était alors près d'Angers, à Thedwat, aujourd'hui Doué, où il avait réuni une grande assemblée. Il pleura beaucoup, et il prit ensuite sa route par Orléans, où l'évêque lui prépara un accueil triomphal.

II.

Depuis plusieurs siècles, cette ville était renommée par la magnificence qu'elle avait déployée dans la ré-

(1) THEGANUS, *Vita Ludovici*, ad ann. 814 : « Qui (Rampo) cùm Aureliam devenisset in urbem, Theodulfus ejusdem urbis episcopus, vir undecumque doctissimus, causam ejus adventûs præsensit ; et velocissimè misso perlatore, imperatori innotescere studuit, hoc tantum modô ei suggerendum jubens, utrùm præstolaretur venientem in urbem, an itinere aliquo ei occurreret venturo in urbem, etc. »

ception de ses souverains. On s'était transmis de génération en génération le souvenir de l'entrée qu'y avait faite le bon roi Gontran, alors qu'une foule immense était accourue à sa rencontre avec des bannières et des étendards, qu'on l'avait complimenté en syriaque, en hébreu et en latin, et qu'il avait reçu les eulogies des mains de Grégoire de Tours dans la basilique de Saint-Avit (1). Le souvenir était plus récent encore de la visite du roi Charles, et l'on aimait à dire qu'il avait enrichi les couvents et les églises. On n'attendait de son pieux successeur ni moins de libéralités, ni moins de vertus. Aussi, son arrivée fut-elle saluée par l'allégresse universelle. Le concours fut immense et la fête splendide. On en parla longtemps, et un poète contemporain, Ermold Nigellus, nous en a transmis le récit dans ses vers (2).

(1) GREG. TURON., *Histor. franç.*, lib. VIII, cap. I, p. 375. — L'église de Saint-Avit s'élevait sur l'emplacement actuel du grand séminaire. On a découvert dernièrement la crypte de la vieille église dans les fondements de cette maison.

(2) Ermoldi NIGELLI, *De rebus gestis Ludovici Pii*, lib. II.

Cum undique turba ruit Francorum concita regnis
    Regis in occursum plebs petit omnis ovans.
Et Caroli proceres prorsùs, regnique priores
    Atque sacerdotum currit amica cohors.
Densanturque viæ, replentur claustra domorum
    Non capitur tecto, scandit in alta domûs.
Flumina non retinent trepidos, nec horrida sylva,
    Nec glacialis hiems, nec pluviosa dies.
Qui rate non valuit, satagens hic fortè natatu
    Trans fluvium Ligeris certat abire prior.
O quantos populos celsâ de rupe videre
    Absque rate in fluvium se dare præcipites !
Aurelianenses illos risere natantes :
    Turre vocant summâ : littus amate, viri.

« De toutes parts, la foule des Francs se précipitait à la
« rencontre de son roi. Les grands, les premiers de
« l'État, la phalange des prêtres accouraient au-devant
« de lui. Les rues étaient encombrées ; les maisons étaient
« pleines, et comme elles ne pouvaient contenir tant de
« monde, il y en avait qui montaient sur les toits. Les
« fleuves mêmes, les forêts profondes, la glace de l'hiver,
« la pluie enfin, ne font peur à personne. Ceux qui ne
« peuvent passer en bateau essaient de traverser la
« Loire à la nage pour arriver avant les autres. Combien
« on en voyait de la côte se précipiter dans le fleuve! Les
« Orléanais riaient de les voir ainsi nager, et du haut de
« leurs tours, ils leur criaient : « Gagnez le bord, bonnes
« gens ! » Tous n'avaient qu'un désir et qu'une volonté :
« c'était de voir à satiété le visage de leur roi. »

Quand le prince était encore en dehors de la ville, une députation du clergé et du peuple alla solennellement au-devant de lui, et quand elle l'eut aperçu qui s'approchait avec son cortége de gardes et de seigneurs, elle entonna les strophes saphiques que l'évêque d'Orléans avait composées pour cette circonstance (1):

« O père du clergé et père du peuple, César, roi
« rempli d'une ardente piété, viens, entre dans nos murs ;
« nous t'en supplions tous.

« Adorateur de Dieu, soutien du malheureureux, pro-

---

(1) Nous plaçons ici, avec D. Mabillon, ce chant lyrique, qui paraît, en effet, se rapporter au passage du prince à Orléans. Cette opinion est la plus probable et la plus autorisée.

M. Ampère a remarqué que ces petites strophes rappelaient l'effet général de la strophe germanique telle qu'on la trouve dans la poésie des *Scaldes*, t. III, p. 226.

« lecteur des veuves et des orphelins, souverain clément,
« nous t'en conjurons, daigne écouter nos vœux.

« Rends-toi enfin à nos ardentes prières ; entre dans
« nos maisons préparées pour toi, et passe au milieu de
« nous des jours d'allégresse, ô roi béni!

« Le chœur des prêtres, le clergé et le peuple entier,
« tous, grands et petits, brûlent du désir de te voir.

« Salut, roi prudent, roi vénéré, salut! ô roi, reçois
« nos vœux. Que le Christ te donne le salut que nous
« lui demandons prosternés à ses pieds!

« Qu'il te sauve par les prières de saint Albin (1), qu'il
« bénisse avec toi ta famille et la compagne de ta vie, que
« le Christ t'a donnée pour rendre tes jours heureux.

« Puis, qu'après ces jours de la vie présente, tu arrives
« heureusement au royaume du ciel, et que le Christ
« t'accorde une place parmi les élus, pour l'éternité. »

Ce fut au milieu de ces chants joyeux que le prince fut reçu dans la ville, pompeusement parée pour cette solennité. Il y arriva par les bords de la Loire, et selon toute apparence, passa par l'ancienne porte romaine, qui faisait partie de l'enceinte d'Aurélien. Là les hymnes commencèrent, et dès qu'il fut entré, on entendit retentir ces strophes du même mètre :

« Voici, voici le pieux et doux César, dont la gloire
« éclate dans l'univers entier, et qui surpasse tout homme
« par la grande bonté qu'il a reçue du Christ...

« Sa présence, bienfait du Christ, et l'éclat de son

---

(1) « Salvet *Albini* precibus beati ». — N'est-ce pas plutôt *Altini* qu'il faut lire, et le poète n'entend-il pas désigner par là saint Altin, qui passe pour le premier évêque d'Orléans ?

« front auguste, ont repandu la joie parmi ton peuple
« nombreux, ô ville d'Orléans (1) !

« Chante donc d'éternelles actions de grâces à Dieu,
« dont les ordres divins l'ont amené dans tes murs, et
« t'ont donné aujourd'hui de voir son visage.

« Que le clergé et le peuple, les pauvres et les riches,
« redisent ce chant saphique, pour que Dieu accorde à
« Louis de régner longtemps.

« Qu'une longue prospérité soit donnée à la noble
« épouse de César, et que le peuple et la cour jouissent
« d'une paix sans orage.

« Que notre ville soit défendue par les fidèles seigneurs
« qui, pour l'amour du Christ, ont consacré aux travaux
« de la guerre leurs chastes corps.

« ... Et toi, gloire du royaume, rejeton de l'empire,
« Lothaire, sois toujours fort, et puisses-tu un jour suc-
« céder à ton père pendant de longues années (2) ! »

Cependant la procession parcourait religieusement les
rues de la vieille cité, l'évêque à sa tête, le roi auprès
de lui. Parti de l'ancien palais du bon roi Gontran, près
du bord de la Loire, au lieu où s'éleva le Châtelet au
moyen âge, le cortége s'avança vers la grande église romane de Sainte-Croix, dont les tours subsistèrent jusqu'au
XVIe siècle. De là, saluant l'antique sanctuaire de Saint-
Etienne, modeste oratoire qui avait été le berceau de la

---

(1) Il faut ponctuer cette strophe ainsi :
   Cujus (regis) adventus, miserante Christo,
   Et nitens multùm facies, serenat
   Civitas, temet, populosa, nempè
       Aurelianis.
(2) Theod., appendix, carm. II, apud Mabillon, et édit. Migne, p. 577.

foi sous les princes païens et persécuteurs, on sortit en dehors de l'enceinte gallo-romaine, et bientôt Théodulfe fit entrer Louis-le-Pieux dans la basilique dédiée à saint Aignan, récemment restaurée et enrichie des dons de l'empereur Charlemagne. Le roi fut heureux d'y retrouver les traces de son illustre père et pria longtemps devant les mêmes autels. Quand il en fut sorti, la troupe sainte se mit en marche vers Saint-Euverte. Ce n'était alors qu'une pauvre chapelle assise sur un coteau revêtu de vignes et de bois, et plus connue sous le titre de Notre-Dame-du-Mont. Le saint évêque Euverte y avait son tombeau. On passa dans les champs, non loin de la petite église que les premiers fidèles avaient consacrée à Saint-Marc, pour être le lieu de prière du peuple de la campagne. Puis on s'en retourna par l'église Saint-Avit, et rentrant dans les murs de l'enceinte fortifiée, on fit une station à l'aleu de Saint-Mesmin, près du cloître Sainte-Croix, qui reçut encore une fois l'empereur, les prélats, les leudes, les comtes, les clercs, les moines et le peuple. Ermold Nigellus nomme toutes ces églises (1). Le prince s'agenouillait pieusement dans chacune d'elles, et pendant qu'il demandait humblement la sagesse qu'autrefois le Seigneur n'avait pas refusée aux chefs de son peuple, la foule, présageant qu'il allait ramener les jours fortunés du règne de Salomon, chantait sur son passage : « Hosanna ! vie et gloire au jeune fils de David ! »

Louis dut accueillir avec empressement ces vœux d'une

---

(1) Ermoldi NIGELLI, loco citato.
 Aurelianis ovans Cæsar mox visitat urbem,
  Quo Vexilla Crucis, sive Aniane, manes.
 Heburti felix, qui primo hanc perficis arcem,
  Seu Maximine sancteve, Avite, micas.

ville qui lui était chère. C'était là qu'à peine âgé de trois ans (781), le jeune roi d'Aquitaine avait été porté, avant de passer la Loire, pour être montré à ses peuples. C'était là qu'il avait été confié à la tutelle d'Arnold, l'un des plus illustres leudes de la cour de son père, revêtu d'une armure convenable à sa taille, placé sur un cheval, entouré d'un cortége d'enfants du même âge, et, comme disent les chroniques, armé chevalier (1). C'était encore là qu'il devait fêter son avènement à l'empire ; et l'espèce de triomphe qui lui fut fait en ce jour put lui faire comprendre qu'il trouverait dans l'évêque d'Orléans un dévoûment fidèle qui n'avait jamais failli sous Charlemagne.

Théodulfe s'était d'abord attaché plus particulièrement à la fortune du prince Charles, héritier présomptif du royaume des Francs. L'empire entier avait les yeux tournés vers ce jeune héros; les peuples saluaient en lui l'espérance certaine d'une ère de bonheur. Les poètes disaient de lui comme on avait dit du petit-fils d'Auguste, et comme on devait dire du petit-fils de Louis XIV : « qu'il
« avait le nom, le grand cœur, l'âme de son père; qu'il
« l'aurait fait revivre dans toutes ses vertus, si la France
« avait mérité d'avoir un tel maître (2).

Théodulfe l'avait en singulière estime. Il voyait en lui

---

(1) Baronius, t. IX, apud Pithæum, in *Vitâ Ludovici Pii*, incerto auctore, p. 157. — La Saussaye, *Annal. eccles. Aurelian.*, p. 281. « Ludovicum Pium puerum Aureliæ educatum illic armis præcinctum, et equo impositum, in Aquitaniam transvectum, etc. »

(2) Poeta Saxonicus :
    Hic patris æquivocus fuerat, nec nomine solo,
    Indole sed mentis clarâ probitateque morum.
  Omnimodâque patrem virtutum dote referret,
    Si rectore frui meruisset Francia tali.

le soutien de l'État, le protecteur de l'Église, et il se plaignait dans ses vers de ne pas pouvoir aller lui présenter ses hommages et ses conseils aussi souvent qu'il l'aurait désiré. Il lui adressait ces vœux pour se consoler d'être privé de lui : « Salut, jeune prince, salut! Que le « Seigneur te protége, t'enrichisse et t'élève, afin que tu « puisses monter, environné de gloire, sur le trône de ton « père, puis qu'un jour, laissant le royaume de ce monde, « tu possèdes à jamais celui de l'éternité (1). »

Les souhaits de Théodulfe ne devaient pas s'accomplir. Son héros mourut à l'âge de trente-neuf ans, regretté de tout l'empire. Charles n'avait pas d'enfants ; mais Pépin, le second fils de Charlemagne, laissait en mourant un fils nommé Bernard, qui devait naturellement hériter de la couronne. Théodulfe transporta au jeune prince l'attachement profond qu'il avait voué à son oncle, et sans doute aussi à son père. Nous ne tarderons pas à voir comment cette amitié lui devint fatale et fit le malheur de ses dernières années.

III.

Il n'en fut rien d'abord, et l'évêque d'Orléans parut, au commencement, jouir, à la nouvelle cour, de toute la faveur dont l'avait honoré Charlemagne.

---

(1) Théod., lib. vii, carm. xxv, ad finem.
>At tu, magne puer, salveque valeque per ævum,
> Te Dominus cœli protegat, ornet, alat.
>Ut valeas patrias rutilus conscendere sedes,
> Atque juvante Deo, sceptra tenere manu.
>Et sic mundani regni terrena relinquas
> Culmina, ut ætherei postmodò compos eas.

Louis-le-Pieux songeait alors à recevoir des mains du Souverain-Pontife l'onction sainte qui devait consacrer son nouveau pouvoir aux yeux de ses peuples. Léon III n'était plus, et ce fut Étienne IV qui se rendit en France pour cette cérémonie. Une ambassade d'honneur, choisie parmi les personnages les plus éminents de la cour et du clergé, alla jusqu'aux Alpes recevoir le vénérable Pontife. « A la « tête de ce cortége, remarque Theganus, historien du « roi, était Théodulfe, homme distingué par sa naissance, « sa science et sa sagesse. Il accompagnait Bernarth, roi « d'Italie, neveu de Louis, avec Hildebold, archi-chape- « lain du sacré palais, Jean, évêque d'Arles, et d'autres « ministres sacrés, lesquels furent envoyés au-devant du « Saint-Père pour le saluer les premiers, revêtus de leurs « ornements sacerdotaux (1). »

L'empereur quitta lui-même sa résidence ordinaire, et se rendant à Reims (2), il s'y disposa à accueillir dignement le chef de l'Église.

On était alors au mois d'août. Le prince apprenant l'approche d'Étienne IV, s'avança au devant de lui dans la plaine de Reims, descendit de cheval, et se prosterna par

---

(1) THEGANUS, *De gestis Ludovici*, c. XVI, XVII, XVIII, apud Baron, t. IX. « Ipse Theodulfus, vir genere, scientiâque et disciplinâ præcipuus, in comitatu Bernarthi regis Italiæ, nepotis Ludovici, cum Hildebaldo archicapellano sacri palatii, et Joanne Atrebatensi Episcopo, aliisque ministris Ecclesiasticis, obviàm missus est, qui eum primum salutaverunt omnes infulis induti sacerdotalibus. »

(2) C'est par erreur que Platine place cette rencontre à Orléans. « Tum erat Aurelianis imperator qui ubi intellexit Pontificem adventare, statim honoratissimum quemque obviam misit, maximè vero Theodulfum Aurelianorum episcopum cum clero in magna populi parte. » Tous les autres historiens, Thegan, Aymoin, Sigebert, placent cette entrevue à Reims.

trois fois à ses pieds en disant : « Béni soit celui qui vient
« au nom du Seigneur ! c'est le Seigneur Dieu qui a fait
« éclater sur nous sa lumière. » Le Pape le salua et dit à
son tour : « Béni soit le Seigneur notre Dieu qui nous a
« donné de voir de nos yeux un second roi David. » Il faisait
ainsi allusion au surnom que portait le roi Charlemagne.
Alors ils s'embrassèrent, et se donnant la main, ils entrèrent tous deux dans la basilique au chant du *Te Deum*.
Après avoir prié l'un à côté de l'autre, le Pape et l'empereur se rendirent au monastère de Saint-Rémi, y prirent
ensemble du pain et du vin en forme d'eulogies, conversèrent longuement et se séparèrent ensuite.

Ce fut le dimanche suivant qu'eut lieu la cérémonie du
sacre. Le Pape, dit le chorévêque Theganus, plaça sur la
tête du César une couronne d'or d'une beauté merveilleuse. Ermold Nigellus ajoute que c'était la couronne
qu'avait portée Constantin. Puis le roi combla de magnifiques présents le pontife consécrateur, et le fit reconduire
à Rome par les mêmes députés Bernarth, Théodulfe et
Jean d'Arles, leur recommandant bien de l'entourer de
toutes sortes d'honneurs (1).

Pendant tout ce voyage et durant le séjour qu'il fit à
Reims, le pape Étienne IV avait été frappé du mérite de
Théodulfe. Pour prix de ses services et de son dévoûment
au Saint-Siége, il ne crut pas trop faire en lui conférant
un honneur presque exclusivement réservé aux métropolitains. Ce fut en effet très-vraisemblablement dans cette
occasion qu'il lui accorda le *pallium*, avec le titre d'ar-

---

(1) *De gestis Lud. Pii*, lib. II.
   Tum jubet afferri gemmis auroque coronam,
   Quæ Constantini Cæsaris antè fuit.

chevêque, que nous voyons quelquefois porté par Théodulfe (1).

Le privilége du pallium renfermait la plénitude de l'autorité épiscopale, mais il ne conférait pas pour cela aux simples évêques une juridiction sur les autres membres de l'épiscopat. Seulement, en le recevant, l'évêque d'Orléans acquérait le même droit que les métropolitains, de ne pouvoir être jugé que par le souverain pontife.

L'occasion vint bientôt pour lui d'en appeler à ce droit, droit précieux, s'il y avait encore des droits pour les opprimés.

---

(1) THEOD., carm. I, lib. IV, *Ad Modoinum.*
<pre>   Solius illud opus Romani præsulis exstat,
    Cujus ego accepi pallia sancta manu.</pre>
P. SIRMOND, *Notæ in hunc locum.* — P. LONGUEVAL, *Hist. de l'Église gallicane,* t. V, liv. XIV, p. 226.

Le pallium, d'origine impériale ou ecclésiastique, était une bande de laine marquée de croix, consacrée sur le tombeau de saint Pierre. Les papes l'accordaient rarement aux simples évêques. On cite dans ce même siècle Chrodegand, évêque de Metz, et Drogon, fils de Charlemagne, qui prirent également le titre d'archevêques.

D. CHARDON, *Hist. des Sacrem., Ordre,* partie III, ch. IX.

CHAPITRE XVIII.

PRISON, DÉLIVRANCE & MORT DE THÉODULFE.

I. Révolte de Bernard, roi d'Italie. — Pensées de Théodulfe sur le démembrement de l'empire. — Théodulfe faussement accusé de rébellion, condamné et déposé.

II. Théodulfe prisonnier à Angers. — Sa correspondance avec Aigulfe, archevêque de Bourges. — Il proteste de son innocence. — Son épître à Modoin, évêque d'Autun. — Réponse de Modoin. — Vers de Théodulfe sur la fin du monde. — Sa résignation.

III. Théodulfe chante au roi son hymne *Gloria laus*, à la procession des Rameaux. — Il est délivré. — Amnistie de Thionville. — Théodulfe meurt empoisonné.

I.

C'était en l'année 816 que Théodulfe accomplissait sa mission auprès du Pape avec le roi Bernard ; ce fut l'année suivante 817, qu'éclata la révolte de ce jeune prince.
Les historiens nous le peignent brave, magnifique, bienfaisant, beau, bien fait et adoré de son peuple (1), tel

(1) EGINHARD, anno 817, *Theganus*, cap. XXII.

enfin qu'on se souvenait d'avoir vu Charlemagne. L'héritier du prince Pépin n'avait contre lui qu'un empereur débonnaire, mais faible, qui venait de s'aliéner ses propres fils en mettant l'empire au hasard d'un choix indiscret et arbitraire. Bernard ne pouvait oublier qu'on l'avait longtemps exclu du partage, et que le soupçonneux souverain venait de lui ravir, par une odieuse disgrâce, ses deux ministres dévoués, Adalard et Vala, qui n'avaient d'autre crime que celui d'être trop fidèles au jeune roi d'Italie. Celui-ci, appuyé par tous les mécontents, ne put tenir contre l'espoir de rentrer dans ses droits. D'ailleurs sa cause était une cause nationale. Dans l'émancipation générale des peuples soumis violemment au sceptre de Charlemagne, l'Italie réclamait son indépendance.

Les villes, les évêques, les seigneurs et les peuples se liguèrent donc contre l'empereur. Les passages furent fermés; une armée fut levée et mise sur pied. Mais il était trop tard : Louis avait été averti; il fit diligence vers les Alpes avec des troupes formidables, et ne laissa au jeune prince d'autre ressource que de venir implorer sa clémence. Bernard hésitait, lorsqu'un message de l'impératrice Hermengarde vint l'informer que son pardon dépendait de son obéissance. Il accourut donc, confiant comme un jeune homme, se jeter aux pieds de son oncle, qui se trouvait alors à Châlons-sur-Saône, à la tête d'un nombreux hériban.

On sait quel fut son sort. On le condamna à avoir les yeux crevés, et il mourut dans les cruels tourments d'un supplice dont les remords devaient coûter bien des larmes à son oncle, devenu, contre son inclination et sa volonté, le bourreau de sa famille.

On voulut trouver des complices à la conspiration, et on

les chercha naturellement parmi les amis du conspirateur. Théodulfe plus que tout autre pouvait revendiquer ce titre. C'en fut assez pour le désigner à la vengeance.

On connaissait du reste ses regrets politiques. Autrefois ministre du grand empire de Charlemagne, et lui-même ouvrier de sa puissante unité territoriale et administrative, il voyait avec peine cette unité brisée par des partages, et il protestait, jusque dans ses vers, contre le démembrement d'un pouvoir qui, dans son opinion, était de sa nature, indivisible.

« La fable, disait-il, nous parle bien du règne de
« Géryon aux trois corps, et nous feint qu'une seule âme
« a pu animer trois frères. Mais l'histoire, plus véridique
« et supérieure à toutes ces fictions, nous montre sur le
« trône des frères qui se déchirent. Puisse, et que ce soit
« là le but où tendent nos vœux communs et notre poli-
« tique, puisse notre siècle se préserver d'un semblable
« malheur !.. C'était jadis l'usage de toutes les nations
« qu'entre plusieurs frères un seul portât le sceptre. Les
« autres ne demandaient qu'une part dans le conseil, pour
« que l'autorité souveraine ne perdît rien ainsi de son in-
« tégrité (1). »

Un homme qui formulait de pareilles maximes dans un

---

(1) Theod., lib. III, carm. x, *Quod potestas impatiens consortis sit*.
Omnibus hoc votis, omni et hoc arte cavendum
Ne nostro in seclo, tale quid esse queat,
Gentibus unus erat pridem fermè omnibus usus
Unus ut è fratrum corpore sceptra gerat,
Cætera nitatur magni pars esse senatûs
Ut regni solidus continuetur apex.

pareil temps devait être suspect. Il fut donc enveloppé dans le malheur de Bernard avec Egiddéon, son ami, Réginaire, autrefois comte du palais, et Réginald, chancelier du roi. Parmi le clergé, on comptait Anselme, archevêque de Milan, Wolfold de Crémone et Théodulfe d'Orléans.

Réginald et Régnier eurent les yeux crevés. Les évêques furent jugés et déposés dans un concile. Mais comme rien ne prouvait la culpabilité de Théodulfe et qu'on ne pouvait lui arracher aucun aveu, on se contenta de le reléguer dans un monastère (1).

II.

L'évêque d'Orléans prit le chemin de sa prison en protestant de son innocence. Il se rendit à Angers, dans un des couvents de cette ville, probablement dans celui de Saint-Albin ou celui de Saint-Serge, que nous désignent les historiens.

Dans cette vie de solitude, de misère et d'obscurité que lui faisait l'injustice des hommes, Théodulfe nous apprend qu'il eut beaucoup à souffrir. Il y connut la pauvreté, la faim, le mépris. Il s'en consola en cultivant ces biens que

---

(1) *Vita Ludov. Pii*, ad ann. 817, apud A. Duchesne, t. II, *Hist. franç.* « Erant hujus sceleris conscii quamplures clerici seu laici; inter quos aliquos episcopos hujus tempestatis procella involvit, Anselmum scilicet Mediolanensem, Wolfoldum Cremonensem sed et Theodulfum Aurelianensem... Episcopos ab episcopis reliquis depositos monasteriis mancipavit. »

rien ne peut enlever, même au plus malheureux, la prière et les lettres (1). Même il arrivait que des moines, attirés par la réputation de son éloquence et de sa science, venaient à lui secrètement pour recevoir ses leçons. Ils lui donnaient des livres, ils écoutaient les paroles du captif, comme faisaient autrefois les disciples de Socrate dans la prison des Onze, et tel est l'empire des grandes intelligences, que l'évêque régnait au fond de son cachot comme dans une école.

Quelquefois aussi des lettres affectueuses arrivaient furtivement dans la prison de l'infortuné évêque, pour y apporter un peu d'amour, d'espérance et de joie. D'autres en partaient avec un grand mystère, et, trompant la vigilance de gardiens soupçonneux, parvenaient au dehors toutes brûlantes des vœux du prisonnier, remplies de ses plaintes et baignées de ses larmes. Des moines affidés et discrets étaient les confidents de cette amitié qui lui resta fidèle même dans l'infortune. C'est ainsi que, semblable à saint Jean Chrysostôme, du fond de son exil, l'évêque opprimé, déchu, captif, entretenait secrètement avec quelques-uns de ses anciens amis une correspondance qui témoigne de la pureté comme de la tendresse de cette âme outragée.

Un jour même il reçut la visite de l'un d'eux qui partageait sa disgrâce et qui venait peut-être partager sa prison. C'était l'évêque Svitgaud, que Théodulfe chérissait à cause de ses vertus, et qu'il avait fait élever aux honneurs de l'épiscopat. Mais, comme son protecteur, victime de la jalousie et de l'intrigue, Svitgaud avait été dépossédé de

(1) THEOD., lib. IV, carm. IV.
« Aut legit, aut docet, aut laudum pia munera complet. »

son siége, et il venait à Angers, auprès de Théodulfe, qui lui fit un tendre et fraternel accueil.

Ils s'entretinrent longtemps, car Svitgaud apportait au prisonnier les paroles amies d'un des plus grands évêques de l'église gallo-franque, Aigulfe, patriarche ou archevêque de Bourges.

C'était la consolation de l'exilé et l'honneur de sa cause de compter parmi ses amis et ses défenseurs les plus vertueux prélats de l'empire. Mais entre ceux-ci, nul ne jetait plus d'éclat que l'archevêque de Bourges. C'était un homme simple et bon, plus épris de la solitude que de la grandeur. Une éducation brillante, en le rendant digne des honneurs, ne lui en avait inspiré ni le goût ni l'ambition. Il les fuyait même comme une distraction et un péril, et, pour les éviter, il s'était retiré dans un ermitage, afin d'y pouvoir vivre seul, entre la nature et Dieu. C'est de là qu'il avait fallu le tirer pour le placer sur le siége éminent dont il fit l'édification et la gloire (1). Il y avait sept ans qu'il y honorait son épiscopat par sa sainteté, quand il écrivit à l'auguste prisonnier une lettre pleine de la plus compatissante charité.

De plus, l'évêque Svitgaud n'avait pas manqué de dire à Théodulfe les grandes vertus d'Aigulfe, ses travaux apostoliques, les services éminents qu'il rendait à l'Église et à la sainte cause ; et le vieillard captif s'était senti renaître à ces récits. Il avait éprouvé cette joie paternelle que nous avons tous ressentie lorsque nous avons vu un de ceux dont la jeune âme nous fut confiée jadis, se conquérir

---

(1) V. les *Bolland.*, Baillet, et la *Gallia christ.*, nova, t. II, p. 21.

plus tard, parmi les hommes, une place élevée et une gloire sans tache.

Touché de son souvenir, Théodulfe s'empressa de répondre à cet ami (1). Dans cette épître dictée au fond d'une prison, l'évêque ne perd rien de son autorité, de sa fermeté d'âme. Il avait beaucoup connu Aigulfe autrefois ; il l'avait vu encore enfant, et il avait présagé de lui de grandes choses (2). Aussi commence-t-il par s'oublier lui-même pour donner au prélat des conseils paternels sur le soin de son troupeau et sur ses devoirs d'évêque. C'est toujours après que, faisant retour sur son état présent, le prisonnier ajoute ces énergiques paroles dans l'épanchement confiant d'un père à son fils :

« ... Que dis-je, et où s'égarent mes vers? Voici que
« j'osais m'ériger en docteur. Ah! bien plutôt, je t'en
« prie, souviens-toi de ma détresse, et allège le poids de
« mes maux. Qui sait si, par mes prières et par le secours
« de mes frères, le Tout-Puissant, me prenant en pitié, ne
« finira pas ce misérable exil, lui dont le bras tira autre-
« fois de la prison Joseph et saint Pierre?

« Oui, je l'avoue devant Dieu, j'ai commis de nombreux

---

(1) THEOD., carm. IV, lib. IV, *Ad Aiulfum*.
  Cuncta quis expediet laudis præconia vestræ
   Quæ Svitegaudus iste referre solet?
  Hunc Deus et probitas vitæ, atque electio fratrum
   Prætulerat sancto, me mediante, gregi,
  Sed malè livor edax, dolor et pellacia fallax
   Præsulis à propriâ sede removit eum.
  Hic de parte tulit vestra mihi verba benigna
   Et mihi præsentem te dedit ore suo.
  Dùm bona vestra mihi narrat, me perfovet ægrum
   Actibus æque tuis mens mea læta manet.

(2) V. chap. II, *Théodulfe abbé de Fleury*, p. 14.

« péchés (1). Ils surpassent en nombre les grains de sable
« du rivage, les gouttes d'eau de la pluie, les flots de
« l'Océan, les astres du firmament, les brins d'herbe des
« champs et les germes des plantes ; voilà pourquoi j'ai
« souffert ces angoisses, et ces maux sont loin d'être tout
« ce que je mérite.

« Mais contre le roi, contre ses enfants, contre son
« épouse, je n'ai rien entrepris qui me valût ces tour-
« ments. Crois-moi, très-saint frère, encore une fois, crois-
« moi, je ne fus jamais coupable du crime dont on m'a
« chargé. Non, jamais mes conseils n'ont mis le roi en
« péril de perdre ou le sceptre, ou la vie, ou son propre
« neveu. Jamais, puis-je ajouter, je n'eus même la pensée
« de causer de tels malheurs.

« Voilà ce que j'ai crié, ce que je crie, ce que je crierai
« toujours, tant que je sentirai du sang dans mes veines.
« Celui qui refuse de me croire maintenant sera bien

---

(1) THEOD., carm. IV, lib. IV, *Ad Atulfum, episc.*

... Ipse Deo fateor peccamina multa peregi,
   Quæ superant numero temet, arena maris.
Et pluviæ guttas, maris undam, sidera cœli,
   Herbarum frutices, germina cuncta soli.
Hæc sunt ærummas ego cur sum missus in istas,
   Esse nec ut debent sunt mala tanta mihi.
Non regi, aut proli, non ejus crede jugali,
   Peccavi ut meritis hæc mala tanta feram.
Crede meis verbis, frater sanctissime, crede,
   Me objecti haudquaquam criminis esse reum.
Perderet ut sceptum, vitam, propriumque nepotem,
   Hæc tria sum nunquàm consiliatus ego.
Addimus et quartum : Mihi non fuit illa voluntas,
   Utcumque ut rerum hæc mala tanta forent,
Hoc ego clamavi, clamo, clamabo per ævum,
   Hæc donec animæ membra liquor vegetat.

« forcé de me croire quand nous serons devant le trône du
« grand Juge, alors que mon pieux témoin et mon juste
« vengeur sera Celui qui voit tout à nu et sans voiles; Celui
« qui ne fait pas d'acception de personne, qui ne reçoit
« pas de présents, et qui, souverainement juste, n'aime
« que la justice. Devant sa face auguste, il n'y aura plus de
« mensonge. Lui-même sera mon témoin, et il ne sera
« pas besoin d'en invoquer un autre.

« Cher frère, ta douce pitié m'a grandement consolé, car
« tu as pris une large part à ma tristesse. Puisse le Père
« céleste, roi du ciel et de la terre, te faire participer un
« jour à notre joie ! »

Était-ce la joie du retour qu'il entendait par là? Malgré ses éloquentes protestations, elle devait encore se faire désirer longtemps.

Il priait cependant, il implorait sans cesse la justice des hommes. Il se ressouvenait des amis influents qu'il avait connus dans l'Église et dans le monde, et il pensait que sa voix ne leur arriverait pas du fond d'une prison sans leur porter dans l'âme quelque pitié pour lui. Il songeait surtout au plus aimé de tous, à celui qu'il se plaisait à appeler son frère, et que peut-être,

> Qui modo non credit cogetur credere tandem,
>   Ventum erit ut magni judicis antè thronum.
> Qui mihi testis erit plus et justissimus ultor,
>   Omnia qui semper nuda et aperta manent.
> Qui non acceptat personas, munera sive,
>   Diligit, æquum æquus diligit omne bonum...
> Me tua, chare, fovet dulcis compassio, frater,
>   Tristitiæque meæ pars tibi magna manet.
> Det pater altithronus, cœlum terramque gubernans,
>   Lætitiæ nostræ ut postmodo compos eas...

dans les savantes écoles dont il était le maître, il avait autrefois appelé son disciple et son enfant. C'était l'évêque d'Autun, Modoin, poète, savant, homme de gouvernement et favori du roi. On disait même que Louis, plein d'estime pour son mérite, lui abandonnait le timon de l'État. Assurément personne ne pouvait mieux servir le prisonnier d'Angers. Théodulfe le pensait, et rempli de confiance, il lui adressa une lettre vive et forte qu'il écrivit en vers, afin que la poésie joignît son éloquence à celle de l'amitié (1).

« Théodulfe à son cher Modoin, salut.

« Je suis la Muse de Théodulfe, venue du fond du ca-
« chot où il te garde une ardente amitié. C'est là qu'il
« passe ses jours, exilé, indigent, pauvre, accablé de tris-
« tesse, dans l'angoisse, le mépris, l'affliction, la douleur.
« Peut-être, mon épître, te demandera-t-il ce que tu
« fais, et tu lui répondras que je traîne une vie cent fois
« pire que la mort. « Il lit, lui diras-tu, il enseigne, il
« chante les louanges de Dieu qui gouverne le monde. Il
« prie pour toi, pour lui, pour l'Église, pour le salut du

---

(1) THEOD., carm. v, lib. IV, *Ad Modoinum, episc.*
  Sum Theodulfi Erato, veniens de carceris antro,
    Ejus, ubi immensus hunc tuus urit amor.
  Exsul, inops, pauper, tristissimus, anxius, egens,
    Spretus et afflictus est ubi, sive dolens.
  Forsan et ipse roget quid agam, me vivere dices,
    Vitâ, quâ melior mors bona fortè foret.
  Aut legit, aut docet, aut laudum pia munera complet,
    Cuncti Patri Domino qui regit arva, polum.
  Hunc pro te poscit, pro se, sive ordine cleri,
    Pro populi et regis proque salute ducum.
  Me ubi transmisit, hujus tibi dico salutes.
    Subdita sunt cujus verba canenda tibi :

« peuple et du roi. Il m'a envoyée vers toi pour te saluer et
« te porter les paroles que je vais te redire :

« Je t'en prie, frère aimant, souviens-toi de moi, ô toi
« mon frère et la meilleure partie de mon âme. Aie pitié
« de nos maux, toi qui en sais la cause, et plus elle t'est
« connue, plus tu dois chercher à les guérir, comme un
« sage médecin.

« Tu le sais, les joies du monde se dissipent en vaine
« fumée. Ce qui ne périt jamais, c'est l'amitié des frères.
« Tu m'a toujours aimé; mais aujourd'hui que je suis mal-
« heureux, tu me dois plus d'amour, comme une tendre
« mère aime son fils malade plus que ses autres enfants.

« Je t'en prie, prête-moi ton secours dans cette extré-
« mité, et fais appel pour moi au cœur de nos frères. Ma
« cause est la leur; ce qui m'est fait aujourd'hui peut leur
« être fait demain... »

Il se plaignait ensuite de la légèreté avec laquelle sa

    Obsecro frater amans, nostri memor esse memento,
        Frater pars animi, portio magna mei.
    Mens tua sit semper nostros miserata labores,
        Nostræ est nota tibi quod benè causa rei.
    Quo mage res nota est, magis indè adhibeto laborem :
        Sic medicus morbum dum videt, arte fugat.
    Fumea præsentis, peremit, scis, gaudia mundi,
        Nunquàm fraternus sed perit almus amor.
    Me modo pluris amas, quanquàm me semper amasses,
        Ægrum aliis natum plus pia mater amat.
    Fessis, opto libens, certa succurrere rebus,
        Et fratrum mentes sollicitato pias.
    Unus ego quamvis sim, non est unius hæc res :
        Quod factum mihimet, esse potest alii.
    Est commune malum, communis cura petenda est,
        Quod nostrum est hodiè, cras erit alterius.

cause avait été jugée, et de la torture morale qu'on lui faisait subir :

« O douleur ! un esclave, une servante, un bouvier, un
« pâtre, un batelier, un laboureur, ont des droits recon-
« nus. Il n'y a que l'évêque qui perde tous les siens, et
« l'ordre tout entier croule, faute de lois qui le sou-
« tiennent. En effet, toutes les lois ont été renversées à
« mon égard. Le brigand avoue sa faute, et on le con-
« damne ; un évêque n'avoue rien, et il succombe.

« Notre cause fut jugée sans maturité, sans gravité, et
« hormis la torture, on s'est porté contre moi à tous les
« excès. Là, aucun témoin, aucun juge compétent, aucun
« crime reconnu. Quand même j'aurais avoué, quel est le
« tribunal qui eût légitimement prononcé mon jugement ?
« Je ne reconnais ce droit qu'au seul Pontife romain qui
« m'a donné de sa main le sacré *pallium*. »

Cet appel en cour de Rome ne fut pas entendu.

On consentait cependant à rendre la liberté à l'illustre

  Servus habet propriam et mendax ancillula legem,
   Opilio, pastor, nauta, subulcus, arans.
  Proh dolor ! amisit hanc solus episcopus, ordo,
   Qui labefactatur nunc sine lege suâ.
  Culpa facit sævum confessa perire latronem,
   Non est confessus præsul et ecce perit...
  Nostra eguit justo rationis pondere causa,
   Sævitiâ exceptâ nullum habet ista modum.
  Non ibi testis inest, judex nec idoneus ullus,
   Non aliquod crimen ipse ego fassus eram.
  Esto forem fassus ; cujus censura valeret,
   Dedere judicii congrua frena mihi ?
  Solius illu I opus Romani præsulis exstat,
   Cujus ego accepi pallia sacra manu...

Théodulfe finissait en lui adressant deux petits poèmes de circons-

captif; mais on exigeait de lui, comme condition expresse, des aveux que répudiaient à la fois la vérité, l'honneur et la conscience. Par là le faible roi ne cherchait qu'à justifier un jugement trop précipité et les rigueurs extrêmes d'une prison injuste. C'est l'odieuse tactique des plus méchants tyrans; c'est quelquefois aussi l'expédient malheureux des pouvoirs imbéciles, de la fausse pitié et de l'amitié aveugle. Ce fut la plus cruelle souffrance de Théodulfe. Modoin fut-il ici un instrument perfide des passions de la cour? Sa mémoire bénie le met à l'abri d'un semblable reproche. Sa lettre à Théodulfe témoigne qu'il demeura ami fidèle et sûr; mais il fut un ami faible dans sa tendresse, car l'amitié forte ne demanderait à personne le sacrifice de l'honneur pour payer quelques jours d'une misérable vie flétrie par des aveux mensongers et marquée d'une tache éternelle.

L'épître de Modoin se distingue par un mélange d'émotion véritable et de déclamations de mauvais goût. L'auteur était regardé par ses contemporains comme un littérateur d'un mérite éclatant (1). Lui-même se jugeait mieux, car il s'excuse auprès de son illustre ami d'oser écrire en vers à un si grand homme, son maître en poésie. Mais s'élevant bientôt de ces louanges banales et inoppor-

tance, l'un sur le dessèchement de la Sarthe, l'autre sur un combat d'oiseaux près de Toulouse (lib. IV, carm. VI et VII). Ces vers ont perdu pour nous leur intérêt en perdant leur à-propos.

(1) Florus vante ainsi les talents de Modoin :
  Salve, sancte parens, Christi venerande sacerdos,
   Augusti montis pastor in arce potens.
  Quem sacer illustrat meritis splendentibus ordo,
   Doctrinæ et studium tollit ad alta piè.
V. *Hist. littér. de la France*, t. IV, p. 547.

tunes au vif sentiment des maux de Théodulfe, il plaint énergiquement le vénérable prisonnier, victime, comme il le dit, de l'injustice des hommes :

« Que de fois, lui dit-il, je déplore le malheur d'un ami
« innocent ! Que de fois un fleuve de larmes a inondé
« mon visage ! Que de fois, hélas ! j'ai plaint votre infor-
« tune ! O prélat, vous succombez privé de vos honneurs !
« Prêtre de Dieu, vous supportez, sans l'avoir mérité, un
« lamentable exil ; illustre Pontife, vous êtes accablé de
« maux sans mesure. Le plus souvent, la sagesse est un
« préservatif contre le malheur ; pour vous, au contraire,
« c'est votre génie qui a causé votre perte ; c'est votre
« grande sagesse qui vous a chargé du poids qui vous
« écrase aujourd'hui (1).

« La jalousie frémissante s'attaque à ce qui est grand
« pour tâcher de l'abattre ; elle en veut au triomphe de ce
« que la foule chérit et admire. Ne savez-vous pas que
« l'envie, préparant à Ovide de longues douleurs, le chassa
« de sa patrie ? Boëce, consul illustre, ne fut-il pas banni
« loin des remparts de Rome ? Le grand Virgile, chassé
« par un soldat farouche, ne fut-il pas dépouillé de
« l'héritage paternel ? Et le célèbre Sénèque, victime
« de Néron, ne succomba-t-il pas à la vengeance d'un
« tyran ?

« Faut-il rappeler aussi ceux de la loi nouvelle qui ont

(1) Théod., lib. IV, carm. IX, *Modoini ad Theod. exulem.*
Sæpè queror casum deflendo insontis amici,
More fluunt lacrymæ amnis ab ore meo,
Sæpè tuam ingeminans luxi flens ipse ruinam :
Proh ! dolor ! amisso præsul honore perit.
Exilium innocuus pateris pertristè sacerdos,
Inclytus expertus præsul inorme malum.

« souffert la mort pour la sainte religion? Le disciple bien-
« aimé Jean fut envoyé dans un cruel exil. Et toi aussi,
« Hilaire, relégué par un tyran dans une contrée ignorée,
« tu as connu les maux de la prison. Pierre, qui ouvre
« le ciel, Paul, le docteur des nations, ont subi tous deux
« les horreurs du cachot. »

Mais ce que Théodulfe réclamait de Modoin, ce n'était pas tant de stériles consolations qu'un secours efficace. Aussi, après ce prologue où la rhétorique finit par prendre la place de la sensibilité, l'évêque d'Autun lui promet-il d'intéresser à sa cause les hommes puissants :

« N'allez pas, ajoute-t-il, me mettre au nombre de ces
« prétendus amis dont le cœur insensible ne sait donner
« au malheur que de trompeuses paroles. Je ne cesserai de
« prier, je ne cesserai de travailler, je ne cesserai de com-
« battre pour votre retour. Sans cesse je sollicite tous nos
« anciens amis, et je noue mille intrigues pour finir votre
« misère. »

Puis, avec un art insinuant et habile, il présente au captif la perspective riante de sa délivrance comme une chose imminente dont on s'entretient à la cour de Louis :

« Vous n'ignorez pas, je pense, ce que publie partout la
« renommée rapide. Elle a dû vous apprendre ce qu'on
« dit à la cour. On dit que vous devez enfin être tiré
« de cette retraite, et même être rappelé au palais de
« César. Vous paraîtrez devant lui, et vous trouverez enfin
« favorable et propice ce visage jusqu'ici si sévère pour
« vous. »

Théodulfe était, comme nous le sommes tous, épris de la liberté, de la lumière du ciel, de la société des hommes, et il dut sourire à cette espérance, car la lettre de son ami ne lui avait pas dit encore au prix de quels aveux on mettait cette faveur et l'amitié du roi. Mais quelle blessure ne durent pas faire à son âme outragée les paroles suivantes :

« Enfin, le roi consent à tout vous pardonner, pourvu
« que vous consentiez à en faire l'aveu. Choisissez main-
« tenant, et prenez le parti qui vous paraîtra le meilleur.
« Le meilleur, à mes yeux, est de confesser ce qu'il n'est
« pas utile de dissimuler. Cet aveu est la seule voie ouverte
« pour fléchir la colère du prince. A ce prix, il vous pro-
« met de vous rendre vos dignités perdues et votre crédit
« d'autrefois. Je ne sais, frère chéri, ce que je pourrais
« vous écrire de plus, car vous savez toutes ces choses
« aussi bien que moi. Vous m'êtes plus cher que la lu-
« mière des cieux, et je ne vois rien au monde que j'aime
« plus que vous (1).

« Vous me parlez souvent de Matfred dans vos lettres,
« et je ne manque pas de lui lire les vôtres. Il est un de
« ceux qui peuvent vous secourir dans le naufrage. »

Matfred ou Matfroy était, à cette époque, comte d'Orléans. Il comptait parmi les hommes les plus influents

---

(1) Theod., lib. iv, carm. xi. *Modoini ad Theodulfum.*
 Hæc te nosse reor quoniam cito spargitur orbe,
  Fama celer toto aulica dicta gerens.
 Scis quod ab infaustâ hâc demum regione movendus,
  Cæsaris ad nitidum limen iturus item.
 Illius antè oculos venies, lætumque videbis,
  Jam dudùm vultum qui tibi tristis erat.
 Commissum scelus omne tibi dimittere mavult,
  Si peccasse tamen te memorare velis...
 Nam prodesse tibi confessio pura valebit,
  Si te voce probas criminis esse reum.

de l'empire. Mais le jour n'était pas loin où lui-même allait succomber victime des intrigues qui avaient perdu Théodulfe avant lui (1).

Les infortunés sont naturellement soupçonneux. Le prisonnier ne savait pas s'il pouvait se fier pleinement aux messagers inconnus qui lui arrivaient du dehors. Modoin le rassure sur leur fidélité :

« J'ai été surpris que dans votre dernière lettre vous
« ayez craint de dire tout ce que je pouvais faire pour
« vous être utile. Croyez donc bien que je ne vous refu-
« serai jamais aucun service, et que je me mets entière-
« ment à vos ordres. C'est pourquoi je députe ce mes-
« sager vers vous, lequel me rapportera tout ce que vous
« lui demanderez. Je puis répondre de sa fidélité, et ce
« seront mes paroles que vous entendrez de sa bouche.
« Il me redira fidèlement tout ce que vous me ferez sa-
« voir, de même qu'il vous rapportera mes réponses.
« Autant il y a de gouttes d'eau dans la pluie, de pois-
« sons dans les fleuves, de feuilles dans la forêt, de grains
« de blé dans l'aire, autant, cher père, je vous envoie de
« saluts. »

Les inconséquences et les contradictions ne manquent pas dans cette lettre, d'ailleurs si affectueuse. Si, dans les premiers vers, Modoin proclame si hautement l'innocence de son ami, pourquoi, un peu plus bas, lui demande-t-il l'aveu d'une conspiration dont il a reconnu qu'il n'est pas coupable ?

(1) Matfroy fut privé de son gouvernement, lors des différends de Louis-le-Débonnaire et de ses enfants, et remplacé par Eudes (826).

Théodulfe repoussa de toute son énergie ces timides conseils, et plutôt que de trahir sa conscience et la vérité, il se résigna aux rigueurs d'une prison dont rien désormais ne lui faisait plus pressentir la fin.

Seul et sans espérance, il se tourna plus que jamais vers Dieu par la prière ; et dans les intervalles de loisir que lui laissaient ces consolants entretiens avec le souverain juge, il composait sur les vertus chrétiennes, sur les petits événements du temps, sur les phénomènes des saisons, sur les jugements de la Providence ou sur les plaintes de Job, des vers qui devaient charmer sa solitude ou le consoler dans ses tristesses (1).

C'était alors une croyance répandue que la fin du monde était proche. Cette menace, qui d'abord avait plané vaguement sur le berceau du christianisme et sur l'agonie de l'empire romain, toujours suspendue sur la tête de chaque génération comme un nuage sinistre, s'était arrêtée sur un point du temps. Avant de se fixer, sur la dernière année du Xe siècle, elle remplissait déjà le IXe de ses terreurs. Affligé du spectacle de la malice des hommes et des bouleversements de la nature, Théodulfe se figurait, lui aussi, que le monde allait périr. Cette idée devait venir surtout à un captif, et je présume que ce fut dans les accès de tristesse de sa prison d'Angers qu'il écrivit ces vers :

« Il est facile de voir que le monde s'en va, et tout an-
« nonce que sa fin est proche... L'hiver n'a plus de glaces,
« l'été n'a plus de feux, le printemps n'a plus de fleurs,

---

(1) THEOD., lib. IV, carm. VI, VII, VIII ; lib. IV, V, VI et alibi passim.

« l'automne n'a plus de fruits. Plus de fidélité dans les
« serviteurs, de justice dans les jugements, de concorde
« entre les amis, de règle dans les mœurs... La jeunesse
« est flétrie dans sa fleur, et une cruelle vieillesse les dé-
« vore avant l'âge. On ne trouve nulle part la vigueur
« d'autrefois. Le monde est un vieillard que le bonheur
« abandonne, et notre siècle est le siècle de la cupidité,
« de l'avarice, du parjure, du luxe, de l'envie dévorante,
« du mensonge, de l'outrage, de la discorde et de la four-
« berie (1). »

Décevante illusion des vieillards et des malheureux qui cherchent à se consoler de ne plus jouir du monde, en se figurant qu'il ne leur survivra pas!

III.

Cependant, il y avait plus de quatre ans que Théodulfe languissait ainsi loin de son église et de la liberté, quand arriva la fête des Rameaux de l'année 821 ou 822. Elle se célébrait avec une grande solennité à Angers, et cette année-là, particulièrement, elle allait être magnifique, car le roi devait assister à la procession qui parcourt la ville en mémoire de l'entrée triomphale du Sauveur à Jérusalem (2). Une foule considérable s'était rendue à cette

---

(1) Theod., lib. vi, carm. xiv. « Quod multis indiciis finis promimus esse monstretur. »

(2) Apud La Saussaye, *Ann. eccl. Aurel.*, p. 286. « Ibi detentus vir poeticæ facultatis, litteris præcipuè instructus scripsit ecclesiasticum carmen ad diem palmarum in ecclesiâ canendum accommodatum ; observansque tempus, cùm Ludovicus indè transiret, è fenestrâ carceris,

solennité des bords de la Sarthe, du Maine et de la Loire. Le clergé, le peuple, les magistrats et les grands, le roi à leur tête, tous portant dans leurs mains des branches verdoyantes, parcoururent les rues tortueuses de la vieille ville, et la joie disposait les cœurs à la pitié, quand le cortége sacré passa devant les murs de la prison de Théodulfe. Alors on aperçut une tête vénérable qui se penchait à la fenêtre. Puis on entendit une voix triste et belle qui chantait des vers. C'était le prisonnier qui, joignant sa prière à celle du peuple fidèle, disait une hymne nouvelle qu'il avait composée (1) :

« Gloire, louange et honneur soient à toi, Christ ré-
« dempteur, à qui les enfants ont chanté dans ce jour
« leur pieux *hosanna !*

« Tu es le roi d'Israël, l'illustre fils de David, roi béni,
« tu viens au nom du Seigneur.

« Le chœur des anges dans les cieux, les hommes sur
« la terre, et toute la création célèbrent tes louanges.

« Le peuple hébreu vint au-devant de toi avec des
« palmes; nous venons comme lui te présenter nos vœux,
« nos prières et nos hymnes.

uti licuit, illud cecinit in aures ejus : quod cùm imperatori mirificè placuisset, eo permotus, ipsum jussit quam primùm è carcere liberari. »

(1) Theod, lib. II, carm. III.

« Quelques savants ont refusé ce poème à Théodulfe sur ce qu'il se trouve cité dans le *Traité des divins offices*, attribué à Alcuin, mort plusieurs années avant que le prélat fût relégué à Angers. Mais on ne peut légitimement le lui refuser, et Loup de Ferrières le reconnaît disertement pour une production de sa muse; l'erreur de ceux qui pensent autrement vient de ce qu'ils ont ignoré que le traité qui porte le nom d'Alcuin est d'un auteur postérieur à ce temps-là. » (*Hist. litt. de la France,* D. Rivet, t. IV, p. 467.)

« Il te rendait cet hommage quand tu allais souffrir;
« c'est au sein de ta gloire que nous t'adressons ce chant
« mélodieux.

« Leurs vers te furent agréables; daigne accueillir aussi
« notre piété, roi de bonté, roi de clémence à qui plaît
« tout bien. »

Puis il enviait, dans ses chants naïfs, le sort de l'âne qui portait le divin triomphateur. Il demandait les vêtements des vertus apostoliques pour en joncher les pas de son Dieu; il demandait les rameaux précieux de l'olive mystique pour en exprimer l'huile qui donne l'onction sainte et la vraie lumière (1).

Enfin il décrivait dans des vers pittoresques les mouvements de cette foule qui se déroulait dans les rues de la ville, et qu'il ne pouvait suivre que des yeux :

« Contemple tout ce peuple rassemblé par ton amour,
« et reçois dans ta bonté ses vœux et sa prière.

« Vois la foule des prêtres, les deux ailes du peuple,
« les hommes et les femmes qui te bénisssent de con-
« cert.

« Ce sont tous ceux qu'enferme l'enceinte vénérable de
« la ville d'Angers, et qui chantent tes louanges du fond
« d'un cœur fervent.

« Tous ceux qu'abreuve la Maine aux flots lents, la
« Loire aux eaux dorées, tous ceux qui suivent le cours
« charmant de la Sarthe sur de légers navires.

---

(1) Theod., lib. II, carm. III.
    Tu pius ascensor, tuus et nos sinus asellus...
    Vestis apostolicæ rutilo fulgore tegamur...
    Sit pia pro palmæ nobis victoria ramis...
    Pro ramis oleæ pietas, lux, dogmaque sancti
    Flaminis in nobis sit tibi ritè placens.

« Ce peuple est venu de l'église de Saint-Albin appor-
« tant ici ses rameaux et ses vœux.

« Ceux-ci sont accourus des murs de Saint-Jean, ceux-
« là de Saint-Martin, de Saint-Saturnin, de Saint-Pierre,
« de Saint-Maurile, de Saint-Aignan, de Saint-Germain,
« de Saint-Michel.

« Voici qu'ils montent le tertre de Saint-Michel où les
« appelle ton amour, et là, unis à leur pontife, ils chante-
« ront tes louanges.

« De là ils se porteront aux parvis de Saint-Maurice, et
« c'est là que les recevra l'Église mère des autres, que
« nous bénira la main du saint prélat, et d'où nous sorti-
« rons au chant des saints cantiques. »

Il chantait ainsi, quand le roi s'arrêtant surpris et charmé, demanda quelle était cette voix, et de qui étaient ces vers si simples et si naïfs. On nomma Théodulfe, on vanta son esprit, on plaignit son malheur, et le prince, nous raconte l'historien de sa vie, épris d'admiration et vivement attendri, commanda aussitôt de lui rendre la liberté (1).

En lisant l'histoire de cette captivité et de cette merveilleuse délivrance, ne se croit-on pas un instant reporté vers les âges d'enthousiasme poétique, alors que des vain-

---

(1) *Les chron. génér. de l'ordre de Saint-Benoît*, t. IV, p. 85. « Ce fut en sa personne que l'innocence fut persécutée, car il fut accusé faussement d'avoir favorisé les ennemis de Louis. C'est pourquoi il fut exilé et confiné en prison durant quelques années. Toutefois, il rentra en grâce auprès de l'empereur par une gentillesse d'esprit qui fut telle. Louis étant à Angers où il tenoit prisonnier Théodulfe, abbé de Fleury, le jour des Rameaux, auquel les chrétiens font une procession générale, les palmes à la main, en mémoire de l'entrée triomphante de J.-C. en la ville de Hiérusalem, pour lequel jour ce bon abbé avait composé ces beaux vers que l'Église à tousjours chanté depuis : *Gloria laus et honor*, voiant qu'il ne pouvait assister en personne à cette

cus et des prisonniers rachetaient leur patrie et se rachetaient eux-mêmes de la servitude et de l'exil, en chantant dans les fers des poésies d'Euripide ?

Je dois ajouter pourtant que l'on a donné de la délivrance de Théodulfe une autre version assurément moins poétique, mais peut-être plus conforme à la vérité historique.

L'année 820 avait été marquée dans la Gaule par les ravages de trois fléaux terribles : la famine, la peste et les courses des Normands. L'empereur crut reconnaître dans les maux de son peuple la main de Dieu qui le frappait lui-même. Pour la désarmer et obtenir le pardon, il jugea qu'il devait commencer par l'accorder à ceux qui l'avaient offensé. C'est pourquoi il rassembla l'année suivante les États à Thionville, et rappela d'exil tous ceux qu'il avait bannis au sujet de la révolte du roi Bernard. Il se trouva à cette assemblée de Thionville trente-deux évêques de Gaule et de Germanie. On intercéda peut-être pour Théodulfe, qui fut compris dans l'amnistie, et jouit enfin de la liberté qu'il avait si ardemment sollicitée (1).

---

réjouissance publique de toute l'Église, se mit à les chanter de si bonne grâce et si à propos lorsque l'empereur passait avec toute la cour, que le prince touché de compassion le fit aussitôt sortir de prison et rétablit en son amitié. »

(1) *Hist. de l'Église gallicane*, liv. XIV, p. 274. — EGINHARD, *Ann.*, an. 721 :

« La singulière bonté du très-pieux empereur brilla dans cette assemblée ; il en donna des preuves à l'occasion de ceux qui, avec son neveu Bernhard, avaient conspiré en Italie contre sa personne et contre l'État. Les ayant fait comparaître en sa présence, non seulement il leur fit grâce de la vie et leur épargna toute mutilation, mais il poussa la

Mais il ne devait pas revoir son diocèse (1). Il se disposait à se rendre à Orléans, et même, selon d'autres, il s'était déjà mis en route, quand le XIV des calendes d'octobre de 821, il mourut, dit-on, de la mort de saint Thomas Becket, empoisonné par ceux qui s'étaient emparé des biens de son église et qui redoutaient son retour (2). Après avoir vécu en docteur et en saint, il ne lui manquait que de mourir en martyr.

On ramena sa dépouille mortelle à Angers, où il fut enterré dans le monastère qui avait été sa prison. Il ne put, selon son vœu, reposer au milieu du troupeau pour lequel ce bon pasteur venait de donner sa vie. Une double épitaphe consacra ce regret de mourir, comme il y est dit, sur une terre étrangère. Dans l'une on lisait :

« Celui dont les cendres reposent sous cette pierre fut « autrefois évêque et abbé parmi les peuples. Il ne naquit « pas parmi nous ; mais il nous appartient par sa vie. « L'Hespérie lui donna le jour, mais il fut nourri dans la

générosité jusqu'à leur restituer tous les biens qui, en vertu de leur condamnation, avaient été adjugés au fisc. »

Dom Bouquet place également à cette époque la grâce de l'évêque Théodulfe.

(1) *Les Annales de l'Église d'Orléans*, par LA SAUSSAYE, p. 312, semblent supposer qu'il revint à Orléans et qu'il y mourut peu après. Mais il ne s'appuie sur aucune autorité, et ne cite qu'un acte sans date consigné dans un registre rouge (*register ruber*) aujourd'hui perdu. Les deux épitaphes citées ci-dessous le font mourir à Angers.

(2) Apud. D. MABILLON, *Acta S. Ben.*, lib. I, p. 601. — Ex libro mirac. S. Maximini, abb. Miciac. auctore Letaldo : « Regis gratiam consecutus, cathedram pristinæ dignitatis non diù victurus recepit. Fertur enim in veneno exstinctus ab his, qui, dùm exularet, libertate potiti, bona ejus invadendi jam hauserant cupiditatem. »

« Gaule. C'est la ville populeuse d'Orléans sur la Loire,
« qui eut le bonheur de l'avoir pour père. Hélas ! l'esprit
« du mal le chassa de son siége. L'exilé fut confiné dans
« ces murs, car il fut exilé (1). »

La seconde épitaphe est plus explicite. C'est un poème assez long qui contient son éloge et l'abrégé de sa vie. Après avoir rappelé ses jours heureux sous Charlemagne, sa disgrâce sous Louis-le-Pieux, et les souffrances de sa captivité, le poète, parlant en son nom, ajoute ces paroles :

« ... Moi Théodulfe, je suis inhumé dans cette terre
« étrangère, et je n'ai pu reposer dans ma propre patrie.
« Mon siége était à Orléans, et c'est sur son rivage que
« j'aurais voulu avoir mon tombeau au milieu de mes
« ouailles. Mais puisque le jugement de Dieu a fixé ici
« ma sépulture, je l'accepte ; c'est ici que je veux habiter,
« jusqu'à ce que l'ordre de Dieu me fasse sortir de la
« poussière pour paraître devant la face de mon juge, de
« ce juge qui connaît à fond ma cause, et qui, je le sais,
« ne se laisse pas tromper par la fraude.

« Maintenant, je vous en supplie, tous tant que vous

---

(1) MABILLON, *Analect.*, t. I, *Ex pervetusto codice Vitoniano*.
Illius cineres saxo servantur in isto
    Qui quondam populis præsul et abba fuit
Non noster genitus, noster habeatur alumnus
    Protulit hunc Speria, Gallia sed nutriit.
Urbs populosa satis Ligerim super Aurelianis
    Quæ olim læta fuit hoc residente patre.
Proh dolor ! hunc pepulit propriâ de sede malignus
    Mœnibus his trahiditur exul, et exul erat.

« êtes, priez, priez pour moi, afin que Dieu pardonne à
« son serviteur. Dites-lui du fond de l'âme : « Christ-
« Dieu, nous t'en conjurons, aie pitié de Théodulfe, ton
« serviteur (1). »

De tous ces vers, il n'en est pas resté un seul pour marquer la place de son tombeau. De tous ces éloges, il n'est pas resté de lui un souvenir populaire dans le lieu où il vécut en faisant le bien, et que, pendant trente ans, il remplit de son nom.

Nous sera-t-il permis d'émettre un vœu en finissant ?

Pourquoi Orléans, qui fait tant de nos jours pour ses gloires nationales, ne ferait-elle pas quelque chose pour

---

(1) *Gallia Christiana*, t. VIII, p. 1422, d'après Duchesne, — et in Bibliothecâ regiâ, n° 9612.

  Hesperiâ genitus hâc sum tellure sepultus.
   Divisis spatiis lux obitusque patent.
  Sub Carolo-Magno terrarum principe partes
   Has petii, civis clarus in arte fui...
  Cujus enim tantâ captus dulcedine veni
   Deserui patriam, gentemque domumque, laremque,
  Sub quo præclaros duxi feliciter annos
   Præsul et abbatis libera claustra tenens.
  Donec in agrum Ludovicus jure paternum
   Successit factus credulus heu! nimium !
  Qui delatorum contrà me falsa nocentûm
   Suscepit verba, quàm pius ille mihi.
  Is me tunc claustris servari jusserat heros
   Undè quidam voluit me revocare satis,
  Redderet ut memet proprio miseratus honori
   Quem vis eripuit dudum aliena mihi.

celle-ci ? Pourquoi son image ne s'élèverait-elle pas quelque part, ou sur la place publique de sa ville épiscopale, ou dans l'ombre religieuse de la cathédrale, sur le sol sacré où, sans doute en priant autrefois pour nos pères, il dut prier aussi pour ceux qui devaient venir ? Ce serait donc faire une œuvre de piété filiale, de patriotisme et de reconnaissance, que de consacrer ainsi cette grande mémoire. Ce serait en même temps accomplir le tendre vœu de son cœur, puisqu'il obtiendrait un monument là où il avait souhaité d'obtenir un tombeau. Je voudrais donc qu'on fît de lui une noble image qui me montrât l'évêque, le martyr et le poète. Je le représenterais le regard élevé vers Dieu, tenant d'un côté son bâton pastoral, et de l'autre ses capitulaires. Je mettrais à ses pieds une lyre, une main de justice et des fers brisés. Je convoquerais, autour de son image bénie, les prêtres, les magistrats, les écoliers et les savants. Les pauvres sur-

Sed suprema dies jussu delata Tonantis
   Hâc memet voluit ponere corpus humo.
Hâc peregrinâ igitur Theodulfus condor arenâ
   Nec licuit proprio condere membra loco.
Aureliana fuit sedes mihi, cujus in oris
   Inter oves vellem ossa locanda meas.
Sed quia judicio Domini meruisse sepulchrum
   Istud præsumo, hic habitare volo.
Donec divino surgam de pulvere jussu
   Venturus vultus judicis antè mei.
Ille meam novit quanto sit pondere causam
   Seduci nullis quem scio posse dolis.
Nunc pro me precibus, supplex rogo, poscite cuncti
   Optatam famulo ut mihi det veniam.
Theodulfi famuli devotâ mente dicatis :
   Christe tui, petimus, rex miserere, Deus !

tout y viendraient en grand nombre; et, sur le piédestal, on lirait ces deux vers qui furent l'expression de sa volonté suprême :

AURELIANA FUIT SEDES MIHI, CUJUS IN ORIS
INTER OVES VELLEM OSSA LOCANDO MEAS.

« Je fus évêque d'Orléans, et c'est sur ce rivage que
« j'ai souhaité de reposer au milieu de mes brebis. »

ÉPILOGUE.

Il y avait à peine vingt ans que Charlemagne n'était plus, quand Florus, diacre de l'église de Lyon, écrivait ces paroles :

« Un bel empire florissait sous un brillant diadème. Il
« n'y avait qu'un prince et qu'un peuple ; toutes les villes
« avaient des juges et des lois. Le zèle des prêtres était
« entretenu par des conciles fréquents ; les jeunes gens
« relisaient sans cesse les livres saints, et l'esprit des
« enfants se formait à l'étude des lettres... Aussi la nation
« franque brillait-elle aux yeux du monde entier. Les
« royaumes étrangers, les Grecs, les Barbares et le
« Sénat du Latium lui adressaient des ambassades. La
« race de Romulus, Rome elle-même, la mère des

« royaumes, s'était soumise à cette nation. C'était là que
« son chef, soutenu de l'appui du Christ, avait reçu le
« diadème par le don apostolique. Heureux, s'il eût
« connu son bonheur, l'empire qui avait Rome pour cita-
« delle et le porte-clef du ciel pour fondateur. Déchue
« maintenant, cette grande puissance a perdu à la fois
« son éclat et le nom d'empire. Le bien général est
« annulé, chacun s'occupe de ses intérêts. On songe à
« tout ; Dieu seul est oublié. Les pasteurs du Seigneur,
« habitués à se réunir, ne peuvent plus tenir leurs
« synodes au milieu d'une telle division. Il n'y a plus
« d'assemblée du peuple, plus de lois... De quelle fin la
« colère de Dieu fera-t-elle suivre tous ces maux ? A
« peine est-il quelqu'un qui y songe avec effroi, qui
« médite sur ce qui se passe et s'en afflige. On se réjouit
« plutôt du déchirement de l'empire, et l'on appelle paix
« un ordre de choses qui n'offre aucun des biens de la
« paix (1). »

Florus n'avait pas vu les ténèbres palpables qui allaient descendre sur le Xe et le XIe siècle, et déjà, cependant, il avait le droit de parler ainsi sous Louis-le-Débonnaire et sous Charles-le-Chauve. L'empire de Charlemagne, comme un édifice formé de mille pièces, s'écroulait de toutes parts.

(1) *Recueil des hist. des Gaules et de la France*, t. VII, p. 303, traduit et cité par M. Guizot, *Hist. de la civ. en France*.

ÉPILOGUE.

Nous n'avons pas ici à dire les raisons de cette ruine politique. Mais après avoir étudié la renaissance des lettres et des arts sous le règne du grand roi, nous avons le besoin de nous demander pourquoi cette semence n'a pas porté ses fruits; pourquoi cette famille d'esprits studieux, dont quelques-uns avaient l'étincelle du génie, n'a pas eu de postérité; pourquoi Charles lui-même n'est qu'un colosse immense qui se dresse solitairement au milieu d'un désert. — Si nous ne pouvons assigner toutes les causes de cette décadence intellectuelle, il en est du moins qui ne sauraient nous échapper, et que nous indiquerons en finissant.

Je signalerai d'abord la première de toutes : c'est que cette littérature manquait de philosophie qui la soulevât de terre.

Le précepte du poète :

Avant donc que d'écrire, apprenez à penser,

est vrai des sociétés comme des individus. Les siècles philosophiques ont toujours précédé les siècles littéraires ou marché avec eux. Anaxagore fut le maître du siècle de Périclès; Cicéron fut celui du siècle d'Auguste, et Descartes celui du siècle de Bossuet.

Cette éducation virile manqua au IXe siècle. Le mouvement intellectuel fut totalement absent jusqu'à Scot Erigène, et de là l'inanité de toutes ces œuvres d'art. On a pu s'en convaincre en parcourant les pièces de Théodulfe. Un fond de pensées manque à toute cette poésie qui, le plus souvent, ressemble à une panoplie, armure de héros dont le corps est absent. Aucune grande idée, aucune grande passion, rien n'a soufflé sur elle ce *spiraculum vitæ* qui fait du style une âme et des lettres une puissance. Elle écrit pour écrire, elle chante pour chanter, il n'y a pas en elle « cet esprit qui, comme dit le poète, met la « masse en mouvement et se mêle à tout ce corps. » Elle ne vit que d'expédients, de récits de circonstances, de petits intérêts; elle ne se meut que par des ressorts qui l'agitent un instant, mais qui ne l'animent pas. Une telle littérature doit fatalement mourir, comme doit mourir une plante qui veut se couronner de fleurs et de fruits avant que la racine ait acquis sa vigueur, la sève sa puissance, la tige sa solidité.

A cette grande raison, j'en ajoute une autre qui en comprend plusieurs : cette littérature ne fut pas nationale.

Qui ne le sait? Qui ne l'a dit? Une littérature exprime une nation, elle en reproduit la physionomie; elle vit d'elle, par elle, pour elle, avec elle, et c'est à cette condition qu'elle vit autant qu'elle. Il n'en fut pas ainsi des lettres sous Charlemagne. Elles ne touchent à la nation par aucun côté sympathique. Les maîtres qui les enseignent, du moins les plus illustres, ne sont pas nés sur son sol. Ils viennent de l'Italie, de l'Angleterre, de l'Irlande, de Rome, de Pise, d'Yorck; mais ils ne tiennent pas aux entrailles de la France, ils ne sont pas sortis d'elle, ils ne se recruteront pas dans son sein, et voilà pourquoi ils mourront tout entiers.

De plus, ces savants clercs, ces académiciens, rangés autour du trône, ne se mêlent guère à la foule. Leurs Muses, pour me servir du langage de ce temps, ne descendent guère de leur sacré sommet. Leur temple, inaccessible au profane vulgaire, n'est ouvert, par faveur, qu'à quelques initiés qui reçoivent leurs leçons et écoutent leurs oracles, loin du peuple ignorant qui ne sait pas le chemin de ce sanctuaire; car qu'irait faire le peuple au milieu de ces hommes qu'il ne comprendrait pas?

En effet, et c'est là un autre vice radical de cette renaissance. Pour être populaire et dès lors durable, elle manque d'une langue vivante, et malheureusement l'idiome dont elle se sert n'est pas plus national que les éléments dont l'école se compose. On parlait bien encore une sorte de latin, particulièrement au midi de la Loire, mais ce n'était pas le latin des écoles et des livres. Altéré dans ses formes, modifié dans ses sens, mélangé de celtique et de tudesque, le latin finissait, tandis que le roman ne faisait que de naître et balbutiait à peine. Une littérature condamnée à parler une langue décrépite n'avait pas d'avenir. Elle devait mourir de la mort de ces victimes, pleines de jeunesse et de vie, qu'un tyran de la fable faisait attacher à un cadavre, pour les faire expirer dans ces monstrueux embrassements.

Si encore cette renaissance s'était mise au service de l'histoire nationale; si elle eût célébré les luttes de la France, repoussant la barbarie, exaltant la croix, fondant l'unité du monde occidental, étendant les frontières de la civilisation chrétienne, embrassant mille peuples dans son giron immense, elle aurait été populaire et aimée. Elle se serait assise sur le sol de la patrie, gardée par l'orgueil et la reconnaissance. On sait qu'il n'en fut rien. A quelques rares exceptions près, elle demeure étrangère, par l'objet de sa poésie, au mouvement de la nation et aux mœurs du pays, aussi bien que par sa langue et ses académies. Je ne puis pas décorer du nom de poèmes nationaux quelques histoires versifiées, desquelles on semble avoir pris à tâche d'effacer toute couleur locale, tout trait de caractère, tout ce qui en aurait fait l'originalité, l'individualité, l'intérêt et le charme. Reflet décoloré de l'antiquité classique, la litttérature ne fait guère autre chose que de reprendre le thème usé d'une morale banale, à peine rajeunie par quelques souvenirs de la Bible et de l'Évangile. Transplantée déjà vieille de Rome dans la Gaule, comme un grand arbre étranger, elle n'y pouvait vivre qu'à la condition de se nourrir du ciel et du sol nouveau. Elle ne l'a pas fait, et elle n'a pas vécu.

Aussi, comme on l'a justement remarqué, la poésie réelle et vivante est ailleurs. Elle est dans ces vieux chants germaniques que l'empereur faisait pieusement recueillir. Elle est dans ces récits qui commencent dès lors à circuler dans le peuple, et qui devaient fournir au moyen âge les matériaux de l'épopée carlovingienne (1). Une littérature vraie et originale eût été sans doute celle qui se serait formée de la fusion de ces deux éléments, latin et barbare, apportant chacun ce qu'il a de distinctif : l'un sa forte méthode, ses incomparables modèles, ses procédés de composition, l'autre sa jeune pensée, son imagination naïve, sa spontanéité créatrice. Cette union devait se faire plus tard, dans une certaine mesure ; mais au IXe siècle elle n'existait pas. Charlemagne paraît bien avoir eu l'idée de cette alliance féconde, mais un homme ne suffit pas à une tâche pareille. Les deux éléments restèrent donc séparés et dès lors impuissants. Les lettres gallo-romaines, en attendant leur mort, s'enveloppent dans leurs formes

(1) M. AMPÈRE, *Hist. litt. de la Fr.*, t. III, p. 229.

immobilisées comme dans un linceuil. D'autre part les poèmes barbares ne sont guère que des cris inarticulés d'un enfant vigoureux, mais encore dans les langes. La renaissance de Charlemagne était prématurée.

Ajoutons à ces causes l'incapacité des successeurs de Charlemagne, les discordes civiles, les invasions des Normands et les horreurs toujours renaissantes de la guerre. « Pour que la culture de l'esprit, les sciences et les lettres « prospèrent par elles-mêmes, a dit M. Guizot, il faut des « temps heureux, des temps de contentement et de bonne « fortune pour les hommes. Quand l'état social devient « difficile, rude, malheureux ; quand les hommes souffrent « beaucoup et longtemps, l'étude court grand risque d'être « négligée et de décliner. Le goût de la vérité pure, le « sentiment du beau séparé de tout autre besoin, sont « des plantes délicates autant que nobles. Il leur faut un « ciel pur, un soleil brillant, une atmosphère douce ; « sinon elles courbent la tête et plient sous les orages. » C'est ce qui arriva dans le démembrement de l'empire de Charlemagne. « L'esprit humain, proscrit, battu par la « tourmente, se réfugia dans l'asile des églises et des mo- « nastères. Il embrassa en suppliant les autels, pour « vivre sous leur abri, jusqu'à ce que des temps meilleurs « lui permissent de reparaître dans le monde et de res- « pirer en plein air (1). »

(1) M. Guizot, *Hist. de la civil. en France*, t. 1, ive leçon.

APPENDICE.

I*.

Restauration de la grotte de Saint-Mesmin et de la croix commémorative de Mici. — Fête du 13 juin 1858. — Discours de Mgr l'Évêque d'Orléans.

Le 13 juin 1858, une solennelle réparation était faite au sépulcre de saint Mesmin et au monastère de Mici, longtemps oubliés! Des populations étaient accourues de l'une et de l'autre rive de la Loire pour saluer ce lieu cher à leurs pères. C'est là que, sur la roche même où il venait de bénir la grotte, Mgr l'Évêque d'Orléans, successeur de Théodulfe, et comme lui restaurateur de ce qui restait de la sainte abbaye, rappela ces grands sou-

---

* Voyez chapitre III, p. 28.

venirs à une foule immense répandue sur le coteau, le rivage, les grèves, les barques, et jusque sur les îles formées par le sable dans le lit du grand fleuve.

En ce moment, raconte un témoin oculaire, un spectacle plein de grandeur s'offrait aux regards : la procession massée au pied du rocher, l'évêque au sommet, les bannières, les banderolles flottant au vent, les croix dorées par les feux d'un couchant radieux, les populations accourues de toutes parts, échelonnées, groupées sur les rampes et la crête du coteau ; à l'horizon, les tours de la cathédrale de Sainte-Croix, les collines boisées d'Olivet, les clochers des églises du val, et, sur un plan plus rapproché, les rideaux de peupliers qui bordent le fleuve sillonné de barques aux mille couleurs.

Ce fut au milieu de cette pompe de la nature et de la religion que la voix sonore du prélat se fit entendre. Nous avons recueilli quelques-unes de ses paroles comme le résumé de toute l'œuvre monastique dans la Gaule centrale, et comme la dernière page de l'histoire de Mici :

« Quel spectacle nouveau et aussi glorieux se présente
« à mes regards ! Je vois surgir, sur les bords de ce fleuve,
« dans un rapide parcours, en trois stations à jamais
« célèbres, à trente ou quarante lieues de distance, trois
« des plus grandes et des plus saintes choses du monde
« occidental : je veux dire la prière, le travail et la
« science.

« La prière des cœurs purs, le travail des mains libres
« et la science des intelligences bénies de Dieu : ces trois
« choses qui ont fait la civilisation européenne, et par
« lesquelles la France a marché la première, reine du
« monde civilisé.

« Si je descends sur les flots paisibles de la Loire, à
« l'occident, vers les provinces auxquelles elle porte le
« tribut de ses eaux, je rencontre d'abord Marmoutier,
« et là je vois un soldat pannonien, échappé, jeune en-
« core, des temples de l'idolâtrie restée puissante, et qui
« vient fonder la prière chrétienne, sur ce rocher de
« Marmoutier, sculptant dans la pierre toutes ces figures
« d'anachorètes, immobiles dans l'oraison de Dieu, comme
« les saints de l'antique Thébaïde ; et devant le tombeau
« de saint Martin et de ses disciples, les Francs tombent
« à genoux, pénétrés d'admiration et d'amour !

« Si je remonte à l'orient, vers les montagnes où ce
« fleuve prend sa source et d'où il descend jusqu'à nous,
« je rencontre Fleury, et là je vois saint Benoît, puis
« Théodulfe, plantant, au milieu des champs et des fleurs
« que la Loire arrose, l'arbre béni de la science chré-
« tienne : je vois une des plus glorieuses métropoles
« intellectuelles du moyen âge, cinq mille écoliers ac-
« courus de toute l'Europe pour y puiser aux sources
« vives de la sagesse éternelle.

« Et enfin, si je m'arrête ici, sur ce rivage, sur cette
« terre que nous foulons aux pieds, et qui nous est par-
« ticulièrement chère, je retrouve Clovis, et avant lui
« saint Aignan, saint Euverte et tous nos glorieux pon-
« tifes ; et avec Clovis saint Euspice, saint Mesmin, fon-
« dant ici le travail des mains libres et le défrichement
« des Gaules ; et cela près de trente années avant que
« saint Benoît fondât le Mont-Cassin.

« Que j'aime en ce moment me représenter ce que fut,
« ce que devint alors cette belle et large vallée, envi-
« ronnée de collines, couverte de bois épais, avec ses

« champs en friche, ses marais inhabitables ; mais bientôt
« s'élèvent çà et là des bâtiments pauvres comme des
« cabanes de bergers, et faits de la main même des soli-
« taires ; comme le raconte un ancien historien auquel
« j'emprunte ces détails, la vallée est toute remplie de
« pieux anachorètes : tout est en mouvement, et néan-
« moins l'ordre et le silence règnent de toutes parts ;
« nul autre bruit que celui du labourage et des louanges
« de Jésus-Christ ; les frères se nourrissent d'un pain
« grossier qu'ils gagnent à la sueur de leur front : je vois
« leurs visages pâles et décharnés, mais sur lesquels re-
« luit la sérénité de l'amour de Dieu ; je vois leurs corps
« exténués et abattus, mais qui sont animés au travail
« par la grâce du Saint-Esprit et les espérances célestes.

« Au milieu d'eux, saint Mesmin, devenu leur père et
« leur abbé, après la mort de son vieil oncle Euspice,
« les anime tous par ses exhortations, par ses exemples,
« par ses vertus.

« Sa postérité est bénie comme celle d'Abraham. D'où
« me viennent, s'écrie-t-il, tant de disciples et tant d'hé-
« ritiers de ma pauvreté, de mon travail et de ma solitude ?

« Et bientôt trente couronnes des saints descendent
« des cieux sur le front de ses enfants. »

M. Mantellier, que j'ai déjà cité, termine par cette belle page son rapport sur cette mémorable journée :

« Telle fut cette fête. Longtemps elle demeurera présente
« aux souvenirs de ceux qui ont été appelés à en faire
« partie, et elle laissera dans leur esprit une trace pro-
« fonde.

« Tandis que la foule se retirait par les routes, quelques-
« uns des invités suivirent à pied le sentier qui borde la

APPENDICE.   339

« Loire. Le silence et le calme avaient remplacé le mou-
« ment et la sainte animation de la journée. A un so-
« leil resplendissant, succédait une nuit pure et tranquille,
« semée de blanches étoiles, un ciel morne et froid dans
« son immensité ; mais ce spectacle avait aussi sa magni-
« ficence et sa signification. Les banderolles immobiles
« pendaient le long des mâts ; les barques paraissaient
« endormies ; la pierre à laquelle l'évêque s'était adossé
« pour parler était muette ; l'air se taisait ; les arbres, les
« habitations, les coteaux, n'étaient plus que des ombres ;
« seules dans cette mort et cette obscurité, la grotte et la
« croix brillaient d'un éclat symbolique. Les clartés soli-
« taires de leur illumination se projetant sur les ombres
« vacillantes du fleuve, rappelaient l'Esprit divin qui
« survit aux pieux cénobites de Mici après les avoir guidés
« sur la terre, et la lumière éternelle triomphant des té-
« nèbres (1). »

II (2).

Charte autographe de Théodulfe, tirée des archives de la Préfecture d'Orléans.

Cette charte est divisée en deux actes relatifs, l'un à la *vente*, l'autre à la *tradition* d'un terrain à Meung-sur-Loire. Elle fut donnée dans le mois de mai, la treizième année du règne de Charles (787), et du vivant du comte

---

(1) *Bulletin de la société archéologique de l'Orléanais*, deuxième et troisième trimestres de 1858, n° 30.
(2) Voy. chap. v, *Théodulfe fondateur des écoles publiques*, p. 68.

Ernifred, gouverneur d'Orléans, dont il est fait mention dans un passage.

TEXTE.

« Domino fratri Uval manni et uxori ejus Adeladis emp-
« tores ego enim Madalherius venditor. Constat me vobis
« vendere et tradere res propriaetatis meae curtiserum et
« mansionem cum orale sive pratum que sunt in pago
« Aurelianensi in vicaria Macdunensi in loco qui dicitur
« Luentii ville habentes plus minus in totum arpentos II
« et terciarium I terminatur de duobus lateribus et una
« fronte terrae sanctae crucis de illo comitatu de bene-
« ficio Ernifredi quarta fronte via publica infra hanc ter-
« minationem prefatam rem vobis publice vendo vel trado.
« Unde accepi a vobis pretium juxta quod nobis bene
« complacuit vel abtificum fuit hoc valente in argento so-
« lidos C tantum quam ipsam rem superius nominatam
« a die presente habeatis teneatis adque possideatis vel
« quidquid ex inde facere volueritis liberam et firmissi-
« mam in omnibus habeatis potestatem faciendi. Si quis
« vero quod futurum esse minime credimus si ego ipse
« aud ullus ex heredibus meis vel pro heredibus meis
« alicam calumniam comotus fuerit fisco dominico distrin-
« ginte auri libras II argenti pondera VI coactus exsolvat
« et sua repetitio nullis modis nullisque ingeniis obtineat
« effectum sed hec venditio omni tempore firma perma-
« neat cum stipulatione subnixa.

« Actum Macduno monasterio publice.

« Signum + Madalrii qui hanc venditionem fieri vel ad-
« firmere rogavit. Signum + Gundoeni missi dominici.

« Signum + Fredrici. Signum + Beringari. Signum + In-
« gelrici. Signum + Arici. Signum + Ermanberti. + Si-
« gnum + Ratbodi. Signum + Ratgaudi. + Signum + Il-
« defredi. Signum + Frodoni. Signum + Arnulfus.

« THEODULFUS.

« Datum in mense magio in ano XVI regnante Karalo
« gloriosissimo rege.

« Lex docet ordo postula unaqueque personea rebus
« suis propriis in alienam vol [ens] trasferre personam sola
« tradictio sufficit. Venerat homo quidam nomine Mada-
« larious die lunis in villa lubencii ad illas res quem ante
« os dies Uvalmanni abuerat venundatas accepitque enim
« Madalarius terra et erba et carta venditionale ad jam
« dicti Uvalmanni tradidit adque consignavit et de quan-
« tumcumque in eadem venditionem loquitur per suum
« festucum in omnibus foras se dixit exitus his presenti-
« bus qui supter firmaverunt actum fuit. Signum + Gun-
« doeni. Signum + Frederico. Signum + Berengario. Sig-
« num + Ingelrici. Signum + Arridi. Signum + Herman-
« berti. Signum + Ratbodo. Signum + Ratgaudi. Signum +
« Ildefredi. Signum + Frodoni. Signum + Arnulfus. Isti
« sunt qui subter firmaverunt. Actum ipsis rebus.

« Datum in mense magio in anno XVI regnante Karalo
« rege (1). »

(1) Cette charte est écrite en *cursive*, sur une feuille de parchemin longue de 50 centimètres et large de 30. Les lignes, irrégulières, sont espacées entre elles de 15 à 17 millimètres dans le premier acte et de 10 à 14 dans le dernier. Les lettres indiquées par des abréviations sont reproduites en *italique*, celles enlevées par déchirure sont mises entre *crochets*. Nous avons separé les phrases par un *point*.

Je dois à M. de Vassal, archiviste du département du Loiret, le texte et la traduction de cette pièce.

TRADUCTION.

« Au seigneur frère Uvalmannus et à son épouse Adé-
« laïde, acheteurs, moi Madalherius, vendeur. Il est cons-
« tant que je vous vends et livre les choses qui m'appar-
« tiennent, un jardin et une maison, avec le rivage ou pré,
« qui sont situés dans le pagus d'Orléans, vicaria de
« Meung, au lieu dit villa de Luentius; le tout, ayant
« deux arpents et un tercier plus ou moins, est limité,
« des deux côtés et d'un front par la terre de Sainte-
« Croix, mouvant de ce comitatus qu'Ernifred tient en
« bénéfice, et du quatrième front par une voie publique.
« Je vous vends ou livre publiquement ces choses com-
« prises dans les limites précitées. J'ai reçu de vous le
« prix qu'il nous a plu et que nous avons jugé à propos
« de fixer à cent sous d'argent seulement. De ce jour,
« ayez, tenez et possédez la chose vendue précitée, et tout
« ce que vous voudrez en faire à l'avenir, faites-le, vous
« en avez le ferme pouvoir et l'entière liberté. Si pour-
« tant, ce que nous ne pensons pas devoir arriver, si
« moi ou l'un de mes héritiers, ou l'un de mes ayants
« cause, élevions une demande en revendication, que le
« fisc royal nous contraigne à lui payer deux livres d'or,
« six livres d'argent, et que notre revendication n'ob-
« tienne d'effet d'aucune manière et sous aucun pretexte,
« mais que cette vente demeure ferme à toujours ainsi que
« la stipulation à l'appui.

« Fait publiquement dans le monastère de Meung.
« Signe + de Madalarius, qui pria de faire ou d'affirmer
« cette vente. Signe + de Gundoen, messager royal.
« Signe + de Frédéric. Signe + de Beringar. Signe

« + d'Ingelric. Signe + d'Aric. Signe + d'Ermanbert.
« Signe + de Ratbod. Signe + de Ratgaud. Signe
« + d'Ildefred. Signe + de Frodon. Signe + d'Arnulfe.
                                  « THÉODULFE.

« Donné dans le mois de mai, la seizième année du
« règne de Charles, roi très-glorieux.

« La loi enseigne et l'ordre exige que quiconque veut
« transmettre ce qui lui appartient à une personne étran-
« gère doit en faire la livraison réelle.

« Un certain homme nommé Madalarius, était venu,
« un lundi, dans la villa de Lubencius, sur les lieux
« mêmes vendus précédemment par lui à Uvalmannus.
« Or, Madalarius prit de la terre, de l'herbe et la charte
« de vente, les livra audit Uvalmannus, les lui consigna,
« et se déclara par son fétu entièrement dépossédé de
« tout ce qui est mentionné dans cette vente. Cela fut fait
« en présence de ceux qui l'ont affirmé ci-dessous. Signe
« + de Gondoen. Signe + de Frédéric. Signe + de Be-
« rengar. Signe + d'Ingelric. Signe + d'Arrid. + Signe
« d'Hermanbert. Signe + de Ratbod. Signe + de Ratgaud.
« Signe + d'Ildefred. Signe + de Frodon. Signe + d'Ar-
« nulfe. Ce sont là ceux qui ont affirmé. Passé sur les
« lieux mêmes.

« Donné dans le mois de mai, la seizième année du
« règne de Charles, roi. »

La date de cette charte, qui coïncide avec l'épiscopat
de Théodulfe, la signature qui la termine, le lieu même
de l'acte qui était sous la juridiction spéciale de l'évêque,
la présence de témoins aussi illustres que le comte d'Orléans et le *Missus dominicus*, nous permettent de croire
légitimement que cette pièce est de l'illustre prélat. Tou-

tefois, nous n'osons donner cette forte induction comme une certitude, le nom de Théodulfe étant alors porté par un grand nombre de personnes.

III.

Opinion de Théodulfe sur l'égalité hiérarchique des prêtres et des évêques.

Déjà, dans son premier capitulaire, Théodulfe avait proclamé une sorte d'égalité entre l'évêque et les prêtres. Dans la seconde instruction pastorale, il y revient dans des termes qui pourraient étonner :

« Si un évêque est malade, dit-il, et qu'il n'y ait pas « d'autre évêque auprès de lui, il est permis au prêtre « de lui donner l'Extrême-Onction. Car dans les premiers « temps de la prédication des apôtres, il n'y avait aucune « distance entre les évêques et les prêtres, et il n'y en au-« rait pas non plus aujourd'hui, si à cause des dissen-« sions des hérétiques, il ne se trouvait beaucoup de « prêtres qui enseignent une doctrine différente et con-« traire à leurs avantages (2). »

Ailleurs il dit encore : « Les prêtres, quoiqu'ils n'at-« teignent pas le degré suprême du pontificat, sont ce-« pendant de seconds évêques (3). »

Cette opinion sur l'égalité primitive des évêques et des

---

(1) Voy. chap. VII, p. 101, et *passim*.

(2) « ... Nulla enim in primo tempore prædicationis apostolorum distantia fuit inter episcopos et præsbyteros; nec adhuc esset, nisi causâ dissensionis hæreticorum diversa docebant et contaria sibi presbyteri. »

(3) « Presbyteri enim, licet pontificatûs apicem non habeant, tamen secundi episcopi sunt. »

prêtres n'est pas personnelle à Théodulfe. Elle est empruntée à saint Jérôme (1), et on la retrouve dans le IX⁰ siècle, dans Alcuin, dans Amalaire et dans Hincmar.

Chez l'évêque d'Orléans, il ne s'agit probablement que d'une égalité purement honorifique, puisqu'il appelle les prêtres des évêques du second rang, et que cette égalité ne porte que sur l'administration du sacrement de l'Extrême-Onction. Il y a loin de là à un presbytérianisme anticipé, qui serait condamné par l'Église (2).

Quant à l'égalité des évêques et des prêtres à l'origine de l'Église et aux temps apostoliques, elle est démentie par les textes formels de saint Ignace de Smyrne (3), de Clément d'Alexandrie, dans son *Pédadogue*, lib. III, 13, d'Origène et de Tertullien.

Si quelques textes des Pères présentent çà et là des obscurités, elles sont éclaircies par cette explication du Père Petau. Aux premiers temps de l'Église, les prêtres recevaient en même temps, dans leur ordination, l'épiscopat et le sacerdoce, pour procurer aux peuples qui se pressaient dans le christianisme les sacrements de l'Ordre et de la Confirmation, dont les évêques sont seuls dispensateurs. Plusieurs prêtres évêques, d'autorité égale, gouvernaient donc ensemble les premières églises, soumis aux apôtres comme à des pontifes d'un ordre supérieur. Puis, pour prévenir toute discussion dans ce collége d'évêques, on choisit l'un d'eux pour le préposer aux autres, et la suprématie fut ainsi transférée de plusieurs

---

(1) Hieronym, in *Comm.*, in *Epist. ad Tit.*, in *Epist. ad Evangelum*, 146, n. 1, édit. Vallars.

(2) « Si quis dixerit episcopos non esse presbyteris superiores anathema sit. » Conc. Trid., sess. 23, can. 7.

(3) *Epist. ad Trallienses, ad Magnesienses, ad Philadelphienses.*

à un seul. Enfin il arriva que lui seul reçut, plus tard, les droits et le pouvoir de l'épiscopat, et ce fut de la sorte que l'égalité cessa (1).

Il y a loin de là aux assertions non fondées des esprits hardis qui ont conclu de là le règne d'une démocratie primitive, à laquelle succède l'aristocratie par l'épiscopat et la monarchie par les usurpations de la papauté (2).

(1) PETAVIUS, Aurelian., passim, præsertim : *Dissertat. Eccli*, lib. I, cap. 1 et 2, et lib. I de *Eccl. Hierarchiâ*. — Cfr. BILLUART, *Summa S. Thomæ*, édit. Perisse, t. X, *de Ordine*, dissert. IV, art. 1us. Item PERRONE, *de Ordine*, cap. III.

(2) M. GUIZOT, *Hist. de la civilisation en Europe*, t. I, leç. XIII, p. 351 et suiv., réfuté par M. l'abbé Gorrini. — *Défense de l'Église*, t. II, p. 296 et suivantes.

FIN.

TABLE DES MATIÈRES.

Pages.

INTRODUCTION.

CHAPITRE PREMIER.

COMMENCEMENTS DE THÉODULFE.

I. Nation et pays de Théodulfe. — Conjectures sur ses premières années. — Conjectures sur ses relations avec les rhéteurs de l'école d'Aquitaine. — Leur influence sur ses écrits.

II. Conjectures sur son séjour au monastère de saint Benoît d'Aniane. — Son épître aux moines de cette abbaye. — Amitié qu'il leur garde 1

CHAPITRE II.

THÉODULFE ABBÉ DE FLEURY-SUR-LOIRE.

I. Fleury : la règle bénédictine. — L'école fondée par Théodulfe. — Son illustration.

II. Enseignement de l'école. — Le trivium et le quadrivium. — Allégorie des sept arts libéraux dans un poème de Théodulfe.

III. Conjectures sur les disciples de Théodulfe. — Elie d'Angoulême. — Modoin, évêque d'Autun. — Aigulfe, archevêque de Bourges. 14

CHAPITRE III.

THÉODULFE RESTAURATEUR DE L'ABBAYE DE MICI.

I. Mici. — Sa fondation par Clovis. — Sa décadence au IXe siècle.

II. Théodulfe y appelle les moines d'Aniane. — Son épître à saint Benoît d'Aniane. — Restauration de l'abbaye. — Visite de saint Benoît à Mici.

III. Destinées de Mici. — Son dernier abbé. — Ses restes. . . . 27

CHAPITRE IV.

THÉODULFE ÉVÊQUE D'ORLÉANS.

I. Théodulfe, encore diacre, écrit l'*Exhortation aux Évêques*. — Ce qu'il pense des devoirs de l'épiscopat.

II. Théodulfe élevé au siége d'Orléans. — Ce qu'était alors le diocèse d'Orléans. — Luttes de saint Eucher contre Charles Martel. — Sa vision. — Améliorations introduites par Charlemagne dans l'Église. — Mouvement général de réforme à cette époque.

III. Capitulaire de Théodulfe à ses prêtres. — Le prologue. — Devoirs des prêtres : le travail des mains, l'étude, la prière et le saint sacrifice, la chasteté sacerdotale. — Relations sociales du prêtre. — Sage condescendance de Théodulfe.

IV. Devoirs des peuples. — Le dimanche. — L'hospitalité chrétienne. — Influence du capitulaire de Théodulfe. 37

CHAPITRE V.

THÉODULFE FONDATEUR DES ÉCOLES PUBLIQUES.

I. État des lettres dans la Gaule franque sous les Mérovingiens. — Circulaire de Charlemagne pour le renouvellement des études. — Des trois espèces d'écoles : cathédrales, monastiques, presbytériales.

II. Théodulfe établit des écoles publiques dans son diocèse. — Écoles presbytérales gratuites : leur influence et leur enseignement.

III. École de Saint-Aignan, école de Saint-Liphard ou de Meung-sur-Loire, école de Sainte-Croix d'Orléans. — Le grammairien Wulfin, écolâtre à Orléans. — Ses œuvres. — Épître de Théodulfe à l'école d'Orléans. 53

CHAPITRE VI.

THÉODULFE ÉDITEUR ET CORRECTEUR DES LIVRES SAINTS.

I. Transcription et révision des manuscrits au IXe siècle. — Renaissance et progrès de la calligraphie et de la peinture des manuscrits au temps de Charlemagne.

II. Bible de Théodulfe conservée au Puy. — Richesse bibliographique de cette Bible. — Examen critique du texte. — Ses différences avec la Vulgate.

III. Préface et épilogue en vers par Théodulfe. — Comment il faut étudier les livres saints.

IV. Psautier présenté par Théodulfe à Gisla. — Épître dédicatoire. — Les princesses au temps de Charlemagne. — Bibliothèque de Théodulfe. 71

CHAPITRE VII.

THÉODULFE PASTEUR ET CIVILISATEUR DE SES PEUPLES.

I. Seconde instruction de Théodulfe à ses prêtres. — Pénitence publique au temps de Charlemagne. — Code pénitentiel de Théodulfe. — Lois contre la violence et l'impureté. — Adoucissement et épuration des mœurs.

II. Sacramentaire ou rituel de Théodulfe. — Administration de la pénitence. — Esprit de mansuétude de Théodulfe. — Tableau de l'Extrême-Onction : derniers moments des chrétiens. 99

CHAPITRE VIII.

THÉODULFE PRÉDICATEUR.

I. Caractère de la prédication au IXᵉ siècle. — Sermon de Théodulfe sur l'orgueil et la concupiscence. — A qui fut-il adressé ? — Théodulfe moraliste.

II. Sermon de Théodulfe pour la fête de Noël. — Comment il s'inspire des Pères. — Son amour pour les petits. 113

CHAPITRE IX.

THÉODULFE RESTAURATEUR DES ÉGLISES ET DU CULTE.

I. Mouvement général pour la construction des Églises au IXᵉ siècle. — Inscriptions de Théodulfe sur les tombeaux des saints. — Du style épigraphique à cette époque.

II. Intérêt historique de ces inscriptions. — Autel à Saint-Aignan. — Église de Germigny bâtie par Théodulfe. — Sa mosaïque. — Ce qu'elle est aujourd'hui.

III. Fondations pieuses de Théodulfe à Orléans. — Hymnes. — Le *Vexilla regis* est-il de lui ? — Son zèle pour la célébration des fêtes : ses vers sur Noël et sur Pâques 126

CHAPITRE X.

THÉODULFE DÉFENSEUR ET VENGEUR DE LA DISCIPLINE.

I. Démêlé de Théodulfe avec les moines de Saint-Martin de Tours. — Il leur redemande en vain un clerc réfugié au tombeau de Saint-Martin. — Du droit d'asile : ses bienfaits et ses abus.

II. Rixes entre les gens du monastère et les envoyés de Théodulfe. — Appel à l'empereur. — Lettre d'Alcuin à ses deux disciples Witzon et Friedgies, pour leur recommander cette affaire.

III. Lettre de Charlemagne condamnant les moines de Tours. — Théodebert est envoyé pour faire justice. Plaintes d'Alcuin calomnié. 141

CHAPITRE XI.

THÉODULFE THÉOLOGIEN.

I. Théodulfe au concile de Francfort, tenu contre l'adoptianisme. — Son épître dogmatique. — Épitaphe de la reine Fastrade, morte pendant le concile.

II. Théodulfe écrit sur la procession du Saint-Esprit. — Origine de la querelle du *Filioque*, entre les Latins et les Grecs. — Traité de Théodulfe *De Spiritu-Sancto*, dédié à Charlemagne. — La théologie au IXe siècle.

III. Théodulfe écrit sur le Baptême. — Questionnaire de Charlemagne sur cet objet. — Réponse de Théodulfe adressée à Magnus, archevêque de Sens. — Traité *De ordine Baptismi*. — Belle interprétation des rites du Baptême.

IV. De l'intervention de Charlemagne dans les affaires religieuses. — Son origine, ses limites. — Le saint empire romain : ses droits et ses devoirs. 158

CHAPITRE XII.

VIE PRIVÉE DE THÉODULFE : SES AMITIÉS, SES CHARITÉS.

I. Piété discrète de Théodulfe. — Ce qu'il pense des pèlerinages de son temps. — Inscriptions pieuses dans sa demeure épiscopale. — Ses repas : règles de charité qui y président. — Il nourrit les pauvres.

II. Ses maximes sur l'amitié ; son affabilité. — Ses amis et les relations qu'il entretenait avec eux.

III. Hospice qu'il fonde à Orléans. — Des hospices établis à son exemple 191

CHAPITRE XIII.

THÉODULFE, CHARLEMAGNE ET LA PAPAUTÉ.

I. Influence de Charlemagne sur la renaissance des lettres au IXe siècle. — Épître de Théodulfe à Charlemagne sur la défaite et la soumission des Avares. — Éloge du roi. — Théodulfe l'exhorte à faire évangéliser les Barbares. — Baptême de Thudvin.

II. Mort du pape Adrien. — Son épitaphe par Théodulfe.

III. Violence exercée contre Léon III vengée par Charlemagne. — Théodulfe écrit une épître de félicitation au roi. — Charlemagne empereur. — Théodulfe s'applique à resserrer l'union du Saint-Siège et de l'empire. 204

CHAPITRE XIV.

THÉODULFE, LA COUR ET L'ACADÉMIE DU PALAIS.

I. La cour. — Tableau des fêtes de la cour décrites par Théodulfe. — Fêtes du printemps de 796. — Les fils et les filles du roi. — Les officiers royaux. — Le banquet.

II. L'Académie. — Ce qu'elle était et ce qu'elle fit. — Pseudonymes savants. — Tableau des lettrés et des poètes tracé par Théodulfe. — Alcuin, Ricuife, Angilbert, Friedgies et Osuife, Erchambault. — Rivalités de l'académie; Sedulius-Scotus et ses œuvres. — Ce qu'il faut penser de l'épître de Théodulfe au roi 219

CHAPITRE XV.

THÉODULFE POÈTE ET ÉCRIVAIN.

I. Théodulfe nourri de l'antiquité sacrée et profane. — Querelle sur l'enseignement des auteurs païens au IX⁰ siècle. — Ce qu'en pense Théodulfe. — Son goût pour les auteurs de la décadence. — Comment il est de leur école. — Défauts de sa versification. — Poésie théologique.

II. Christianisme de sa poésie. — Traités de morale chrétienne. — Une parabole. — De la sensibilité chez Théodulfe. — Ce qu'il pense de la mélancolie. — Vraie tristesse chrétienne.

III. De la satire et de l'anecdote badine chez Théodulfe. — Commencements de fabliaux et esprit gaulois. — Théodulfe est-il poète, et quel rang faut-il lui assigner? 256

CHAPITRE XVI.

THÉODULFE MISSUS DOMINICUS.

I. Attributions des Missi dominici. — Mission de Théodulfe dans la Narbonnaise. — État de cette contrée. — Leidrade accompagne Théodulfe. — Leur itinéraire. — État des villes méridionales.

II. Tentatives de corruption auprès des deux Missi dominici. — Vénalité de la justice. — Intégrité de Théodulfe et de Leidrade.

III. Exhortations morales de Théodulfe aux juges. — Son esprit de clémence dans l'application des peines. — Sa condescendance pour les petits. — Résultats de cette mission.

IV. Itinéraire de Théodulfe dans l'Aquitaine septentrionale. — Dangers qu'il court à Limoges. — Il obtient pour Manassès, abbé de Flavigny, la permission de bâtir l'abbaye de Corbigny en Morvan 285

TABLE DES MATIÈRES.

CHAPITRE XVII.

THÉODULFE SOUS LOUIS-LE-DÉBONNAIRE.

I. Vieillesse et malheurs de Charlemagne. — Théodulfe est appelé à signer le testament du prince. — Abdication de l'empereur, sa mort.

II. Théodulfe reçoit Louis-le-Débonnaire à Orléans. — Entrée triomphale du roi. — Hymnes de Théodulfe en son honneur.

III. Théodulfe accompagne Étienne IV dans son voyage en France et au couronnement du roi. — Il reçoit du pape le *pallium* et le titre d'archevêque. — Droits que lui confèrent ces dignités. 285

CHAPITRE XVIII.

PRISON, DÉLIVRANCE ET MORT DE THÉODULFE.

I. Révolte de Bernard, roi d'Italie. — Pensées de Théodulfe sur le démembrement de l'empire. — Théodulfe faussement accusé de rébellion, condamné et déposé.

II. Théodulfe prisonnier à Angers. — Sa correspondance avec Aigulfe, archevêque de Bourges. — Il proteste de son innocence. — Son épître à Modoin, évêque d'Autun. — Réponse de Modoin. — Vers de Théodulfe sur la fin du monde. — Sa résignation.

III. Théodulfe chante au roi son hymne *Gloria laus*, à la procession des Rameaux. — Il est délivré. — Amnistie de Thionville. — Théodulfe meurt empoisonné 299

ÉPILOGUE. 327

APPENDICE 335

Orléans, imp. de G. JACOB.

www.ingramcontent.com/pod-product-compliance
Lightning Source LLC
Chambersburg PA
CBHW050543170426
43201CB00011B/1536